权威·前沿·原创

皮书系列为
"十二五""十三五""十四五"国家重点图书出版规划项目

BLUE BOOK

智库成果出版与传播平台

河北蓝皮书
BLUE BOOK OF HEBEI

河北农业农村经济发展报告（2022）
AGRICULTURAL AND RURAL ECONOMY DEVELOPMENT REPORT OF HEBEI (2022)

乡村产业兴旺

主　编 / 康振海
执行主编 / 张　波
副主编 / 段小平

社会科学文献出版社
SOCIAL SCIENCES ACADEMIC PRESS (CHINA)

图书在版编目(CIP)数据

河北农业农村经济发展报告.2022：乡村产业兴旺/康振海主编.--北京：社会科学文献出版社，2022.5
（河北蓝皮书）
ISBN 978-7-5201-9781-6

Ⅰ.①河… Ⅱ.①康… Ⅲ.①农业经济发展-研究报告-河北-2022②农村经济发展-研究报告-河北-2022 Ⅳ.①F327.22

中国版本图书馆CIP数据核字（2022）第031543号

河北蓝皮书
河北农业农村经济发展报告（2022）
—— 乡 村 产 业 兴 旺

主　　编／康振海
执行主编／张　波
副　主　编／段小平

出　版　人／王利民
组稿编辑／高振华
责任编辑／连凌云
文稿编辑／刘　燕
责任印制／王京美

出　　版／社会科学文献出版社·城市和绿色发展分社（010）59367143
　　　　　地址：北京市北三环中路甲29号院华龙大厦　邮编：100029
　　　　　网址：www.ssap.com.cn
发　　行／社会科学文献出版社（010）59367028
印　　装／天津千鹤文化传播有限公司

规　　格／开　本：787mm×1092mm　1/16
　　　　　印　张：19.75　字　数：293千字
版　　次／2022年5月第1版　2022年5月第1次印刷
书　　号／ISBN 978-7-5201-9781-6
定　　价／128.00元

读者服务电话：4008918866

▲ 版权所有 翻印必究

河北蓝皮书（2022）编辑委员会

主　　任　康振海
副 主 任　彭建强　张福兴　焦新旗　肖立峰　孟庆凯
委　　员　（按姓氏笔画排序）
　　　　　王建强　王亭亭　史广峰　李　靖　李鉴修
　　　　　张　芸　张　波　陈　璐　黄军毅　樊雅丽

主编简介

康振海 中共党员，1982年毕业于河北大学哲学系，获哲学学士学位；1987年9月至1990年7月在中共中央党校理论部中国现代哲学专业学习，获哲学硕士学位。

三十多年来，康振海同志长期工作在思想理论战线。曾任河北省委宣传部副部长；2016年3月至2017年6月任河北省作家协会党组书记、副主席；2017年6月至今任河北省社会科学院党组书记、院长，河北省社科联第一副主席。

康振海同志著述较多，在《人民日报》《光明日报》《经济日报》《中国社会科学报》《河北日报》《河北学刊》等重要报刊和社会科学文献出版社、河北人民出版社等发表、出版论著多篇（部），主持完成多项国家级、省部级课题。主要代表作有：《中国共产党思想政治工作九十年》《雄安新区经济社会发展报告》《让历史昭示未来——河北改革开放四十年》等著作；发表了《从百年党史中汲取奋进新征程的强大力量》《殷切期望指方向　燕赵大地结硕果》《传承中华优秀传统文化　推进文化强国建设》《以优势互补、区域协同促进高质量脱贫》《在推进高质量发展中育新机开新局》《构建京津冀协同发展新机制》《认识中国发展进入新阶段的历史和现实依据》《准确把握推进国家治理体系和治理能力现代化的目标任务》《奋力开启全面建设社会主义现代化国家新征程》等多篇理论调研文章；主持"新时代生态文明和党的建设阶段性特征及其发展规律研究""《宣传干部行为规范》可行性研究和草案初拟研究"等多项国家级、省部级立项课题。

摘　要

《河北农业农村经济发展报告（2022）》由总报告、分报告、专题研究和典型村调查4个部分组成。第一部分为总报告，对2021年河北省农业农村经济总体运行态势进行了回顾，分析了2022年河北省农业农村经济发展的宏观形势与面临的问题，并预测了2022年河北省农业农村经济发展的态势，针对河北省农业农村经济发展中存在的问题提出了具体对策建议；第二部分为分报告，对河北省粮食、畜牧、蔬菜、水果、渔业、农产品生产者价格、农村居民收入、农村居民消费、农村市场价格、农产品进出口贸易情况进行了分析和预测，针对各行业、各领域存在的问题和主要矛盾提出对策建议；第三部分为专题研究，主要围绕年度热点、难点和重点问题进行分析和探讨，本年度重点针对乡村产业振兴问题开展专题研究，包括河北省深入推进农业供给侧结构性改革、现代农业产业体系、绿色农业发展、农业数字化发展、农村一二三产业融合发展、科技驱动山区现代农业发展路径、农村集体经济发展、易地扶贫搬迁社区产业开发与社区建设协同发展等，并提出了相应对策；第四部分为典型村调查，围绕实施乡村振兴战略，深度剖析一个具有代表性的村庄，为全省推动乡村振兴战略实施积累经验，本年度重点介绍了河北省邯郸市广平县后南阳堡村实施乡村振兴战略的实践探索。

《2021～2022年河北省农业农村经济发展报告》指出：2021年河北省委、省政府全面实施乡村振兴战略，持续巩固拓展脱贫攻坚成果，全省农业农村经济保持稳中向好、稳中向优态势，粮食、蔬菜、果品、肉类等重要农产品供给充足、产销两旺，农林牧渔业产值增速创十年来新高，农民收入增速创八年来新高,农村经济社会和谐稳定,充分发挥了"基本盘""压舱石"作用,为建设经济强省、美丽河北提供了重要支撑。2022年,河北省应继续扛稳粮食安全重任,持续提升粮食和重要农产品供给保障能力;大力发展现代都市型农业和高效特色农业,延伸农业产业链条,提升农业发展质量效益;实施乡村建设行动,增加农村有效投资,扩大农民消费,全面融入新发展格局;培育新型农业经营主体和服务主体,推动小农户与现代农业有机衔接;深化农业农村改革,畅通城乡要素循环,激发农业农村发展内生动力;强化重点区域、薄弱村庄、低收入人群帮扶,不断拓宽农民增收渠道,夯实共同富裕基础。

关键词: 农业农村 乡村振兴 河北省

Abstract

Agricultural and Rural Economy Development Report of Hebei (2022) consists of four parts: general report, sub-reports, special reports and investigation report. The first part is the general report, which reviews the overall operation situation of agricultural and rural economy in Hebei Province in 2021, analyzes the macro situation and problems of agricultural and rural economic development in Hebei Province in 2022, forecasts the situation of agricultural and rural economic development in Hebei Province in 2022, and puts forward specific countermeasures and suggestions for the problems existing in agricultural and rural development in Hebei Province; The second part is the Sub-reports, which analyzes and forecasts the grain, animal husbandry, vegetables, fruits, fisheries, agricultural product prices, farmers' income, farmers' consumption, rural market prices and import and export trade of agricultural products in Hebei Province, and puts forward countermeasures and suggestions for the problems and main contradictions existing in various industries and fields. The third part is the Special Reports, which mainly focuses on the annual hot spots, difficulties and key issues. Special research is carried out on the revitalization of key rural industries this year, including the in-depth promotion of agricultural supply side structural reform, modern agricultural industrial system, green agricultural development, the integrated development of rural primary, the digitization of agricultural industry, secondary and tertiary industries, the development path of modern agriculture in mountainous areas driven by science and technology, the development of rural collective economy, the coordinated development of Community Industrial Development and community construction in poverty alleviation and relocation in other places, and the corresponding countermeasures are put forward. The fourth part is investigation report. Focusing on the implementation of the Rural Revitalization Strategy, it deeply analyzes a representative village and accumulates experience for promoting the implementation of the Rural Revitalization Strategy in the whole province. This year, it focuses on the practical exploration of the implementation of the Rural Revitalization Strategy in hounanyangbao village, Guangping County, Handan City, Hebei Province.

Agricultural & Rural Economy Development Report of Hebei (2021 - 2022) points out that in 2021, the Party committee and government of Hebei province has been implemented the Rural Revitalization Strategy, consolidated and expanded the key achievements in poverty alleviation, maintained a steady and good trend in the agricultural and rural economy, provided sufficient supply of grain, vegetables, fruits, meat and other important agricultural products, and prosper in production and marketing, The growth rate of output value of agriculture, forestry, animal husbandry and fishery has reached a new high in ten years, and the growth rate of farmers' income has reached a new high in eight years. The rural economy and society are harmonious and stable, giving full play to the role of "basic plate" and "ballast stone", which provides important support for building a strong economic province and beautiful Hebei. In 2022, Hebei Province should continue to shoulder the important task of stabilizing food security and continuously improve the supply guarantee capacity of food and important agricultural products; Vigorously develop modern urban agriculture and efficient and characteristic agriculture, extend the agricultural industrial chain, and improve the quality and efficiency of agricultural development; Implement rural construction actions, increase effective investment in rural areas, expand farmers' consumption and fully integrate into the new development pattern; Cultivate new agricultural business entities and service entities, and promote the organic connection between small farmers and modern agriculture; Deepen agricultural and rural reform, smooth the circulation of urban and rural factors, and stimulate the endogenous driving force of agricultural and rural development; We will strengthen assistance to key areas, weak villages and low-income groups, constantly broaden channels for increasing farmers' income and consolidate the foundation for common prosperity.

Keywords: Agriculture and Country; Rural Revitalization; Hebei Province

目 录

Ⅰ 总报告

B.1 2021~2022年河北省农业农村经济发展报告
　　………………………… 张　波　段小平　燕泽英　田文中 / 001

Ⅱ 分报告

B.2 2021~2022年河北省粮食生产形势分析与预测 ……… 李玲萍 / 029
B.3 2021~2022年河北省畜牧经济形势分析与预测
　　………………………… 穆兴增　赵学风　杨　丹　王若丞 / 038
B.4 2021~2022年河北省蔬菜经济形势分析与预测
　　………………………………… 宗义湘　高一丹　夏　琪 / 053
B.5 2021~2022年河北省水果产业形势分析与预测
　　………………………………… 李　军　王俊芹　袁　媛 / 072
B.6 2021~2022年河北省渔业经济形势分析与预测 ……… 周栓林 / 083
B.7 2021~2022年河北省农产品生产者价格形势分析与预测
　　……………………………………………………… 刘　珺 / 097
B.8 2021~2022年河北省农村居民收入形势分析与预测 …… 张　坤 / 104

B.9　2021~2022年河北省农村居民生活消费形势分析与预测
　　　　　　　　　　　　　　　　　　　　　　　　　张　坤 / 112
B.10　2021~2022年河北省农村市场价格形势分析与预测…… 郗兰霞 / 121
B.11　2021~2022年河北省农产品进出口贸易形势分析与
　　　 预测………………………………………… 邵红岭　路　剑 / 126

Ⅲ　专题研究

B.12　河北省深入推进农业供给侧结构性改革的基本形势与总体
　　　 路径研究……………………………………………… 张　波 / 143
B.13　河北省现代农业产业体系问题与对策研究…………… 闫永路 / 164
B.14　河北省绿色农业发展现状与对策研究………………… 耿卫新 / 178
B.15　河北省农业数字化发展的实现路径研究…… 段小平　张胜棉 / 194
B.16　河北省农村一二三产业融合高质量发展研究………… 赵然芬 / 206
B.17　科技驱动河北山区农业现代化的路径与对策研究
　　　　　　　　　　　　　　　　　　　　　　 陈建伟　杜新军 / 221
B.18　新时代河北省农村集体经济发展面临的挑战与对策
　　　 研究…………………………………………… 李　军　刘　晨 / 236
B.19　易地扶贫搬迁社区产业开发与社区建设协同发展
　　　 研究……………………………………………………… 魏宣利 / 249
B.20　实现共同富裕背景下河北省农村居民消费升级研究…… 时方艳 / 264

Ⅳ　典型村调查

B.21　河北省邯郸市广平县后南阳堡村调查报告
　　　　——一个冀南平原区农业典型村的成功之路……… 闫永路 / 279

后　记 ……………………………………………………………… / 292

CONTENTS

I General Report

B.1 Agricultural & Rural Economy Development Report of Hebei
(2021-2022)
Zhang Bo, Duan Xiaoping, Yan Zeying and Tian Wenzhong / 001

II Sub-reports

B.2 An Analysis and Forecast of the Grain Production Situation of
Hebei Province (2021-2022) *Li Lingping* / 029

B.3 An Analysis and Forecast of the Livestock Farming Economy Situation
of Hebei Province (2021-2022)
Mu Xingzeng, Zhao Xuefeng, Yang Dan and Wang Ruocheng / 038

B.4 An Analysis and Forecast of the Vegetables Economy Situation of
Hebei Province (2021-2022) *Zong Yixiang, Gao Yidan and Xia Qi* / 053

B.5　An Analysis and Forecast of the Fruit Industry Economy Situation
　　 of Hebei Province (2021-2022)　　*Li Jun, Wang Junqin and Yuan Yuan* / 072

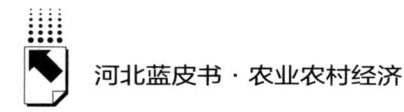

B.6　An Analysis and Forecast of the Fishery Economy Situation of
　　 Hebei Province (2021-2022)　　*Zhou Shuanglin* / 083

B.7　An Analysis and Forecast of the Agricultural Product Price Situation
　　 of Hebei Province (2021-2022)　　*Liu Jun* / 097

B.8　An Analysis and Forecast of the Rural Resident Income Situation of
　　 Hebei Province (2021-2022)　　*Zhang Kun* / 104

B.9　An Analysis and Forecast of the Rural Resident Living Consumption
　　 Situation of Hebei Province (2021-2022)　　*Zhang Kun* / 112

B.10　An Analysis and Forecast of the Rural Market Price Situation of Hebei
　　　Province (2021-2022)　　*Qie Lanxia* / 121

B.11　An Analysis and Forecast of the Agricultural Product Import & Export
　　　Trade Situation of Hebei Province (2021-2022)
　　　　　　　　　　　　　　　　　　　　Shao Hongling, Lu Jian / 126

Ⅲ　Special Reports

B.12　A Study of the Path and Overall Trend of Further Promote Hebei's
　　　Agricultural Supply Side Structural Reform　　*Zhang Bo* / 143

B.13　A Study of the Problems and Solutiong of Hebei's Agricultural Modern
　　　Industrial System　　*Yan Yonglu* / 164

B.14　A Study on Current Situation and Countermeasures of Green
　　　Agriculture Development in Hebei Province　　*Geng Weixin* / 178

B.15　A Study of the Realization Path of Hebei Agricultural Digital Development
　　　　　　　　　　　　　　　　　Duan Xiaoping, Zhang Shengmian / 194

B.16　A Study of Hebei's the Integrated Development of Rural Primary,
　　　Secondary and Tertiary Industries　　*Zhao Ranfen* / 206

CONTENTS

B.17 A Study of the Path and Countermeasures of Agricultural Modernization Driven by Science and Technology in Hebei's Mountainous Areas *Chen Jianwei, Du Xinjun* / 221

B.18 A Study of Challenges and Solution in the Development of Rural Collective Economy for a New Era *Li Jun, Liu Chen* / 236

B.19 A Study on the Coordinated Development of Industrial Development and Community Construction in Relocated Poverty Alleviation Communities *Wei Xuanli* / 249

B.20 A Study of Consumption Upgrading of Hebei's Rural Residents Under the Background of Common Prosperity *Shi Fangyan* / 264

IV Investigation Report

B.21 A Survey Report of Nanyangpu Village, Guangping County, Handan City, Hebei Province
—*The road to success in a typical agricultural village in the North China Plain*
Yan Yonglu / 279

Postscript / 292

总 报 告
General Report

B.1
2021~2022年河北省农业农村经济发展报告

张波 段小平 燕泽英 田文中*

摘 要： 2021年河北省委、省政府全面实施乡村振兴战略，持续巩固拓展脱贫攻坚成果，全省农业农村经济保持稳中向好、稳中向优态势，粮食、蔬菜、果品、肉类等重要农产品供给充足、产销两旺，农林牧渔业产值增速创十年来新高，农民收入增速创八年来新高，农村经济社会和谐稳定，充分发挥了"基本盘""压舱石"作用。2022年，河北省应继续扛稳粮食安全重任，大力发展现代都市型农业和高效特色农业，持续提升粮食和重要农产品供给保障能力；延伸农业产业链条，提

---

* 张波，河北省社会科学院农村经济研究所所长、研究员，主要研究方向为农村经济发展、城乡融合发展；段小平，河北省社会科学院财贸经济研究所副所长、副研究员，主要研究方向为农业农村经济、产业经济；燕泽英，国家统计局河北调查总队综合处处长、高级统计师，主要研究方向为统计学；田文中，国家统计局河北调查总队综合处副处长、高级统计师，主要研究方向为统计学。

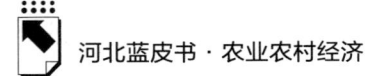

升农业发展质量效益；实施乡村建设行动，增加农村有效投资，扩大农民消费，全面融入新发展格局；培育新型农业经营主体和服务主体，推动小农户与现代农业有机衔接；深化农业农村改革，畅通城乡要素循环，激发农业农村发展内生动力；强化重点区域、薄弱村庄、低收入人群帮扶，不断拓宽农民增收渠道，夯实共同富裕基础。

关键词： 农业农村经济　乡村振兴　河北省

2021年是"十四五"开局之年，也是开启全面建设社会主义现代化强国新征程的头一年。面对新冠肺炎疫情和错综复杂的国际国内经济形势，河北省委、省政府坚持以习近平新时代中国特色社会主义思想为指导，全面实施乡村振兴战略，持续巩固拓展脱贫攻坚成果，坚决守住国家粮食安全底线，不断提升农业生产质量效益和竞争力，全省农业农村经济保持稳中向好、稳中向优的良好态势，粮食、蔬菜、果品、肉类等重要农产品供给充足、产销两旺，农民收入快速增长，农村经济社会和谐稳定，为建设现代化经济强省、美丽河北提供了重要支撑。

一　2021年度回顾：乡村振兴战略全面推进，粮食和重要农产品供给充足，农业农村经济稳中向好、稳中向优，充分发挥了"基本盘""压舱石"作用

河北省以实施乡村振兴战略为总抓手，在确保粮食安全的基础上，深入推进农业供给侧结构性改革，加快发展现代都市型农业和高效特色农业，实施乡村建设行动，农业农村经济稳中向好、稳中向优，发展质量稳步提升。

（一）农业综合生产能力稳步提升，粮食产量保持较高水平，"菜篮子"产品供给充足

河北省将保障国家粮食安全作为头等大事，严格落实耕地保护政策，坚决制止耕地"非农化"、防止"非粮化"，持续加强高标准农田建设，全力抓好农作物播种、田间管理、技术推广和市场对接，为粮食、蔬菜等重要农产品高产稳产打下坚实基础。

粮食生产总体稳定，夏粮单产创历史新高。2021年，河北省粮食种植面积稳中有增，粮食产量保持较高水平。全省粮食播种面积为9642.9万亩，比2020年增加59.7万亩，同比增长0.6%；每亩粮食产量为396.7公斤，同比增长0.1%；全省粮食总产量达到3825.1万吨（765.0亿斤），比2020年增加29.2万吨（5.8亿斤），增长0.8%，粮食总产量连续9年稳定在700亿斤以上，连续6年稳定在740亿斤以上，是仅低于2017年的第二高产年。其中，夏粮播种面积达到3406.2万亩，比2020年增加41.4万亩；夏粮总产量达到1482.7万吨，比2020年增加28.8万吨，连续9年保持在1400万吨以上；夏粮平均亩产为435.5公斤，比2020年增加3.2公斤，单产再创历史新高，实现面积、单产、总产三增。秋粮播种面积稳步增长，作物生育期大部分时间、大部分地区光温适宜、墒情充足，秋粮作物整体长势好于常年。虽然9月下旬和10月初，受连阴雨影响，河北省中南部部分地区农田积水，对粮食后期生长及收获产生不利影响，粮食单产减少，但在播种面积增加、夏粮丰产丰收、因地制宜及时抢收等综合因素作用下，全省全年粮食生产总体仍呈"三增"格局，为"十四五"开好局、起好步，推动经济社会高质量发展奠定了坚实基础。

生猪产能有效恢复，畜产品市场供给充足。在国家生猪扶持政策和市场利润双重刺激下，河北省生猪存栏量稳步回升，生猪出栏规模持续扩大。2021年上半年，河北省生猪存栏1886万头，比2020年末增加138万头，同比增长23.1%，达到正常年份存栏的97%左右；生猪出栏1805万头，同比增长20.2%。2021年9月末，全省生猪存栏1799.0万头，同比增长7.1%；猪肉产量为204.4万吨，同比增长22.3%。随着生猪产能释放，猪肉市场供给增加，猪肉价格逐渐回归到合理区间。2021年前三季度，河北省猪肉价格由2020年同期上涨84.7%转为下降28.1%。肉牛肉羊发展态势良好，价格高位运行，养殖户积极性明显提高。奶业生产成绩显著，禽蛋生产基本稳定。2021年前三季度，河北省牛奶产量为374.1万吨，同比增长5.2%；禽蛋产量为292.3万吨，同比略有减少。在价格利好的带动下，全省牧业总产值大幅增长。2021年前三季度，全省牧业总产值达到1732亿元，同比增长14.6%。

蔬菜生产稳中有增，保障京津需求作用明显。河北是蔬菜生产大省，全省蔬菜播种面积常年保持在1200万亩左右，蔬菜总产量超过5000万吨，居全国第4位。2020年，全省蔬菜播种面积为1205万亩，蔬菜总产量为5198.2万吨，增长2.1%。2021年前三季度，全省蔬菜总产量为3234万吨，同比增长1.4%。河北省主要"菜篮子"产品在北京市场占有率达到40%以上，在满足京津需求，特别是应急保供方面作用明显。

水果生产稳中有增，林木覆盖率稳步提升。2021年，全省大部分地区苹果、梨、桃、葡萄产量小幅增加，水果品质稳步提升。2021年前三季度，全省园林水果产量达到923万吨，同比增长1.3%。植树造林力度持续加大，林草覆盖水平稳步提高。全省森林覆盖率达到35%，比2015年提高4个百分点，草原综合植被覆盖度达到73%，高出全国平均水平17个百分点。2021年，河北省营造林面积将超过600万亩，完成退化草原生态修复治理7.2万亩。

渔业生产供需两旺，水产养殖效益提升。在国内水产品市场价格整体攀升的带动下，河北省渔业生产形势向好，多数养殖水产品价格上涨，水产养殖出塘量、养殖收入稳步增长。2021年，河北省水产品产量将超过100万吨，渔业生产供需两旺。

（二）农林牧渔业总产值增速创十年来新高，现代都市型农业和高效特色农业加快发展，农业发展质量效益明显提升

2021年前三季度，河北省农林牧渔业总产值达到4184.3亿元，同比增长8.1%，增速创近十年来新高，全省第一产业增加值达到2335.0亿元，比2020年同期增长6.8%，增速为"十三五"以来最高。其中，牧业总产值1732亿元，增长14.6%；农业产值1830.2亿元，增长3.5%；渔业总产值126.4亿元，增长4.4%；林业总产值152.2亿元，降低4.1%；农林牧渔服务业总产值增长6.7%，达到343.5亿元。畜牧、蔬菜、果品三大支柱产业占农林牧渔业总产值比重达到73.7%。

高效特色农业发展步伐加快。河北省各地发挥资源优势，在保障粮食生产的基础上，大力发展专用小麦、精品蔬菜、道地中药材等特色产业，满足城乡居民多元化消费需求。2020年，全省特色作物种植面积占农作物种植面积的比重达到35.6%，农业特色产业增加值达到1710亿元，占第一产业增加值的45.9%。2021年上半年，全省新增优质专用粮食种植面积155万亩，新增精品蔬菜、道地中药材、优势食用菌、优质水果等特色产业种植面积181.8万亩。河北燕山太行山道地中药材产业集群、河北环京津奶业产业集群被列入全国2021年优势特色产业集群建设名单。河北省隆化县现代农业产业园、河北省临城县现代农业产业园被列入2021年国家现代农业产业园创建名单。承德市平泉市、石家庄市藁城区、唐山市玉田县、邯郸市馆陶县4个县（市、区）入选国家首批创建农业现代化示范区名单。

"一县一业""一村一品"建设有序推进。到2021年11月，全省国家级"一村一品"示范村达到138个，国家级农业产业强镇达到49个，省级农业产业强镇达到36个。饶阳县王同岳镇、兴隆县蓝旗营镇等12个镇列入全国2021年农业产业强镇创建名单。饶阳县大尹村镇南北岩村（瓜果）、邱县梁二庄镇（文冠果）、昌黎县新集镇（马铃薯）、藁城区贾市庄镇马邱村（梨文化）等20个村镇入选第十一批全国"一村一品"示范村镇名单（见表1）。

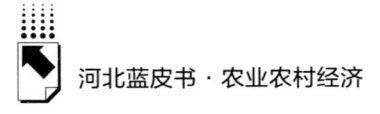

表 1　2021 年河北省获批或入选创建的国家级农业农村项目、荣誉

国家现代农业产业园(2个)	河北省隆化县现代农业产业园、河北省临城县现代农业产业园
全国优势特色产业集群(2个)	河北燕山太行山道地中药材产业集群、河北环京津奶业产业集群
全国农业全产业链重点链(1个)	石家庄奶业全产业链重点链
全国农业全产业链典型县(3个)	邢台市隆尧县强筋麦全产业链典型县、唐山市遵化市肉鸡养殖加工全产业链典型县、沧州市献县肉鸭全产业链典型县
国家现代农业示范区(4个)	承德市平泉市、石家庄市藁城区、唐山市玉田县、邯郸市馆陶县
全国乡村特色产业十亿元镇(9个)	唐山市乐亭县中堡镇、唐山市遵化市平安城镇、定州市大辛庄镇、沧州市沧县崔尔庄镇、沧州市东光县连镇镇、秦皇岛市昌黎县荒佃庄镇、秦皇岛市昌黎县龙家店镇、衡水市武强县东孙庄镇、衡水市饶阳县王同岳乡
全国乡村特色产业亿元村(12个)	衡水市深州市穆村乡西马庄村、唐山市遵化市西留村乡朱山庄村、邢台市内丘县侯家庄乡岗底村、邢台市内丘县柳林镇东石河村、邢台市南和区贾宋镇郄村、邢台市宁晋县苏家庄镇伍烈霍村、保定市清苑区东闾乡南王庄村、保定市唐县南店头乡葛堡村、保定市竞秀区江城乡大汲店村、沧州市黄骅市滕庄子乡孔店村、沧州市南皮县大浪淀乡贾九拨村、廊坊市永清县别古庄镇后刘武营村
中国美丽休闲乡村(8个)	平山县西柏坡镇北庄村、张北县小二台镇德胜村、迁安市大五里乡山叶口村、广平县南阳堡镇后南阳堡村、宁晋县贾家口镇黄儿营西村、望都县黑堡乡固现村、滦平县巴克什营镇古城川村、衡水市冀州区门家庄乡堤北桥村
全国"一村一品"示范村镇(20个)	石家庄市藁城区贾市庄镇马邱村(梨文化)、石家庄市赵县谢庄乡南龙化村(扫帚)、石家庄市鹿泉区白鹿泉乡谷家峪村(香椿)、唐山市遵化市团瓢庄乡山里各庄村(休闲旅游)、唐山市曹妃甸区双井镇李家房子村(休闲旅游)、唐山市隆化县西阿超满族蒙古族乡砬子沟村(杂粮)、张家口市万全区高庙堡乡於家梁村(肉羊)、秦皇岛市昌黎县新集镇(马铃薯)、秦皇岛市青龙满族自治县肖营子镇(板栗)、廊坊市永清县龙虎庄乡瓦屋辛庄村(瓜果)、保定市曲阳县孝墓镇(苹果)、保定市竞秀区江城乡大激店村(驿站文化)、保定市博野县博野镇杜各庄村(中药材)、沧州市东光县连镇镇(谷物食品)、衡水市饶阳县大尹村镇南北岩村(瓜果)、衡水市景县王谦寺镇马贾庄村(高粱)、邢台市信都区将军墓镇(板栗)、邢台市沙河市新城镇小屯桥村(工艺葫芦)、邢台市临城县东镇镇南孟村(设施蔬菜)、邯郸市邱县梁二庄镇(文冠果)

农业产业化能力稳步提升。河北省围绕小麦、玉米、油料、乳品、肉类、果蔬等优势特色产业，按照"全产业链打造，全价值链提升"的思路，集中资源要素，做大做强龙头企业，建强基地，延伸链条，扩大产业化经营规模，密切利益联结机制，提升带农助农能力。2020年，河北省农业产业化经营总量达到7133.6亿元，比2019年增长7.0%；农业产业化龙头企业达到2843家，比2019年增长5.0%；龙头企业销售额达到4106亿元，比2019年增长7.5%；全省农业产业化经营率为64.7%，比2019年降低2.4个百分点。2021年上半年，全省农业产业化经营总量达到3011.8亿元，同比增长6.8%；农业龙头经营组织达到3042个，龙头经营组织销售额达到2220.6亿元；专业批发市场85个，专业批发组织市场销售额达到177.7亿元。石家庄奶业全产业链重点链入选全国农业全产业链重点链建设名单，隆尧县强筋麦全产业链典型县、遵化市肉鸡养殖加工全产业链典型县、献县肉鸭全产业链典型县等3县市入围全国农业全产业链典型县建设名单。

农业绿色发展成效突出。河北省化肥、农药使用量持续降低，畜禽粪污治理力度持续加大，测土配方施肥、农作物绿色防控技术进一步推广，化肥、农药利用效率稳步提升。2020年，河北省主要农作物氮肥利用率达到40.58%，测土配方施肥技术覆盖率达到92%，主要农作物绿色防控技术覆盖率达到41.9%，畜禽规模养殖场粪污处理设施装备配套率达到100%，畜禽粪污综合利用率达到78%，高于全国平均水平。秸秆综合利用保持较高水平，全省秸秆利用率达到97%以上，居全国前列。农业节水成效显著。2021年，河北省新增节水灌溉面积170万亩，发展节水灌溉面积120万亩，新增农业压采量0.36亿立方米，全省喷灌、滴灌面积达到660万亩。

乡村休闲旅游亮点纷呈。河北省乡村休闲旅游、电子商务等新业态加快发展，培育形成恋乡·太行水镇、涞水县百里峡艺术小镇、馆陶粮画小镇、红石沟休闲生态农场等一批乡村旅游示范典型，推出"春观花""夏纳凉""秋采摘"系列休闲农业线路，吸引更多人到乡村看山望水忆乡愁。截至

2021年11月，河北省共有1800多个村发展乡村旅游，形成9000多个精品农家乐，建成45个国家级乡村旅游重点村镇、191个省级乡村旅游重点村镇。张北县小二台镇德胜村、平山县西柏坡镇北庄村等8个乡村入选2021年中国美丽休闲乡村，涞水野三坡、易县狼牙山、承德一号风景大道、阜平顾家台村、骆驼湾村、平山县西柏坡镇梁家沟村先后入选世界旅游联盟旅游减贫案例。

农村网络电商蓬勃发展。河北省持续推进电子商务进农村行动，电商、直播带货等新业态蓬勃发展，农产品网上销售规模稳步扩大。在全国率先实现农村电子商务全覆盖，全省县、乡、村三级物流配送体系覆盖率达到100%。2021年前三季度，河北农产品网络零售额实现86.82亿元，同比增长27.63%。

（三）农业生产形势持续向好，主要农产品价格稳中有升，农民生产积极性明显提升

2021年，河北省农产品市场供求两旺，农产品价格呈现稳中有升的发展态势。除生猪等少数产品外，全省粮食、蔬菜、禽蛋等主要农产品生产价格比2020年均有不同程度上涨。2021年第三季度，河北省农产品生产价格同比上涨6.9%。其中，种植业产品生产价格同比上涨8.1%，畜牧业产品生产价格同比上涨1.7%，渔业产品生产价格同比上涨44.0%。

种植业产品价格稳中有升。在国际国内粮食价格上涨的带动下，河北省玉米、小麦等粮食作物生产价格稳中有升。2021年第三季度，全省种植业生产价格同比上涨8.1%，其中，小麦生产价格上涨7.1%，玉米生产价格上涨26.8%，涨幅明显。2021年第三季度，河北省蔬菜生产价格基本稳定，上涨0.1%；水果价格略有上涨，同比上涨8.8%。

2021年10月以后，受国庆期间连续降雨、农田积水等因素影响，河北省蔬菜价格出现较大幅度上涨。根据省商务厅监测数据，2021年10月，河北省蔬菜平均批发价格比9月上涨28.3%，平均零售价格为7.03元/公斤，比9月上涨21.63%。在监测的31种蔬菜中，西葫芦、黄瓜、菠菜、茄子、

圆白菜等 8 种蔬菜批发价环比涨幅达到 50% 以上，白萝卜、芹菜、西红柿、菜花等 12 种蔬菜批发价环比涨幅为 20%~50%。

畜牧业产品价格涨跌互现。2021 年第三季度，河北省畜牧业产品生产价格总体上涨 1.7%，其中，猪、羊生产价格下跌，牛、禽蛋、奶类生产价格上涨。随着生猪供给大幅增加，河北省生猪生产价格出现明显下降。2021 年第三季度，河北省生猪生产价格同比降幅达到 59.4%，降幅明显。禽蛋价格出现较大幅度上涨，同比涨幅达到 40.6%。奶类价格同比上涨 9.1%。牛肉价格高位运行，生产价格小幅上涨，同比上涨 4.1%。羊肉价格高位震荡，生产价格小幅下跌，跌幅为 3.1%。进入 10 月，河北省猪肉价格出现恢复性上涨，牛羊肉价格继续维持较高水平。

水产品价格上涨明显。受市场需求增长和渔业捕捞量下降等因素影响，河北省水产品价格上涨较为明显。2021 年第三季度，河北省水产品价格同比上涨 44.0%，其中，淡水养殖产品生产价格上涨 44.0%，涨幅较大。

农产品价格的温和上涨，对提高农民生产积极性，增加农产品有效供给，保障国家粮食和重要农产品供应安全具有重要作用。

（四）新型农业经营主体蓬勃发展，农产品加工企业持续壮大，农业对外开放有序推进

近年来，河北省大力培育新型农业经营主体、服务主体，做大做强农产品加工业，扩大农业对外开放合作规模，提升农业产业化发展水平。

新型农业经营组织增量提质。河北省持续加大新型农业经营主体培育力度，各类新型农业经营主体加快发展，合作社规范运作能力大幅提高，辐射带动能力稳步增强。2020 年，河北省注册的家庭农场达到 4.9 万家，农民合作社达到 11.5 万家，农业生产社会化服务组织达到 3 万多家。其中，省级示范家庭农场 1498 家、国家级农民合作社示范社 396 家、省级示范社 1388 家、省级示范农业产业化联合体 266 个。到 2021 年 8 月，全省注册的家庭农场增加到 5.42 万家，农民合作社达到 11.5

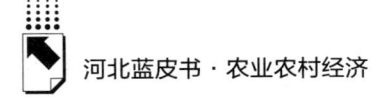

万家，农业生产社会化服务组织达到3.02万家，服务面积达到2.1亿亩次。

农产品加工企业加快发展。按照"粮头食尾""农头工尾"的发展思路，加快培育农业龙头企业，统筹发展农产品初加工、精深加工、主食加工和综合利用，推动农业由"卖原料"向"卖加工品"转变。2020年，河北省农业龙头企业达到2843家，其中国家级龙头企业达到61家，省级龙头企业达到964家，涌现出君乐宝、五得利、今麦郎、金沙河、养元汇智等一批全国性行业领军企业。2020年，河北省年产值10亿元以上农产品加工产业集群达到87个，带动全省1300万农户参与农业产业化经营，农产品加工业总产值达到6841.07亿元，增长11.18%。

农业对外开放水平稳步提升。近年来，河北省发挥特色农产品优势，建设国际农产品生产示范基地，扩大农产品出口规模。到2020年末，河北省已建成泊头鸭梨、迁西板栗、永年大蒜、鸡泽辣椒、平泉食用菌等217个农产品出口基地，取得国际良好农业规范（GAP）、欧盟良好农业规范（GLOBAL-GAP）等产品、质量管理认证的农产品企业（产品）达到480多个，农产品出口总额达到114.1亿元，出口农产品一次检验合格率达到99.0%以上。2021年6月，河北省农产品进出口总额达到35.2亿美元，同比增长25.1%，其中，农产品出口额达到8.5亿美元，同比增长5.5%。

（五）脱贫攻坚成果持续巩固拓展，农村人居环境建设成效明显，金融支农力度稳步加大，农民收入增速创八年来新高

河北省委、省政府持续巩固拓展脱贫攻坚成果，大力实施农村人居环境建设行动，拓展农民增收渠道来源，加大金融支农力度，推动农民收入稳定增长。

脱贫攻坚成果持续巩固拓展。河北省把巩固拓展脱贫攻坚成果摆在头等重要位置来抓，坚决守住脱贫攻坚胜利果实，确保乡村振兴有序推进。全省62个脱贫县全部列为省级乡村振兴重点帮扶县，原10个深度贫困县、206个深度贫困村继续开展"五保一""三保一"帮扶，狠抓防止返贫动态监测和帮扶机制执行，支持脱贫地区乡村特色产业发展壮大，持续促进脱贫人口稳定就业，坚决守住不发生规模性返贫的底线。到2021年11月，河北省共有防止返贫监测对象4.4万户10.34万人，其中2.85万户6.61万人经过帮扶已消除风险，占63.9%。两年来全省没有发生返贫致贫现象。

农村人居环境建设成效显著。河北省深入开展农村人居环境整治提升行动，全省农村面貌焕然一新。到2020年末，全省累计改造农村卫生厕所905.74万座，农村卫生厕所普及率提高到72.2%；农村生活垃圾处理体系覆盖率达到99.2%，基本形成"村收集、乡（镇）转运、县集中处理"的城乡一体化垃圾治理模式。到2021年8月，河北省累计建设覆盖37716个村庄的生活污水无害化处理设施，覆盖率达到77.1%，村庄街巷污水横流现象彻底改观，农民生活居住环境明显改善。

农民收入增速创八年来新高。在农业生产效益持续向好的带动下，全省农民收入增长速度明显加快。2020年，河北省农村居民人均可支配收入达到16467元，同比增长7.1%，增速高出全国平均水平0.2个百分点。2021年前三季度，河北省农村居民人均可支配收入达到13716元，名义增长11.6%，实际增长10.6%，增速创八年来新高，高出同期GDP增速2.9个百分点，高出城镇居民人均可支配收入增速3.0个百分点，城乡居民收入倍差缩小到2.13∶1，农民获得感、幸福感明显提升。

信贷支农力度稳步加大。金融机构支持乡村振兴的积极性提升，金融产品、服务创新加快，信贷投放总体稳定，涉农贷款稳步增加。中国建设银行河北省分行、河北省农村信用社、中国农业银行河北省分行、中国邮政储蓄银行河北省分行等金融机构创新推出的"粮食种植贷""畜禽养殖贷""蔬菜种植贷""生姜贷""蘑菇贷""土豆贷""金银花贷""地押云贷"等信贷产品，极大地满足了农业经营者的多元化信贷需求。到2021年6月末，河北省涉农贷款余额达到18624.4亿元，较年初增长1425.8亿元；62个脱贫县各项贷款余额达到7855.4亿元，同比增长12.93%；有4.77万家新型

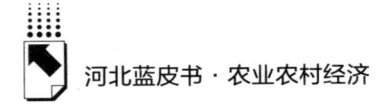

农业经营主体获得信贷支持，贷款余额达到353.38亿元。

政策性农业保险加快发展。2021年，河北省省级预算安排农业保险保费补贴资金11.5亿元，用于支持农业保险发展，全省35个产粮大县列入中央农业大灾保险试点，乐亭、隆化、宽城3县开展农业保险高新技术应用试点。唐山、沧州、张家口、衡水、邯郸等开展了设施农业保险、生姜种植保险、油菜保险、鸭梨保险、苜蓿保险、莜麦种植保险、张杂谷种植保险、冬枣天气综合指数保险以及玉米、胡麻、萝卜、花生价格指数保险等特色险种。

二 2022年河北省农业农村经济发展形势分析与展望

2022年是实施"十四五"规划承上启下之年，也是乡村振兴战略全面展开的关键之年。深入分析河北省农业农村经济发展面临的形势，对全面实施乡村振兴战略，提升农业农村经济发展质量，加快农业农村现代化具有重要意义。综合分析，主要有以下判断。

（一）2022年河北省农业农村经济发展面临的形势

1. 国际经济形势错综复杂，新冠肺炎疫情持续影响，农业农村发展的机遇与挑战并存

当前世界正经历百年未有之大变局，新冠肺炎疫情持续影响加速国际格局调整，发展的不确定性不稳定性明显增加，世界进入动荡变革期。国际经贸摩擦、疫情防控、气候变化、粮食能源安全等对世界经济社会发展提出挑战，亟待全球加强合作，共同应对。同时，世界新一轮科技革命和产业变革方兴未艾，科技创新已经成为推动经济发展、社会进步的关键变量和重要引擎。从国内看，我国正进入中华民族伟大复兴进程的重要时期，开启了全面建设社会主义现代化强国的新征程。我国在全球范围内率先控制住了疫情，发展形势持续向好，成为世界经济复苏的主要动力源。我国物质基础雄厚、市场空间广阔、人力资源丰富、社会大局稳定，具有构筑新发展格局、推动经济高质量发展的强大基础。但新冠肺炎疫情仍在全球蔓延，贸易摩擦接连不断，国际安全风险点增多，我国经济发展面临多年未见的需求收缩、供给冲击、预期转弱三重压力，农业基础还不稳固，民生保障存在短板，社会治理还有弱项，国内经济发展面临的困难、挑战较多，但国内经济长期向好的基本面没有变，必须深刻认识新发展阶段的新特征新要求，贯彻新发展理念，把握大势，主动作为，开辟农业农村经济发展新境界。

2.乡村振兴战略深入推进，农村发展支持力度持续加大，将为农业农村经济发展带来持久动力

党的十九大明确提出实施乡村振兴战略，优先发展农业农村，要求把解决好"三农"问题作为全党工作重中之重。2018年中央一号文件提出，把实现乡村振兴作为全党的共同意志、共同行动，作为实现中华民族伟大复兴的一项重大任务，提出走中国特色社会主义乡村振兴道路，让农业成为有奔头的产业，让农民成为有吸引力的职业，让农村成为安居乐业的美丽家园。党的十九届五中全会对新发展阶段优先发展农业农村、全面推进乡村振兴做出总体部署，提出建立健全城乡融合发展体制机制和政策体系，强化以工补农、以城带乡，加快农业农村现代化。2021年中央一号文件明确提出，民族要复兴、乡村必振兴。新发展阶段"三农"工作依然极其重要，解决好发展不平衡不充分问题，重点难点在"三农"，迫切需要补齐农业农村短板弱项；构建新发展格局，潜力后劲在"三农"，迫切需要扩大农村需求，畅通城乡经济循环；应对国内外各种风险挑战，基础支撑在"三农"，迫切需要稳住农业基本盘，守好"三农"基础。河北省第十次党代会报告提出，加快新型城镇化和农业农村现代化步伐，扎实推进乡村全面振兴。这充分体现了党中央、国务院和河北省委、省政府对"三农"问题的高度重视，为今后农业农村经济快速发展提供了更加有力的支撑。

3.京津冀协同发展、雄安新区规划建设、北京冬奥会等重大国家战略和国家大事实施，为河北省农业农村经济发展释放持久红利

京津冀协同发展、雄安新区规划建设和北京冬奥会等重大国家战略和国

家大事，给河北发展带来前所未有的重大机遇和战略支撑。以首都为核心的京津冀世界级城市群建设取得阶段性成效，为河北省加快自身发展注入强大动能。雄安新区大规模建设，有效承接北京非首都功能疏解取得阶段性成果。2022年冬奥会举办和中国（河北）自由贸易试验区、北京大兴国际机场临空经济区等重大平台加快建设，将推动更多国内外优质资源向河北集聚，新的战略优势和竞争优势正在加速积累。河北省具备良好的区位优势、交通优势、产业优势，城乡人口众多，市场空间潜力巨大，有利于融入国内国际双循环新发展格局，有利于强化以城带乡、以工补农能力，为实施乡村振兴战略，推动农业高质量发展，加快农业农村现代化提供有利条件。但河北省总体发展水平同人民对美好生活的期盼、同高质量发展要求相比还存在差距，人均GDP不高，高新技术和战略性新兴产业发展还不够充分，创新发展还需加力，城市带动能力有待提升，农村人居环境仍需提升，给河北省农业农村经济发展带来挑战。同时，新冠肺炎疫情冲击导致的各类衍生风险不容忽视，做好常态化疫情防控，更好地统筹发展和安全面临持久挑战。必须增强机遇意识，砥砺前行、拼搏奋进，以实现农业农村现代化为总目标，大力实施乡村振兴战略，推动河北农业农村经济高质量发展，夯实新时代全面建设现代化经济强省、美丽河北的发展基础。

（二）2022年河北省农业农村经济形势展望

2022年，河北省将全面贯彻党中央、国务院决策部署和习近平总书记关于河北工作的重要指示批示精神，立足新发展阶段，贯彻新发展理念，坚持农业农村优先发展，扎实推进乡村振兴战略，持续深化农业供给侧结构性改革，使更多资源向"三农"倾斜，让更多发展要素向乡村集聚，全面提升农业综合生产能力，确保粮食和重要农产品供给，大力实施乡村建设行动，全面推动乡村产业、人才、文化、生态、组织振兴，促进农业高质高效、乡村宜居宜业、农民富裕富足，为新时代全面建设经济强省、美丽河北提供有力支撑。预计，河北省农业农村经济发展将呈现如下特点。

1. 农业农村投入力度持续加大，农产品综合生产能力稳步提升，粮食等重要农产品生产能力基本稳定

2022年，河北省将以粮食生产功能区和重要农产品保护区为重点，深入实施"藏粮于地""藏粮于技"战略，加快建设集中连片、旱涝保收、节水高效、稳产高产的高标准农田，提升农业综合生产能力，为保障国家粮食和重要农产品有效供给提供坚实基础。2022年，全省市、县两级高标准农田建设规划将编制完成，建成高标准农田面积预计将达到4678万亩，粮食生产能力将稳定在700亿斤以上。全省农业生产布局持续优化，粮食品种结构优化提升，冀中南优质强筋小麦，大中城市周边鲜食玉米，黑龙港和冀中南"双高"大豆，山区丘陵、黑龙港和坝上地区杂粮杂豆等优质粮食生产基地建设取得明显成效。全省优质专用小麦种植面积将达到1300万亩左右，鲜食玉米种植面积将发展到35万亩左右，"双高"大豆种植面积将发展到90万亩左右，杂粮杂豆种植面积将稳定在500万亩左右。道地中药材、食用菌、葡萄、苹果、蛋鸡等12个特色优势产业集群持续做大做强，农业质量效益稳步提升。

粮食生产方面，受持续秋雨影响，河北省晚播小麦比例较大，个别地市小麦播种面积低于常年水平，增加了夏粮丰收稳产难度。但通过加强田间管理，加大水肥投入和病虫害防控，以及春播加茬播种春小麦、春玉米、夏收大豆等超常规措施，增加夏粮播种面积，2022年，全省粮食播种面积有望基本稳定。在不发生重大自然灾害的情况下，全省粮食生产将有望维持较高产量水平。畜牧业生产方面，国内生猪产能恢复，河北省生猪保供能力明显提升，市场价格波动增加。预计2022年，河北省生猪供给总体平稳，市场价格较2021年上半年有所降低，维持在合理区间。牛羊产能基本稳定，价格总体高位运行。水产渔业养殖基本稳定。受成本上涨和市场需求拉动影响，水果、禽蛋、奶制品、水产品等价格将呈温和上涨态势，农业生产效益有望进一步提升。

2. 各类新型农业经营主体加快发展，政策性农业保险保障水平稳步提升

2022年，河北省将大力培育家庭农场、农民合作社、农业社会化服务组织等新型农业经营主体和服务主体,推动小农户与现代农业有机衔接。全省职业农民培训普遍开展,新型农业经营主体和服务主体经营者培训将覆盖所有农业县(市、区),新型农业经营主体和服务主体经营者技能水平、经营能力有望继续得到提升。农民合作社质量提升整县推进基本实现全覆盖,合作社辐射带动范围稳步扩大。政策性农业保险覆盖水平稳步提高,全省85个产粮大县将按照国家统一部署,实施小麦、稻谷完全成本保险和玉米种植收入保险,全省玉米、小麦等粮食作物农业保险覆盖率预计将达到75%以上。

3.农村人居环境整治提升行动全面开展,农业绿色发展能力稳步提升,农村一二三产业融合加快

2022年,河北省以农村厕所革命、生活污水垃圾治理、村容村貌提升为重点,开展农村人居环境整治提升行动,加大农业基础设施、公共服务设施投入,提升农村人居环境质量,加快补齐农业农村发展短板,为全面推进乡村振兴、加快农业农村现代化、建设美丽河北提供有力支撑。2022年,河北省将加大农业面源污染治理力度,推动化肥农药减量增效。全域推进农业废弃物资源化利用,继续开展农药兽药包装废弃物处置试点和农药包装废弃物回收处理试点。中国农民丰收节持续举办,节日影响力、带动力持续提升。农业新模式新业态发展加快。农村电商、直播带货等加快发展,特色农产品网络销售规模稳步扩大。农业多种功能持续拓展,休闲农业、乡村旅游人数稳步增长。在正常条件下,预计全省乡村旅游接待人数将达到1亿人左右。

三 2022年河北省农业农村经济发展面临的突出矛盾和主要问题

当前,河北省乡村振兴战略深入推进,农业农村经济发展成效明显,但仍面临一些问题,需要引起高度重视。

（一）农业发展质量效益仍然不高

河北是农业大省，很多农产品产量位于全国前列，但推向市场的主要是蔬菜、瓜果、粮食等初级产品或初加工产品，优质深加工产品相对不多，与全国以及周边省份山东、河南相比，存在一定差距。2020年，河北省农产品加工业产值和农业总产值比值为1.4∶1，低于全国2.3∶1的平均水平。河北省规模以上农产品加工企业为2843家，河南省为7986家，山东省达到1.3万家，河北省规模以上农产品加工企业数量只有河南的35.5%，山东的21.9%。河北省农产品加工业产值为6841.1亿元，仅为河南的29.0%、山东的18.5%，差距明显。

（二）农业发展与资源环境矛盾压力加大

河北省9800多万亩耕地中，中低产田占比近六成，部分农田基础设施水平较低，农田灌溉、排涝设施缺乏，应对自然灾害的能力较差。耕地长期处于超负荷状态，部分地方长期大量使用单一化肥，造成农田土壤养分结构失调、物理性状变差，有机质含量降低，土壤板结。由于深松深耕作业不够，一些地方土壤蓄水保墒能力下降。从水资源情况看，河北省人均水资源占有量仅为全国的1/7，地下水超采总面积达到6.97万平方公里，影响农业可持续发展。

（三）农业科技对现代农业发展的支撑能力仍然不强

河北省农林牧渔业生产总值在全国排第5位，但农业科技发展相对较慢。根据《中国农业知识产权创造指数报告》，2020年，河北省农业专利申请量为1569个，农业知识产权创造指数居全国第19位，比周边省份河南、山东分别少1149个和831个。在全国教学科研单位、农业企业农业知识产权创造指数排名中，河北省没有一家院所或企业进入全国前10位。农业科技对河北现代农业发展的支撑能力不强。

（四）农民收入与发达省份相比还存在较大差距

2012年，河北省农村居民人均纯收入为8081元，高出全国平均水平165元。2013年，河北省农村居民人均可支配收入首次低于全国平均水平，此后与全国的差距逐渐拉大。2013年到2020年，河北省农村居民人均可支配收入从9188元增长到16467元，全国农民人均收入从9430元增长到17131元，河北与全国的绝对差距从242元扩大到664元。与沿海发达省份相比，2020年河北省农村居民人均可支配收入比浙江低15463元，比江苏低7731元，分别是浙江的51.6%、江苏的68.1%，差距明显。与周边省份相比，河北省农村居民人均可支配收入高于山西、河南两省，分别高2589元、359元，但比山东、辽宁、内蒙古分别低2286元、983元和100元，与北京、天津相比，分别低13659元和9224元。

四 深入实施乡村振兴战略，推动全省农业农村经济高质量发展的政策建议

坚持农业农村优先发展，落实国家粮食安全战略，深化农业供给侧结构性改革，发展现代都市型农业和高效特色农业，大力实施乡村建设行动，持续巩固拓展脱贫攻坚成果，推动农业农村经济高质量发展。

（一）扛稳粮食安全重任，持续提升粮食和重要农产品供给保障能力

粮食是国民经济发展的基石，任何时候都不能松懈。要严格落实粮食安全责任制，全面依法加强耕地保护，巩固提升粮食等重要农产品综合生产能力，夯实应对外部环境不确定性的物质基础。

一是持续加大高标准农田建设力度。落实最严格的耕地保护制度，守牢耕地红线。加强永久基本农田保护，坚决制止"非农化"，防止"非粮化"。严格管控一般农田转为其他农用地。以粮食生产功能区和重要农产品保护区为重点，以粮食生产大县为基础，实施新一轮高标准农田建设行动，加快建

设旱涝保收、节水高效、稳产高产、生态友好的高标准农田，集中打造稳产高产、优质高效的国家粮食安全产业带。建立健全农业基础设施和高标准农田长效管护机制。建立全省农用地分级管理和利用制度，积极开展测土配方施肥，采取深耕深松、秸秆还田、增施有机肥、测土配方施肥等方式，改善土壤结构，提升土壤肥力。开展耕地质量动态监测评价，确保全省耕地数量不减少、质量有提升。

二是确保粮食等重要农产品有效供给。全面落实粮食生产安全责任制，加大农田抛荒治理力度，确保全省粮食产能基本稳定。强化粮食生产大县政策支持，提升农民种粮积极性，坚决守住粮食安全底线。实施优质粮食示范区创建工程，在冀中南部建设强筋小麦示范区，在沧州东部建设旱碱麦示范区，在太行山、燕山山区丘陵、黑龙港等地区建设优质谷子示范区，推动粮食生产结构调优调强。落实"菜篮子"责任制，在城市周边布局建设一批叶菜在田储备基地，建设标准化蔬菜生产基地，提升蔬菜应急供给能力。推动建立生猪生产逆周期调控机制，稳定生猪基础产能，提升猪肉供应安全保障能力。落实肉牛肉羊生产发展五年行动方案，加快肉牛肉羊品种改良，扩大基础母畜产能规模，提升牛羊肉增产保供能力。实施奶业振兴计划，扩大优质奶牛种群规模，提升奶业供给品质。加强城市周边、核心产区畜禽肉类储备库建设，提升应急保供能力、逆周期市场调控能力。

三是实施种业科技创新工程。种业是农业的"芯片"，是确保粮食安全的重要基础。建议将种业科技创新作为河北省科技创新的重点任务，制定攻坚方案，开展集中攻关，力争突破一批核心关键技术，形成一批突破性种业科技成果。持续巩固强筋小麦、杂交谷子、棉花、十字花科蔬菜等育种优势，做大做强"育繁推一体化"种业企业，提升商业化、市场化育种能力。统筹布局河北省种质资源库和基因库等资源保护基础设施，新建改扩建一批畜禽资源保种场，提升育种供种保障能力。制定种业科技创新支持政策，引进优秀种业创新团队、高端人才和先进技术，健全农业种质资源收集保护、鉴定评价、挖掘利用、交换共享体系，强化知识产权保护，全方位提升全省

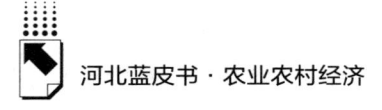

种业科技创新能力。

四是加强农作物田间管理指导。针对2021年河北省冬小麦播种普遍较晚，部分地区小麦播种面积低于常年的情况，建议加强小麦、玉米等农作物田间管理指导，冬季防范低温冻害和病虫害，确保小麦安全越冬。小麦返青后，加大水肥投入和病虫害防控，夯实夏粮丰收基础。同时，加大玉米等夏播粮食作物播种力度，做到应播尽播、能播尽播，扩大秋粮播种面积。抓好草地贪夜蛾等秋收作物重大病虫防控。推广玉米适时晚收技术，保障玉米籽粒有足够的灌浆时间，促进玉米籽粒增重提质，确保2022年全省粮食生产基本稳定。

五是推动农业绿色可持续发展。开展农业节水行动，通过推广节水品种、改变种植结构、推广节水灌溉技术、发展旱作雨养种植模式等方式，减少农业灌溉用水，促进耕地休养生息。建设农业节水工程，提高农田灌溉水利用效率。实施测土配方施肥，推行有机肥替代化肥和病虫害全程绿色防控，减少化肥、农药施用量。实施畜禽粪污资源化利用整县推进行动，构建生态农业循环经济产业链。加强农业废弃物资源化利用，提高废弃农膜全回收利用比例，推动秸秆等农业废弃物综合利用。

（二）深化农业供给侧结构性改革，大力发展现代都市型农业和高效特色农业，不断提升农业发展质量效益

发挥河北省在京津冀国际都市群中的独特区位优势，加快发展现代都市型农业和高效特色农业，调优布局、调强结构、延伸链条、提升效益，推动传统农业向现代农业转变、农业大省向农业强省转变。

一是大力发展现代都市型农业。以满足京津冀都市群需求为目标，按照科技创新引领、技术装备先进、产业深度融合、生态环境优良、产品优质高效的总要求，加快构建"一圈、一群、两片"现代都市型农业发展新格局。

一圈：即在北京、天津和雄安新区周边，布局建设一批特色农业精品示范基地、现代农业精品园区、智慧农业示范基地、休闲农业与乡村旅游示范

基地、农产品批发市场，建设环京津、环省会1小时休闲度假圈，发展科技农业、智慧农业、休闲农业、会展农业等新业态，保障京津市场农产品供给，满足都市居民多元化需求，引领全省农业创新发展。

一群：即在石家庄、唐山、保定等城市周边，发挥城市聚集资源优势，发展高端设施农业、精品农业、休闲农业等高效农业，打造城市居民的"菜篮子""奶瓶子"。在农业多功能开发、生产要素聚集、业态创新等方面先行先试，为全省现代都市型农业发展探索道路。

两片：即都市农业拓展区和都市农业生态涵养区。冀中南远离中心城市的地区，重点建设都市农业拓展区。平原地区重点建设粮食、蔬菜等重要农产品生产、加工基地，提升粮食、蔬菜、肉类等重要农产品供给能力；黑龙港地区以高效节水农业为主攻方向，突出生态修复功能，推广旱作雨养和轮作休耕；山地丘陵区以生态保育为主攻方向，突出生态屏障功能，发展现代山地特色高效农业。张家口、承德地区重点建设都市农业生态涵养区，实施退耕还林还草、小流域治理、国土绿化、生态修复，发展旱作农业、有机牧业、现代草业、生态旅游业，打造种养游结合的特色农业生产基地。沿海三市发挥海洋资源优势，建设高标准水产繁育基地，发展对虾、海参、河豚、鲆鲽、冷水鱼等特色优势产品，建设沿海高效渔业经济带。

二是加快培育高效特色产业集群。在确保粮食产能稳定的基础上，顺应居民消费结构升级趋势，按照省级抓产业、市级抓园区、县级抓特色的总体思路，因地制宜发展高效特色农业，实施优势特色产业集群培育行动、现代农业产业园提升行动、产业强镇发展行动，建设一批科技高端、标准高端、品质高端、品牌高端的现代农业示范基地，带动全省特色优势产业集群加速发展。重点打造优质专用小麦、优质谷子、精品蔬菜、道地中药材、优势食用菌、沙地梨、优质专用葡萄、山地苹果、高端乳品、优质生猪、优质蛋鸡、特色水产等12个特色优势产业集群，全力提升特色产业市场竞争力。

三是提升农产品加工能力。农产品加工具有体量大、产业关联度高、带动"三农"能力强、农民受益面广的特点。建议以现代农业产业园、特色产业集群、农业产业强镇为依托，以粮食、蔬菜、水果、肉类加工为重点，大力实施农产品加工业提升行动，加快构建统筹农产品初加工、精深加工和综合利用协调发展，产业链条完整、价值链条高效、供应链完整的现代农产品加工体系。加快实施一批蔬菜、果品产地初加工项目，扶持壮大一批农产品精深加工企业，引进发展一批农产品加工副产品综合利用主体，不断延伸农业产业链，提升价值链。完善农产品加工企业支持政策，解决好季节性收购资金短缺、仓储加工设施用地不足、运营成本高等问题，推动农产品加工企业做大做强。

四是发展乡村特色产业。按照"一县一业""一村一品"原则，挖掘各地特色资源，培育发展乡村特色产业、休闲旅游业。支持建设一批规范化的家庭手工场、手工作坊、乡村车间，打造一批特色产业专业村、专业镇。以省市美丽乡村为基础，因地制宜建设田园综合体、休闲农业园、村史博物馆、乡村民宿、农耕体验基地、市民农庄、研学基地，串珠成链，点线面结合，带动全省休闲农业发展。

五是培育农产品知名品牌。把品牌农业作为推动农业高质量发展的重要抓手，按照省级主导、市县参与、专业设计、强化推广的思路，以树立河北农产品形象为主线，选择具有河北特色、产品优势突出的牛奶、食用菌、梨果、板栗、樱桃、葡萄、苹果、小米、牛肉、猪肉等农产品，培树一批影响力大、竞争力强、带动作用明显的农产品"河北品牌"，扩大特色农产品影响力。

（三）大力实施乡村建设行动，增加农村有效投资，促进农村消费升级，提升农业对外开放水平，全面融入以国内大循环为主体、国内国际双循环相互促进的新发展格局

立足新发展阶段，践行新发展理念，实施乡村建设行动，扩大农村有效投资，推动农村消费升级，促进对内对外开放，全面融入新发展格局。

一是实施乡村建设行动，持续扩大农村有效投资。建立财政支持乡村建设行动的长效机制，加大财政对农田水利设施建设、农业绿色发展、农业科技创新、农产品冷链物流、农村基本公共服务、农村人居环境整治提升、农业面源污染治理、生态环境建设等重点领域和薄弱环节的支持力度，满足农村居民对高质量农业生产、高品质美好生活的需要。实施农村人居环境整治提升行动，因地制宜推进农村改厕、生活垃圾处理和污水治理，提升农村人居环境。加强农村基础设施和公共服务设施建设，满足农村交通出行、教育文化、文化娱乐、医疗卫生、社会保障、社区养老等公共服务需求。

二是实施农村消费升级行动，释放农村消费潜力。全面促进农村消费，关键是补齐农村消费短板。应从供给侧入手，补齐制约农村消费的便捷性、多样性和品质化短板。建议实施农村消费升级行动计划，推动城区传统市场、商场、超市、百货店、品牌店等加快渠道下沉，支持电商龙头企业拓展农村市场，将更多更好的品牌商品销往农村。广泛开展农商互联、农网对接，引导农村居民增加交通通信、文化娱乐、汽车等消费。加大电商物流配送网点建设，鼓励发展定制配送、直供直销、微信营销等新模式，打通农村物流配送"最后一公里"。严厉打击假冒伪劣产品，优化农村消费环境，维护农村居民消费权益。

三是实施数字乡村建设行动，推动农业农村"上云赋智"。加快农村网络基础设施建设，加大物联网、大数据、云计算、北斗导航、智能装备等现代信息技术和装备在农业生产全过程中的应用。强化设施园艺、畜禽水产养殖、农产品加工流通、农机作业服务等方面的信息化改造，推动农业生产智能化，积极推广遥感监测、智能识别、自动控制、机器人等设施，加快建设一批现代智慧农业园区。推动宽带网络提速降费，深化电商大数据运用，提高农村生活便利化、智慧化水平。适应网络销售需求，开展农产品精准包装、精准营销。

四是实施农业对外开放提升行动，持续畅通国内国际双循环。以创建国际标准农产品出口示范基地为抓手，组织农产品生产企业、出口企业参加国际国内农产品展会，支持企业拓展国际市场，扩大出口规模，提升出口效益。重点巩固梨果、蔬菜、板栗、水产品等农产品出口优势，提升特色果品、道地中药材、小杂粮、特色蔬菜、蘑菇等优势特色农产品出口能力。加强与资源互补、技术领先国家和地区的合作，积极引进优质农业项目和创新团队、优秀人才，提升种业创新、绿色农业、循环农业、低碳农业等理论创新与技术研发能力。加强与俄罗斯、东盟等国家和地区的合作，鼓励晨光生物等农业企业到境外建设生产基地，提升国内农产品供应保障能力。支持河北省农垦企业打造具有国际竞争力的农业企业集团。

（四）加强新型农业经营主体培育，加快构建现代农业经营体系，促进小农户与现代农业有机衔接

顺应农业规模化、专业化发展趋势，加快构建以家庭经营为基础、合作与联合为纽带、社会化服务为支撑的现代农业经营体系。

一是培育壮大现代农民队伍。建议实施高素质农民培育计划，以市、县农广校和职教中心为依托，面向从事适度规模经营的中青年农民，分层分类开展农业技能培训，提高农民能力素质。同时，加强乡村服务业人才培育，加快培育一批农业科技服务人才、农村电商人才、农家乐经营人才和农业园区经营管理人才。加强农民学历教育，扩大对农民学员的农业职业教育招生规模，推动农民学历层次提高。做好创业致富农民典型选树，提升农民职业荣誉感、获得感。

二是加快发展家庭农场。实施家庭农场培育计划，引导符合条件的种养大户等登记注册成为有市场主体地位的家庭农场。鼓励回乡退伍军人、回乡大学毕业生、青年农民创办家庭农场。建立家庭农场经营者培训机制，提升家庭农场经营管理能力。鼓励家庭农场与品牌电商、商场超市等直接对接，开展订单式生产、标准化管理、品牌化经营，争创一批家庭农场特色品牌。

三是规范发展农民合作社。实施农民合作社标准化建设整县推进行动，引导全省农民合作社完善规章制度，规范运作管理，提升农民合作社发展质

量和水平。鼓励农民合作社依法自愿组建联合社，扩大合作规模，增强市场竞争力。支持农民合作社发展农业生产性服务业、农产品加工业，延伸农业产业链，提升盈利能力。

四是推动农业社会化服务组织多元发展。实施农业生产托管服务扩面工程，推动将农业生产服务品种从单一的粮食作物向蔬菜、药材、食用菌、畜禽养殖拓展，支持农业社会化服务组织为农户提供代耕代种、统防统治、仓储加工、统一销售等生产性托管服务。鼓励农民合作社、龙头企业为农户提供农业社会化服务。开展农业社会化服务质量监督，制定服务标准和服务规范，切实保障农户利益。完善农业社会化服务价格机制和政策补贴机制，提高农业生产托管服务积极性。

五是推动小农户与现代农业有机衔接。推广"龙头企业+基地+合作社+农户""龙头企业+农村集体经济组织+农业托管服务组织+农户"等多种利益联结方式。鼓励龙头企业、合作社等采取保底分红、利润返还、入股分红、订单收购等多种方式，让农民充分参与流通、加工、销售过程，分享农业全产业链发展红利。

（五）深化农业农村改革，完善市场化配置机制，畅通城乡要素循环，激发农业农村发展内生动力

以农村土地制度改革为引领，巩固拓展农村集体产权制度改革成果，大力发展普惠金融和农业政策性保险，加快形成要素均衡配置、城乡融合发展的体制机制。

一是持续深化农村土地制度改革。贯彻落实第二轮土地承包到期后再延长30年政策，保持农村土地承包关系稳定并长久不变。严格执行农村土地承包法律法规和中央农办、农业农村部等部门出台的政策、规定，保障和维护农民的土地权益。依法妥善解决第二轮土地承包到期再延长30年政策落实中遇到的问题。加强县乡村农村土地流转交易和管理信息网络平台建设。完善农村土地经营权流转管理办法，规范土地流转价格形成机制。健全土地流转激励制度，鼓励发展农业适度规模经营，破解承包土地细碎化问题。引

导支持进城落户农民自愿有偿依法在本集体经济组织内转让承包地或将承包地退还集体经济组织。深化农村宅基地制度改革,完善宅基地管理制度,细化宅基地分配资格的具体条件和认定规则,强化宅基地审批、监管、执法,防范宅基地违法违规现象。建立宅基地基础数据库,妥善处理历史遗留问题。稳妥推进农村闲置宅基地、闲置住宅盘活利用。

二是巩固拓展农村集体产权制度改革成果。采取盘活资产、开发资源、提供农业生产服务等多种路径,发展壮大新型农村集体经济,提升带动共同富裕能力。研究启动省级层面农村集体经济组织立法,健全完善农村集体经济合作组织、集体股份经济合作组织管理机制。建设全省农村集体产权制度改革综合管理平台,规范农村集体资产管理。完善集体收益分配制度、资本积累制度,促进集体经济组织可持续发展。

三是加快发展普惠金融。加强金融机构服务乡村振兴考核评估,确保银行业金融机构本地存款主要用于本地、银行业涉农金融机构贷款主要用于农业农村。鼓励金融机构加大对农业农村基础设施投融资的中长期信贷支持。鼓励银行业金融机构建立服务乡村振兴的内设机构。推广"政银担"金融支农模式,引导金融机构开展农户小额信用贷款,保单质押贷款,农机具、设施大棚抵押贷款等业务,稳妥开展承包土地的经营权、农房所有权抵押贷款。

四是发展政策性农业保险。完善农业保险政策,推进小麦、玉米完全成本保险和收入保险。引导保险机构开发针对性强、保障范围广的自然灾害险、特色产品险、农产品价格和收入险等险种,探索"保险+信贷""保险+期货"模式,构建涵盖财政补贴基本险、商业险和附加险等的农业保险产品体系。支持各市县结合实际开展设施蔬菜、小杂粮、果品等特色农产品保险。

(六)强化重点区域、重点村庄、重点人群帮扶,拓宽农民收入渠道,夯实共同富裕基础

实现全体人民共同富裕是社会主义的本质要求,也是人民群众的共同期盼。要坚持以人民为中心的发展思想，加大重点地区、重点群体帮扶，多渠道增加农民收入，不断提升人民群众获得感、幸福感、安全感。

一是加大重点区域、重点村庄支持，巩固拓展脱贫攻坚成果。河北省脱贫县特别是燕山太行山区和黑龙港地区的深度贫困县，自然条件差、基础设施建设历史欠账多，产业发展相对滞后，造血能力相对不足，仍是河北省区域发展的短板。应继续将燕山太行山区、黑龙港地区作为全省乡村振兴的重点支持区域，将原62个贫困县作为乡村振兴的重点帮扶县，持续加大财政、金融、土地、人才、项目支持力度，从财政投资预算安排、地方专项债券准备、涉农资金整合、生态建设帮扶、易地扶贫后续扶持、基础设施建设、产业发展、就业帮扶、社会救助兜底等方面，予以倾斜支持，帮助其改善生产生活条件，增强经济发展能力，确保其在全面推进乡村振兴的新征程中不掉队。

二是加强农村低收入人口帮扶，建立健全防返贫、促增收机制。当前河北省农村还存在一部分发展能力相对较弱的低收入人口，如果没有社会和政府的帮扶，很难实现收入与全社会同步增长、生活持续改善。建议进一步建立健全防止返贫监测和帮扶机制，采用"大数据+网格化+铁脚板"与"主动发现+自主申报"相结合的方式，开展农村低收入人口摸底排查和监测，确保"不漏一户、不落一人"。对农村低收入人口分类制定帮扶措施，对具备劳动能力的农村低收入人口，通过就业培训、公益岗位、转移就业、产业带动等多种方式，帮助其增收；对脱贫不稳定的农户、贫困线附近的边缘农户进行常态化监测，及时纳入帮扶范围，有针对性地采取措施；对无法通过产业获得稳定收入的人口、丧失劳动能力的人口，要以现有社会保障和救助政策为基础，建立对农村低收入人口的帮扶机制，要应保尽保，保障其基本生活。

三是多渠道增加农民收入，推动实现共同富裕。挖掘农业内部增收潜力。支持发展农业适度规模经营，鼓励发展适销对路的高效特色农业、立体农业和订单农业，支持发展农产品加工业、现代服务业，延伸农业链条，促进加工增值，提高农民家庭经营性收入。引导农村劳动力外出就业，拓展乡村就业空间，加强农业劳动力培训，提高农村劳动力就业质量，增加农民工资性收入。创造增加农民财产性收入的制度环境，鼓励发展民宿经济、厂房经济，增加农民财产性收入。完善转移性收入保障机制，加大对粮食主产区农民的直接补贴力度，完善农产品生产者补贴制度，增加农民转移性收入，提升农民的获得感、幸福感，夯实共同富裕基础。

参考文献

彭建强：《扎实推进乡村全面振兴》，《河北日报》2022年1月7日。

段小平：《牢牢把住粮食安全主动权》，《中国社会科学报》2021年9月28日。

分 报 告
Sub-reports

B.2
2021~2022年河北省粮食生产形势分析与预测

李玲萍*

摘　要： 粮食安全是乡村振兴的首要任务。2021年，河北省委、省政府把保障粮食安全摆在突出位置，狠抓粮食生产不放松，紧盯稳面积、增产量目标，坚持保粮食、调结构、促增收，稳住农业基本盘，筑牢"三农""压舱石"，粮食总产量已连续9年稳定在700亿斤以上，粮食安全保障基础得到明显巩固。本报告在回顾2021年度河北省粮食生产情况的基础上，对2022年河北省粮食生产形势进行了分析预测。

关键词： 粮食生产　粮食安全　河北省

---

* 李玲萍，国家统计局河北调查总队农业调查处高级统计师，主要研究方向为农业产量调查、粮食安全统计、农业热点问题。

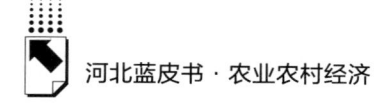

2021年，河北省委、省政府坚持把保障粮食安全摆在突出位置，狠抓粮食生产，实施最严格的耕地保护制度，调整农作物种植结构，圆满完成了国家粮食安全任务。据国家统计局河北调查总队抽样调查，2021年，河北省粮食总产量为3825.1万吨（765.0亿斤），比上年增加29.2万吨（5.8亿斤），增长0.8%。河北省粮食产量连续9年稳定在700亿斤以上，连续6年稳定在740亿斤以上，是仅低于2017年（765.8亿斤）的第二高产年。分季节看，河北省夏粮生产实现"三增"，受9月底10月初极端强降雨灾害的不利影响，秋粮单产减少，由于秋粮面积增加，秋粮总产量持平略增。

一 2021年河北省粮食生产总体呈现"面积增、单产增、总产增"格局

（一）夏粮实现播种面积、单产、总产量同步增长

2021年，河北省夏粮呈现"三增"格局。夏粮播种面积为3406.2万亩，较上年增加41.5万亩，增长1.2%；每亩产量为435.3公斤，较上年增加3.2公斤，增长0.7%；总产量为1482.7万吨，较上年增加28.8万吨，增长2.0%。其中，主要夏粮品种冬小麦播种面积为3349.5万亩，较上年增加44.3万亩，增长1.3%；每亩产量为436.5公斤，较上年增加3.1公斤，增长0.7%，创历史新高；总产量为1462.2万吨，较上年增加29.6万吨，增长2.1%。

（二）秋粮单产因灾减产，播种面积增加，总产量持平略增

2021年，河北省秋粮播种面积为6236.7万亩，增加18.2万亩，增长0.3%；每亩产量为375.6公斤，减少1.0公斤，降低0.3%；总产量为2342.4万吨，增加0.4万吨，增长0.02%。其中，玉米播种面积为5181.2万亩，增加55.5万亩，增长1.1%；每亩产量为398.9公斤，减少1.4公斤，降低0.3%；总产量为2066.8万吨，增加15.0万吨，增长0.7%。分

类看，秋收谷物呈现"面积、总产增，单产减"的局势，而秋收豆类、薯类生产则呈现"三减"格局。其中，谷物播种面积增加66.0万亩，总产量增加17.3万吨，增幅分别为1.2%和0.8%；每亩产量减少1.4公斤，降低0.4%。秋收豆类和薯类播种面积分别减少37.5万亩、10.2万亩，降幅分别为21.3%和3.2%；每亩产量分别下降5.4公斤、19.0公斤，降幅分别为3.4%和4.4%；总产量分别减少6.7万吨、10.2万吨，降幅分别为24.0%和7.5%。因豆类种植收益与玉米相比较低，农民2021年转种玉米较多。薯类播种面积减少的主要原因是部分土壤长期种植薯类导致土壤带菌，需进行农作物倒茬，减少薯类种植，大部分改种玉米及其他谷物进行土壤休养。

（三）全年粮食生产呈现"三增"格局

2021年，河北省秋粮生产虽受强降雨等不利因素影响，每亩产量有所下降，但在播种面积增加和夏粮丰产丰收的综合影响下，全年粮食生产总体仍呈"三增"格局。2021年，河北省粮食播种面积为9642.9万亩，增加59.7万亩，增长0.6%；每亩产量为396.7公斤，增加0.6公斤，增长0.1%；总产量为3825.1万吨（765.0亿斤），增加29.2万吨（5.8亿斤），增长0.8%。

二 河北省粮食生产的利弊因素分析

（一）夏粮生产利弊因素分析

1. 有利因素

第一，政策支持力度大，粮食播种面积有保障。河北省认真落实粮食安全党政同责要求，鼓励种植粮食，支持复垦撂荒地、开发冬闲田，挖掘面积潜力，确保粮食种植面积稳定提升。各地采取引导鼓励种粮、发放种粮补贴、制定最低收购价、政策性农业保险补助等措施，大大提高农民的种粮积极性，有效解决农民种粮的后顾之忧。

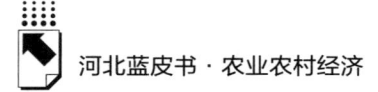

第二,农田基础条件改善,田间管理精细科学。河北省加大高标准农田和高效节水灌溉建设力度,提升农田基础设施水平。2021年,河北省新建高标准农田390万亩、高效节水灌溉面积120万亩。提高耕地质量和农业基础设施水平,集中连片耕种,发展农业社会化服务,因地制宜开展多种形式的生产托管,提升机械化水平,实现旱涝保收、节肥减药、降低成本、增加种粮收益的效果。2021年,河北省小麦病虫害总体呈中等发生趋势,麦蚜、麦蜘蛛等虫害偏轻发生,白粉病中等发生,部分地块茎基腐病、根腐病中等发生,为此,河北省积极采取"一喷三防"措施,统防统治、联防联控,后期病虫害得到有效控制。

第三,重视播种质量,提升农田综合科技水平。全省大力推广小麦规范化播种和节水稳产配套技术,小麦种子包衣和药剂拌种、精细整地、足墒播种和播后镇压等关键节水抗旱技术到位率高,秸秆还田、增施有机肥和化肥减量技术普遍应用。据农业部门统计,2021年,河北省小麦节水品种及配套技术新增138万亩,优质专用小麦新增450万亩,89.9%的麦田实施了秸秆还田,88.3%的麦田实施了测土配方施肥,86.5%的麦田实施了种子包衣或药剂拌种,85.6%的麦田实施了播后镇压,23%的麦田实施了农机深松。

第四,气象条件总体有利,满足生育期关键需求。2021年,河北省小麦生育期气候条件总体有利,主体麦田长势均衡、群体适宜,穗分化时间长、穗粒数多,后期温湿度适宜,籽粒灌浆期长,为小麦增加粒重创造了有利条件。一是越冬期间,气温和降水条件适宜。气温较常年偏高,尽管出现数次强降温过程,但未造成明显冻害;在越冬初、中期降水量较少,但在越冬末期出现大范围强降水过程,增加了土壤墒情。部分地区发生轻旱,个别地块发生中旱,经过灌溉和降雨,旱情基本缓解。2月中、下旬,全省由南到北陆续返青,返青比常年提早7天左右。返青后气温回升较快,温度偏高,光照充足,苗情转化向好,长势好于常年。二是穗分化时间延长。3月1日到4月25日,河北省麦区平均气温10~13℃,较常年高1~2℃。其间气温有波动,但未对冬小麦造成明显影响,而适当的波动使前期过快的生育进程得到延缓,延长穗分化时间,利于形成大穗,小穗数和穗粒数增加,为实现高产打下基础。三是灌浆成熟期顺利过渡。5月下旬，中南部地区出现轻度干热风天气，但发生范围小，对全省冬小麦后期成熟影响不大。6月上旬，麦区气温大部偏高1~2℃、日照充足，光温条件利于冬小麦后期灌浆、成熟；收获期间，虽有短时雷阵雨天气出现，但无大范围、连续性降水，冬小麦顺利归仓。

2. 不利因素

河北省发生两次气温骤降，但未对小麦生长造成影响。2021年1月6~8日寒潮，部分地区气温降到-18℃以下。4月中旬温度下降较多，因气温骤降发生范围较小，不影响全省大部小麦的生产形势。

（二）秋粮生产利弊因素分析

河北省秋粮作物生育期大部分时间、大部分地区光温适宜、墒情充足，降水情况整体上符合秋季作物对水分的需求，但在2021年9月下旬和10月初，河北省中南部地区遭遇连阴雨，对秋粮后期生长及收获产生了不利影响，收获粮食的品质较上年偏低，单产呈减少态势。

1. 有利因素

第一，政策支持粮食生产，玉米价格高位运行，农民收益有保障。河北省认真落实国家各项粮食生产支持政策，稳步推进种植收入保险，支持农民发展粮食种植。河北省及时发放国家下达的种粮农民一次性补贴11.2亿元，减轻了化肥价格上涨对生产投入的压力。据调查，河北省惠农政策补贴主要有耕地地力保护性补贴（每亩95元左右）、种粮农民一次性补贴（每亩15元左右）、农机购置补贴（补贴比例30%左右）等，均按照要求的时间节点通过"一卡通或一折通"等形式直接发放至农民手中。部分县奖励推广林间春、夏播粮食作物种植，奖励标准达每亩50元。农业保费由中央财政、省财政和农户三方承担，农户承担约20%的费用，既减轻了经济负担，又提高了抗风险能力，有效提高了农民的种植积极性。

第二，关键技术落实到位率较高。河北省玉米普遍选用了高产、稳产、抗逆的优良品种，大中型种肥同播精量播种机的推广使用，为全苗和合理密植奠定了基础，苗情质量显著提升。河北省在季节性休耕区示范推广了谷子绿色高效生产技术；在冀东燕山山前平原地区提出了"麦谷轮作、豆谷轮作、薯谷轮作"等栽培模式新理念和配套集成技术体系；选用抗蚜高粱杂交种，从品种抗性上解决了高粱生产中存在的蚜虫危害问题；推广燕麦旱地种植技术和有机无公害种植技术；重点推广绿豆全程机械作业技术、芸豆全程机械作业技术、蚕豆高产栽培技术。

第三，作物生长前期气象条件有利。一是光温适宜。秋收作物播种后，河北省北部春播作物区平均气温接近常年或偏低1~2℃，虽部分地区气温偏低，但多在适宜温度范围之内，光温条件能够满足作物生长需求。河北省中南部夏播作物区平均气温接近常年或偏高1℃，2021年除7月下旬、8月下旬等个别时段阴雨天气多、光照不足外，大部时段日照较充足，光温条件适宜作物生长发育。二是墒情适宜。2021年6月下旬以来，河北省降水明显增多，大部地区累计降水150~940毫米，降水量大且范围广，有效补充了土壤水分，缓解了前期旱情，7月中旬旱情彻底解除。截至2021年8月末，河北省大部地区0~50厘米土壤相对湿度在60%以上，墒情好于上年同期，对作物生长发育和产量形成十分有利。

2. 不利因素

第一，部分地区出现阶段性旱情。2021年4月下旬至6月下旬，河北省廊坊、沧州等地出现阶段性旱情，部分作物春播转为夏播或造墒播种，播期推迟，影响了作物长势。

第二，局部地区遭受洪涝风雹灾害。自2021年6月中旬开始，河北省部分地区发生阵性降水。2021年7月中旬至8月上旬初，河北省南部和沧州沿海出现连续强降水和大风天气，局部地区降水较常年偏多300~500毫米，邯郸、邢台、沧州等地遭受洪涝风雹灾害。

第三，部分地区病害发生较重。受降雨多、湿度大等不利因素影响，河北省部分地区的夏玉米发生了褐斑病、根腐病和南方锈病。谷子产区谷瘟病、白发病发生较为严重，马铃薯发生一定规模的晚疫病、黑痣病等。

第四，连阴雨影响秋收秋种。2021年9月下旬至10月初，河北省降水频繁且降水量大,造成两个结果:一是造成土壤水分饱和,田间湿度过大或农田渍涝,致使部分地块玉米早衰和锈病发生发展;二是严重影响秋收秋种进度,对全省秋粮收割和冬小麦的播种产生了不利影响。

三 2022年河北省粮食生产形势预测

粮食不仅是商品,更是战略物资,我国是拥有14亿多人的人口大国,粮食安全是维护国家稳定的重要基石。2022年河北省粮食生产面临诸多挑战,2021年秋收末期的连阴雨对冬小麦的播种产生不利影响,造成晚种,同时受耕地资源约束,播种面积增长空间小,粮食生产压力增大。

(一)小麦

1. 小麦播种面积将保持稳定

受秋季强降雨影响,2021年,河北省农田过湿,达不到冬小麦播种条件,需要更长时间晾晒散墒,冬种进度缓慢,播期较常年推迟10天左右,部分地区推迟20日以上,还有部分地块由于积水或土壤湿度过大不能播种。河北省针对灾情强化政策支持,利用中央农业生产救灾资金,对2021年11月14日及以后播种的冬小麦加大补贴力度,每亩补贴150元,提高农民播种积极性。强化冬小麦播种面积原则上不低于上年的目标要求,并将冬小麦播种任务分解到县、乡镇,落实到村。河北省各地抓住天气晴好、气温较高等有利播种窗口期,适墒整地、选用早熟品种、提高整地质量、适当增加播量、科学增施肥料,挖掘各种潜力完成播种任务,最大限度地降低晚播带来的不利影响,预计2022年夏收冬小麦播种面积将保持稳定。

2. 小麦单位面积产量略减

2021年,河北省大部地区冬小麦播种推迟,部分地块小麦抢墒播种后冬前不出苗,土里发芽但不破土生长,形成"土里捂",对第二年的小麦产量产生不利影响。由于播期推迟,冬前积温少,不利于冬前壮苗形成,出苗后存在不齐不匀、缺苗断垄现象,弱苗占比高。另外,由于晚播,播量增加,可能造成中后期群体过大,株间环境郁闭,病虫害发生,加之"双拉尼娜"年的极端天气模式可能带来强降雨、干旱等气象灾害,对粮食生产预期产生不利影响,预计2022年收获的冬小麦单位面积产量将略有减少。

3. 小麦价格预计高位运行

2020~2021年,受新冠肺炎疫情影响,国际粮食市场紧俏,国内粮价涨幅明显扩大。据对12县(市)15个农村重点集贸市场主要农产品价格月度调查数据,2020~2021年河北省小麦价格连续上涨。2020年和2021年1~11月河北省小麦平均价格分别为2.38元/公斤和2.52元/公斤,与上年同期相比分别上涨0.06元和0.14元,涨幅分别为2.6%和5.9%。国家综合考虑粮食生产成本、市场供求、国内外市场价格和产业发展等因素,连年出台小麦主产区最低收购价政策,极大地保护了种粮农民的积极性,稳定了小麦的售价。2022年,河北省生产的小麦(三等)最低收购价继续上调,为每50公斤115元,每公斤较2021年上涨0.04元。加之对小麦产量预期趋低,预计2022年小麦价格将继续保持高位运行。

(二)玉米

1. 玉米播种面积将稳中略升

河北省耕地资源有限,水资源短缺,而粮食是耕地密集型和水资源密集型产品,粮食播种面积增长空间有限。自2020年开始,河北省玉米播种面积扭转连续三年的下跌之势,连续两年在国家政策的鼓励带动下累计增加68.9万亩,多数地区已经达到了应播尽播水平,政策性因素是这一时期玉米播种面积由降转升的主要原因。此外,由于玉米价格上涨、收益看好、生产管理简便、抗风险能力高等原因,预计河北省将有部分其他农作物转种玉米,带动玉米播种面积增加。在政策支撑和资源约束的双重影响下,预计2022年河北省玉米播种面积将稳中有升。

2. 玉米单位产量将呈现恢复性增长

2021年9月下旬和10月初强降雨及连阴雨对河北省玉米后期生长及收获产生直接影响,单产呈减少态势,与上年相比减少了1.4公斤/亩。2022

年,如不遇大的自然灾害和极端天气影响,河北省玉米单产有望呈现恢复性增长。各地政府及有关部门高度重视国家粮食安全,狠抓粮食生产不放松,从地力、种子、技术、田间管理、扶持政策等多方面入手,提升粮食生产的综合能力,为玉米单产增加提供强有力的支撑。

3. 玉米价格预计高位运行

2017年河北省玉米集贸市场价格探底后(1.6元/公斤),价格逐年回升上涨。2021年1~11月河北省玉米平均价格达到2.8元/公斤,每公斤价格累计增长1.2元。2021年,玉米价格继2011~2012年后再次高于小麦价格,且每公斤价差高达0.3元。从需求看,生猪产能恢复带动饲用玉米需求增大,油价上涨使制作生物燃料用玉米需求增加,预计2022年玉米价格仍将高位运行。

参考文献

陈锡文:《切实保障国家食物供给安全》,《农业经济问题》2021年第6期。

朱晶、臧星月、李天祥:《新发展格局下中国粮食安全风险及其防范》,《中国农村经济》2021年第9期。

B.3
2021~2022年河北省畜牧经济形势分析与预测[*]

穆兴增　赵学风　杨丹　王若丞[**]

摘　要： 2021年，河北省畜牧生产呈现生猪生产快速恢复、奶业振兴成效明显、草食畜（牛羊）发展稳定、家禽业稳中有增的总特征。当前河北省畜牧业发展具备政策环境、发展基础、支持体系等有利条件，也面临环境约束严、土地供应紧、疫病防控难度大、种源"卡脖子"、养殖成本高等不利因素。本报告对2022年河北省畜牧业生产和价格走势情况做出分析，从发展生产、保护环境、加强种业发展、完善服务体系、加强疫病防控方面提出推动河北省畜牧业健康发展的政策建议。

关键词： 畜牧业　生猪生产　肉牛　价格　河北省

2021年，国家持续加大生猪、肉牛等畜牧稳产保供政策力度，河北省科学统筹疫情防控与畜牧生产，克服饲料价格上涨、强降雨汛情等不利影响，全省畜牧产品市场供应充足，畜牧业生产稳中向好。

---

[*] 本报告数据来源于国家统计局河北调查队公布的季度生产数据和农业农村部直连直报系统的价格周报，部分专业资料咨询了有关专家和专业处室的有关人员，采用了他们撰写的工作总结内容。

[**] 穆兴增，河北省社会科学院城乡发展研究中心首席专家、研究员，主要研究方向为农村经济；赵学风，河北省畜牧良种工作总站农业技术推广研究员，主要研究方向为畜牧经济；杨丹，河北省畜牧良种工作总站畜牧师，主要研究方向为畜牧经济；王若丞，河北省畜牧良种工作总站畜牧师，主要研究方向为畜牧经济。

一　2021年度河北省畜牧经济发展的总体特征与运行态势

2021年以来，河北省生猪生产快速恢复，奶业振兴成效明显，草食畜（牛羊）发展稳定，家禽业稳中有增，畜牧业生产呈现稳中向好态势。到2021年三季度末，河北省生猪存栏1799.0万头，同比增长7.1%，猪肉产量为204.4万吨，同比增长22.3%；禽蛋产量为292.3万吨，同比减少0.3%；牛奶产量为374.1万吨，同比增长5.2%。全省畜牧业产值为1732亿元，同比增长14.6%，占农林牧渔业总产值比重为41.4%。

（一）生猪生产快速恢复，猪价低位运行

1. 生猪生产快速恢复

2018年以来，受多重因素影响，我国生猪产能出现大幅下降，猪肉价格随之大幅走高，2020年2月生猪价格创下历史新高。为保供稳价，从中央到地方采取了一系列恢复生猪生产的政策措施，在政策和市场的双重利好刺激下，如牧原、新希望、大北农、正邦、温氏等一批国内生猪养殖领军企业充分发挥资本优势、技术优势和市场优势，投资300多亿元在河北新建、改扩建及续建生猪规模养殖场100多家，增加生猪存栏200余万头。农业农村部直联直报平台监测猪场数据显示，到2021年11月末，河北省规模猪场较上年同期增加了120家，2021年1~11月，全省累计出栏商品猪同比增长40.4%。到2021年末，河北省生猪存栏达到1850万头，恢复到正常年份的95%，其中能繁母猪存栏195万头，比正常年份增长5%。

2. 生猪价格持续下跌

2021年以来，国内生猪价格持续探底，生猪均价由2021年1月的35.07元/公斤跌到6月的14.95/公斤，跌幅达到57.4%，2021年6月、7月低位震荡，8月再次下降，9月跌势加剧，10月初出现全年最低点，为10.75元/公斤，较年初跌幅达到69.3%（见图1）。2021年10月的第2周，生猪价格开

始反弹，到第 49 周（12 月初），河北省生猪、猪肉、仔猪均价分别为 17.69 元/公斤、20.4 元/公斤、26.29 元/公斤，比 2020 年同期分别下降 41.5%、40.9%、69.0%。2021 年，河北省生猪年均价格为 19.81 元/公斤，玉米年均价格为 2.83 元/公斤，全年平均猪粮比为 7∶1，生猪养殖总体上略有盈利。2021 年 1~5 月，河北省猪粮比价从 12.75 降到 6.78，进入 6 月，猪粮比价下行破 6，生猪养殖开始进入较大亏损阶段，9 月达到最低点 4.53，之后开始回升，到 2021 年 11 月，河北省猪粮比回升到 6.01（见图 2），接近盈亏平衡点。

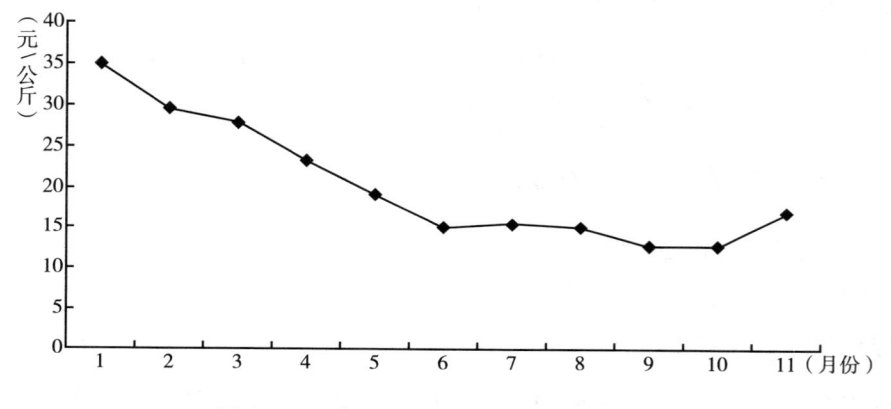

图 1　2021 年 1~11 月河北省生猪价格走势

资料来源：河北省 30 个价格监测县集贸市场监测点。

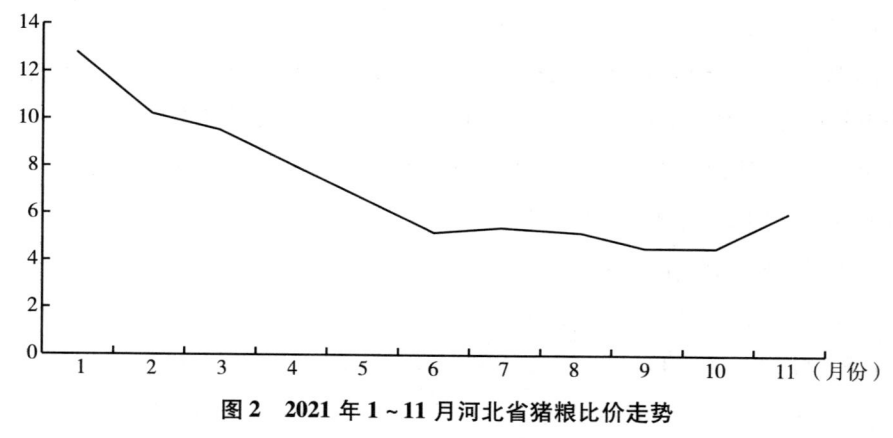

图 2　2021 年 1~11 月河北省猪粮比价走势

资料来源：河北省 30 个价格监测县集贸市场监测点。

3. 后市预测

综合判断，2021年10月以后的生猪价格是超跌后恢复性上涨，生猪养殖从亏损回到正常的利润水平。2022年第一季度的假日消费节点价格虽有可能反弹，但不具备大幅上涨基础。受成本上涨影响，价格继续下降空间有限，总体将围绕成本线窄幅震荡。2022年，河北省猪价大幅上涨的可能性不大。尽管生猪市场行情好转，但市场供应仍相对宽松，根据2021年8月全国仔猪出生量测算，2022年2月，生猪供应量大于往年约30%，猪价很可能会持续低位运行。养殖场（户）要合理安排生产，避免惜售压栏。从总体上看，2022年生猪生产将维持三个特点：一是稳产保供无虞。根据行业统计，当前全国母猪存栏仍保持较高水平，为稳定生猪生产奠定了坚实基础。二是养殖成本维持高位。据调查，2021年12月河北省自繁自育生猪养殖成本在16元/公斤左右，较2020年同期的13元/公斤上涨了约3元/公斤；玉米价格为2.81元/公斤，同比增长14%；豆粕价格为3.65元/公斤，同比增长8.6%；人工费、防疫费均呈现较大涨幅。未来河北省生猪养殖仍处于高成本运行状态。三是生猪产能持续增长。随着生猪"禁调令"实施，中小散户退出将进一步加快。牧原、新希望、温氏等国内生猪养殖领军企业依托资本、技术、市场优势借机继续扩大产能，提高生猪市场占有率。

（二）蛋鸡生产平稳，蛋价高位运行

1. 存栏有所增长

受2020年国内鸡蛋价格低迷，产蛋鸡淘汰增加而补栏不足等因素影响，2021年河北省产蛋鸡存栏整体减少，鸡蛋供应偏紧，蛋价全年保持高位运行，带动生产恢复性增长。农业农村部直联直报平台蛋鸡场（设计存栏20000只以上）监测数据显示，2021年11月河北省产蛋鸡存栏同比增长3%，较1月增长7.3%。鸡蛋产量同比增长5.6%。2021年末，河北省蛋鸡存栏稳定在2.85亿只左右，较2020年同期持平略增；鸡蛋产量为345万吨，同比增长3.3%。

从全国来看，随着蛋鸡养殖技术进步，蛋鸡养殖规模化、集约化程度持续提高。河北省作为传统蛋鸡养殖大省，在规模化和集约化程度上也取得了长足的进步，但是历史形成的"小规模、大群体"的产业化特征仍然突出。根据行业统计，2020年，河北省存栏万只以下蛋鸡场户数占到全省场户数的99%以上，蛋鸡存栏量约占到全省蛋鸡总存栏的65%。由于中小散户抵御市场风险的能力较差，容易形成一哄而上一哄而下的局面，容易造成生产不稳。

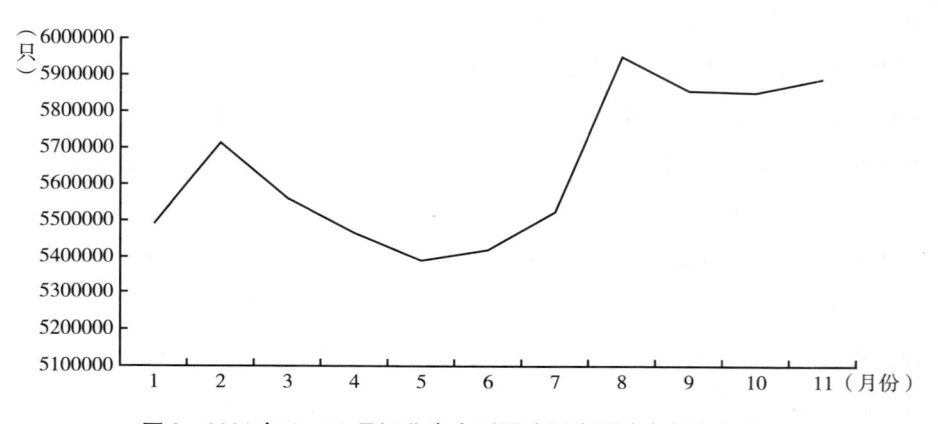

图3 2021年1~11月河北省大型蛋鸡场产蛋鸡存栏变化情况

资料来源：河北省30个价格监测县集贸市场监测点。

2. 鸡蛋价格高位运行

从鸡蛋价格年度走势看，2021年初，受新冠肺炎疫情以及春节备货拉动，河北省鸡蛋均价在9.72元/公斤左右，此后受猪价下跌拉动、淘汰鸡出栏受阻影响，河北省鸡蛋价格开始下行，到2021年3月，河北省鸡蛋价格下跌到7.78元/公斤。2021年4月以后，河北省鸡蛋价格触底反弹，到5月中旬升到9.20元/公斤。此后，受蛋鸡存栏不足、食品厂商中秋节备货及终端需求提振等因素影响，全省鸡蛋价格总体呈上涨趋势，到2021年8月上旬，河北省鸡蛋价格上涨到10.50元/公斤，9月鸡蛋平均价格维持在10.32元/公斤，是近5年同期第二高点。2021年10月，河北省鸡蛋价格在10元/公斤左右波动，到11月，河北省鸡蛋价格再次上涨，均价达到10.57元/公斤，再创新高（见图4）。

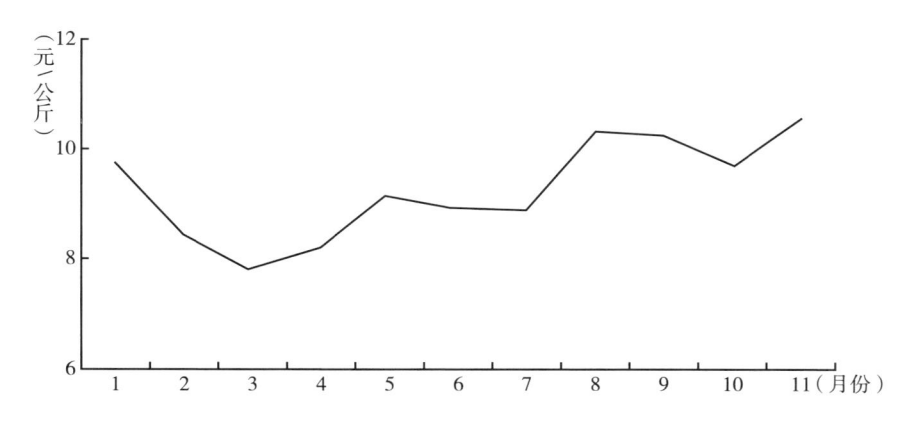

图 4　2021 年 1～11 月河北省鸡蛋价格走势

资料来源：河北省30个价格监测县集贸市场监测点。

3. 后市预测

受元旦、春节消费量增加拉动，2022年上半年，河北省鸡蛋价格将维持高位运行。在环保要求日益严格等因素影响下，河北省蛋鸡产能扩张将受到一定影响。预计2022年鸡蛋平均价格将维持在9元/公斤以上，大概率不会出现暴跌暴涨。受养殖成本增加等因素影响，蛋鸡养殖利润将逐步缩减，预计2022年河北省蛋鸡生产将维持合理盈利水平。

（三）奶业振兴步伐加快，奶价高位平稳运行

1. 奶业高质量发展

2020年下半年以来，国内生鲜乳价格持续走高并维持高位运行，奶牛养殖效益提高，奶牛养殖场补栏积极性提高，叠加奶业政策拉动，2021年河北省奶业呈现量价齐增的良好发展态势。2019～2021年，河北省生鲜乳产量平均增速在10%左右，全省乳制品产量稳定在350万吨以上，连续7年全国第一。河北省新扩建乳制品加工项目10个，增加年处理生鲜乳能力162万吨；新扩建奶牛场165个，新增设计存栏10.8万头，其中乳企自建牧场5个、合建家庭牧场16个、新扩建社会牧场144个。支持183家奶牛家庭牧场升级改造，对74家奶牛场进行智能化改造，建成

万头 A2 基因奶牛核心群。全省奶牛平均单产突破 8.3 吨。2021 年前三季度，河北省奶牛存栏达到 140 万头，同比增长 10.4%；生鲜乳产量达到 374.1 万吨，同比增长 5.2%；全省乳制品产量达到 294.8 万吨，同比增长 8.7%。

2. 奶价高位运行

2021 年河北省生鲜乳价格高位平稳运行。2021 年 1~11 月，河北省生鲜乳平均价格达到 4.17 元/公斤，同比上涨 11.5%。年内价格最高点出现在 1 月中旬，为 4.28 元/公斤，最低是 4 月底的 4.05 元/公斤，之后站稳 4.10 元/公斤，在其上方小幅波动（见图 5）。2021 年以来，河北省饲料价格涨幅较大，其中，玉米均价达到 2.83 元/公斤，同比上涨 30.4%；豆粕均价达到 3.72 元/公斤，同比上涨 17.4%。生产成本增加拉动奶价走高，也带动成年母牛价格上涨，2021 年 11 月河北省奶牛价格上涨到每头 4 万元左右，与 2021 年同期相比，每头上涨 6000 元左右。

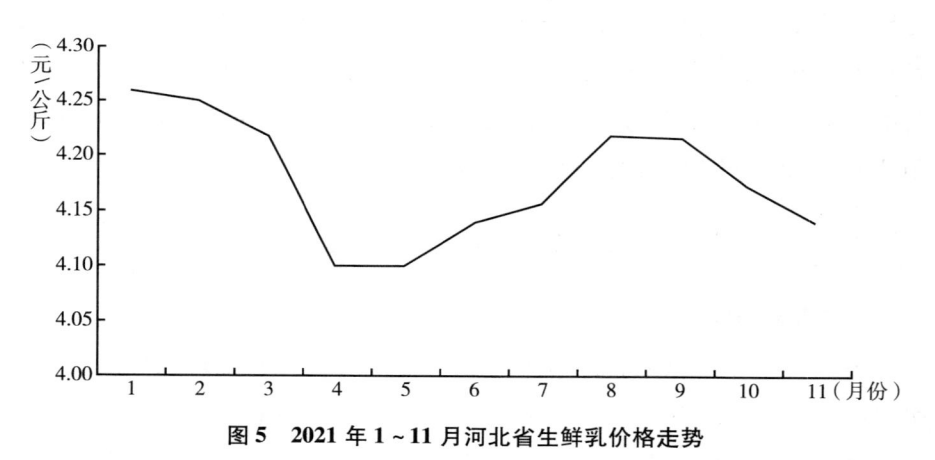

图 5　2021 年 1~11 月河北省生鲜乳价格走势

资料来源：河北省 30 个价格监测县集贸市场监测点。

3. 后市预测

受成本拉动加上供应偏紧等因素影响，2022 年河北省奶价将继续维持高位运行，全年奶价预计维持在 4 元以上。奶业振兴作为全省畜牧业发展重中之重，在政策、资金和技术合力支持之下，奶业持续良性发展可期。2022

年，河北省奶业发展主要是瞄准五个世界一流，强化政策支持，深入实施奶牛种业提升工程，扎实推进国家环京津奶业集群和省奶业振兴项目建设，持续提升生鲜乳产量和乳制品加工能力，预计2022年全省奶牛存栏将达到145万头，生鲜乳产量将突破540万吨，乳制品产量达到400万吨，奶牛平均单产达到8.5吨。

（四）肉牛、肉羊产业平稳发展，价格高位运行

1. 肉牛、肉羊产业平稳发展

河北省按照"着力发展草食畜牧业，提升肉牛肉羊生产能力"的工作思路，制发《河北省推进肉牛肉羊生产发展五年行动方案》，明确河北省肉牛、肉羊产业五年发展目标及重点任务。2021年，河北省确定在农牧交错区重点发展肉牛产业，建设隆化国家肉牛现代农业产业园，在围场、丰宁2县实施肉牛增量提质项目，对产犊母牛进行补贴，调动肉牛养殖积极性。组建工作专班，研究起草《河北省肉牛高质量发展推进方案》《河北省肉羊产业高质量发展推进方案（2021—2025）》，将肉牛、肉羊产业集群纳入河北省优势特色产业集群建设范围，出台系列政策支持肉牛、肉羊示范园区建设，带动提升全省肉牛、肉羊生产能力。到2021年第三季度末，河北省肉牛存栏204.3万头、出栏273万头、牛肉产量达44万吨，同比分别增长-0.3%、2.2%和0.7%；全省肉羊存栏1450万只、出栏1684.5万只、羊肉产量达23.4万吨，同比分别增长9%、7.6%和8.3%。

2018年8月以来非洲猪瘟疫情影响猪肉市场，人们转向牛羊肉消费，带动牛羊肉价格大幅走高，养殖效益提高，吸引了众多社会资本进入，例如昌黎县安丰集团投资的吉丰生态养牛场，存栏已达1万头；抚宁宏都集团投资的洪丰民瑞肉牛养殖场，2021年11月存栏肉牛1200多头，甚至部分奶牛场也转产肉牛，行业发展势头较好。肉羊养殖也风生水起，除了大资本的进入，农村小规模散养也有较快增长。受肉牛养殖周期长，环保、猪肉价格低位运行叠加成本上涨等因素影响，目前河北省肉牛产业平稳有序发展，相对于肉羊来讲，生产波动较小。

2. 牛羊肉价格高位调整

牛肉价格：从历年牛肉价格走势来看，河北省牛肉价格有较为明显的季节性波动特征，春节前价格通常会明显上涨，3~6月呈现季节性回调，7~12月再次回升冲高。2021年2月中旬，河北省牛肉价格攀升到77.8元/公斤，此后价格连续回调，在75元/公斤上下小幅波动，11月底牛肉价格为74.7元/公斤，同比上涨1.8%。2021年1~11月，河北省牛肉价格平均维持在75.6元/公斤左右，同比上涨4.9%（见图6）。

羊肉价格：2021年1~5月，河北省羊肉价格呈现连续较快上涨的态势，从2021年初的80.76元/公斤上涨到2021年5月末的85.71元/公斤，涨幅达到6.1%。进入2021年6月，羊肉价格开始小幅下降，到2021年11月，羊肉价格下降到76.58元/公斤，较2021年5月的价格高点下跌10.7%（见图7），但与2020年11月相比，羊肉价格上涨0.5%，仍处于历史同期较好水平。

3. 后市预测

受猪肉价格低位运行影响，牛羊肉替代效应减弱，加上牛羊肉持续高位运行对消费产生的抑制作用，预计2022年牛羊肉价格将平稳发展，在75元/公斤上下波动，市场价格将在高位小幅波动，但大幅上涨的可能性不大。

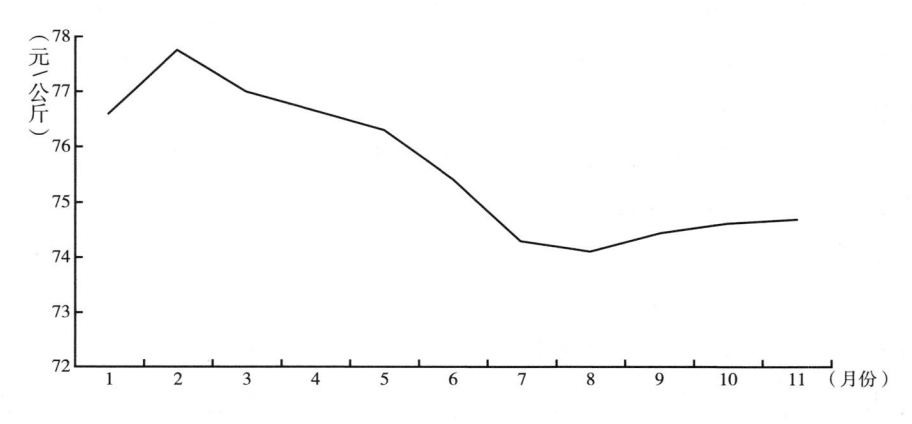

图6　2021年1~11月河北省牛肉价格走势

资料来源：河北省30个价格监测县集贸市场监测点。

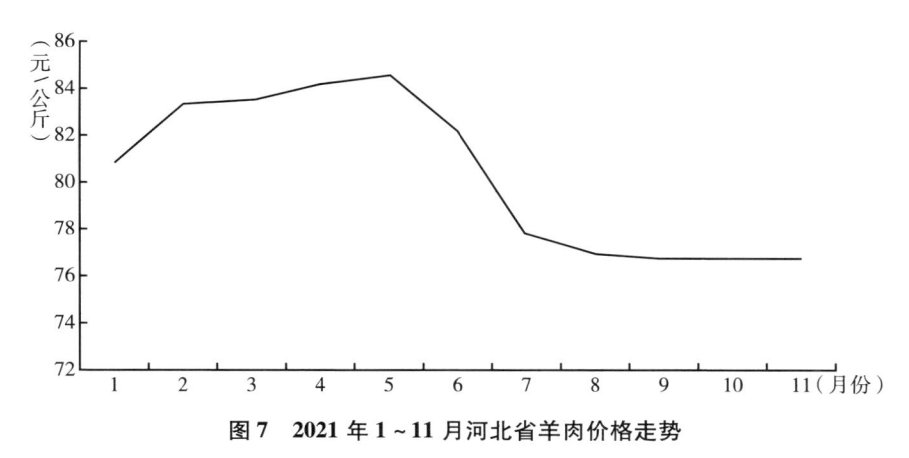

图7　2021年1~11月河北省羊肉价格走势

资料来源：河北省30个价格监测县集贸市场监测点。

（六）肉鸡生产量增价稳

1. 生产增长较快

近年来，受消费和猪肉价格走高拉动，河北省肉鸡发展较快。当前河北省肉鸡养殖主要分布在保定、沧州、唐山、张家口、承德市等传统肉鸡主产区。从存栏看，河北省肉鸡养殖场（户）存栏量在1.2万~5万只的居多，占比达到50%以上；存栏量为5万~10万只的占25%以上；存栏量为10万~20万只的占10%以上；存栏量大于20万只的占10%以上。从养殖方式看，河北省肉鸡养殖多采用3层笼养，占养殖总量的比例达到70%。2021年第三季度末，河北省肉鸡存栏8412.3万只，同比增长28.4%；活鸡出栏4.18亿只，同比增长11.3%；鸡肉产量为65.3万吨，同比增长13.3%。预计2022年，河北省肉鸡生产将呈现平稳发展态势，存栏维持在8500万只左右，与2021年基本持平。

2. 肉鸡价格运行平稳

2021年河北省肉鸡价格总体平稳。从2021年第2周开始，河北省活鸡价格上涨到每公斤10元以上，此后价格缓慢上行，到5月初活鸡价格达到11元/公斤以上，此后维持高位到8月底。2021年9月，河北省活鸡价格出现下跌，但总体跌幅不大，始终没有跌破10元/公斤（见图8）。受饲料、人工、防疫成本和冬季取暖等成本大幅增加影响，肉鸡养殖效益总体处于保本微利状态。

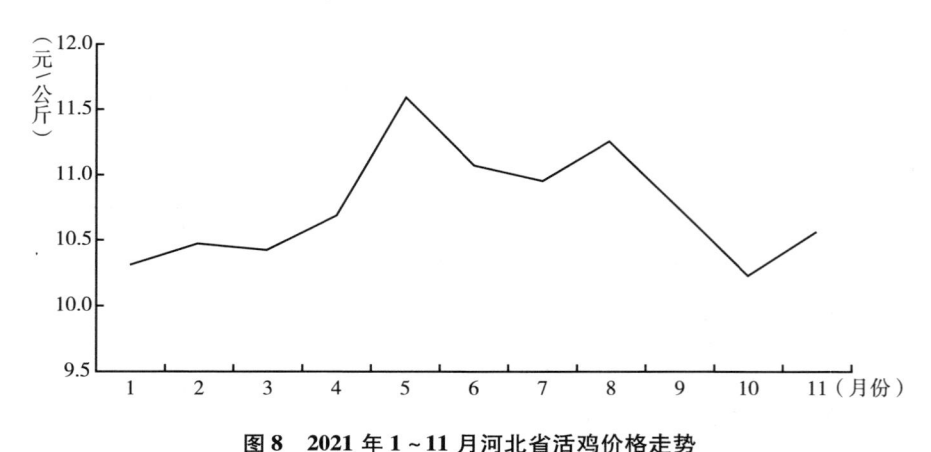

图8　2021年1~11月河北省活鸡价格走势

资料来源：河北省30个价格监测县集贸市场监测点。

3. 后市预测

一般情况下，受消费习惯影响，若猪肉价格在20~40元/公斤运行，居民更愿意消费猪肉，猪肉对鸡肉的替代效应明显增强，挤压鸡肉消费空间，使得消费疲软、库存增加。2021年11月，河北省猪肉价格在26元/公斤左右，处在挤压鸡肉消费空间区。后市种鸡存栏继续保持增长，活鸡和鸡肉供应充足，但消费没有大的提振。2022年，河北省鸡肉价格上升空间不大，受限于高成本，鸡肉价格下降空间也不大，将继续保持震荡态势。

二　2022年河北省畜牧业发展面临的机遇与挑战

（一）发展机遇

1. 政策环境得力

国家持续加大对畜牧业的扶持力度，相关法律法规不断完善。乡村振兴、农业供给侧改革、种业振兴、奶业振兴、粮改饲、草食畜牧业发展、畜禽粪污资源化利用等的实施，为引领河北省畜牧业综合生产能力稳步提升，推动养殖环境逐步改善，实现畜牧业高质量发展，创造了难得的机遇。

2. 发展基础好

河北省畜牧业发展基础稳定，饲草料资源丰富，建立了相对完善的产业体系，主要畜产品产量居全国前列，但人均肉、蛋、奶占有量与发达国家和京津等发达地区仍有一定差距，畜产品消费潜力大，特别是优质畜禽产品需求旺盛，为进一步推动产业发展提供了新动力。

3. 支持体系完善

河北省大力发展现代畜牧业为畜牧业发展奠定了坚实的产业基础；畜牧科技研究推广体系比较完善，畜牧兽医科技人才综合实力较为雄厚，为现代畜牧业的发展提供充足的人才支撑；河北省畜牧业已成形成厚积薄发之势。

4. 信息技术助力

互联网、物联网、大数据、云计算等信息技术的快速发展、普及和应用，将对畜牧种业、生产、加工、流通、消费等各环节，以及政府部门的监管与服务方式转变发挥新的重要作用，引导产业革新。

（二）面临的挑战

1. 环境约束越来越严

生态文明建设逐步推向深入，河北省对养殖业污染治理、达标排放的要求越来越高，养殖场要投入大量资金配建粪污处理设施装备才能符合条件，养殖项目的门槛越来越高，投资动辄千万元起步，广大农民和一般的社会资本已很难进入养殖行业。

2. 土地供应越来越紧

随着城镇化发展，交通网络的扩展以及张家口"两区"定位、廊坊北三县与通州同步规划、雄安新区建设等，河北省畜牧业发展的空间越来越小。2020~2021年畜牧业土地供应重点满足了生猪恢复生产和奶业振兴需要，将来寻找养殖项目的合适地块越来越困难。

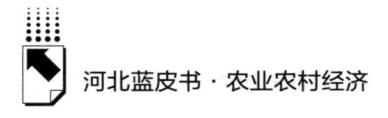

3. 疫病防控难度加大

河北省畜禽养殖密度大，饲养管理方式相对落后，基层动物防疫体系不健全，畜禽养殖生物安全压力大。

4. 种源"卡脖子"

国内种禽、肉牛、奶牛企业引种多，自主育种少，处于"引种、退化、再引种、再退化"的不利局面，部分地方品种甚至处于濒危状态，保护开发力度不够，一旦种源断供，将对产业造成较大冲击。

5. 养殖成本高企

河北省畜牧业生产资料和人工成本持续提高，落实生态保护主体责任进一步增加了畜牧业污染治理成本，多重因素叠加使得养殖逐步向微利阶段转变，畜牧业竞争力趋于下降。

三 推动河北省畜牧业发展的总体思路

2022年是冬奥会举办之年，也是党的二十大召开之年，全省畜牧工作的主要思路是：以习近平新时代中国特色社会主义思想为指导，完整、准确、全面贯彻新发展理念，牢固树立以人民为中心的发展思想，以乡村振兴战略和农业供给侧结构性改革为载体，以5个特色优势产业集群建设为抓手，进一步优化布局、调结构、转方式、稳产能，加快现代畜牧业建设步伐，推进畜禽养殖业高质量发展。为"菜篮子"丰满丰富、农业高质高效、乡村宜居宜业、农民富裕富足做出应有贡献，以优异成绩迎接党的二十大胜利召开。

四 推动河北省畜牧业高质量发展的对策建议

（一）发展畜禽生产，保障市场供应

1. 大力振兴奶业

瞄准五个世界一流，强化政策支持，深入实施奶牛种业提升工程，扎实推进国家环京津奶业集群和省奶业振兴项目建设，持续提升生鲜乳产量和乳

制品加工能力。

2. 稳定生猪生产

坚持生猪及产品调出区定位，将生猪产能稳定在常年水平。推进生猪养殖向环境承载空间大的地区转移，建设优势聚集区。完善跨周期调节机制，缓解生猪周期价格波动，保障生猪产业健康持续发展。

3. 发展牛羊养殖

紧跟居民肉食消费结构变化，加快牛羊等草食畜牧业发展，建设肉牛、肉羊产业集群，优化畜禽养殖结构，提升养殖效益。

4. 壮大蛋鸡产业

深入推进优质蛋鸡产业集群建设，充分发挥地方蛋鸡品种资源优势，支持重点县扩大大午金凤、太行鸡、北京油鸡等优质蛋鸡养殖规模，提升蛋鸡养殖效益，稳定鸡蛋产能。

（二）坚持绿色发展，保护环境

按照"源头减量、过程控制、末端利用"的工作思路，持续开展畜禽粪污资源化利用整县推进，推行先进节水节料技术，实施粪污处理设施装备提档升级行动，完善收储运体系，打通粪肥还田通道，实现农牧结合、种养循环，为畜牧业绿色可持续发展夯实基础。规模养殖场粪污处理设施装备配套率保持100%，粪污处理设施一二三级水平占比稳步提高，全省畜禽粪污综合资源化利用规模稳步扩大。

（三）大力发展种业，提质增效

完善良繁体系建设，加大财政投入，加大畜禽遗传资源的普查和保护力度，组织联合攻关，选育优良种畜禽、培育畜禽新品种（配套系），加快抢占畜禽种业科技高地。新挖掘发现优质地方畜禽遗传资源品种，培育国家核心育种场，集中力量打造集育繁推于一体的种业集团，为全省畜禽群体改良、畜牧业提质增效提供有力支撑。

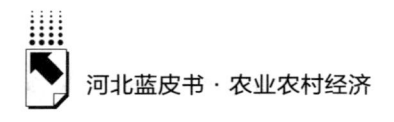

（四）完善服务体系，助力行业发展

充分发挥政府的组织协调作用，强化基层畜牧站（点）人员配备和经费保障，积极培育社会化服务市场主体，建立健全政府部门引导、畜牧站（所）带头、市场主体活跃的服务保障体系，为畜禽养殖提供市场监测、技术支持、质量检测等服务，保障畜牧业健康有序发展。

（五）创造平安环境，保护生产安全

提高政治站位，居安思危，绷紧安全生产、质量安全之弦，强化企业主体责任和部门监管责任，确保畜牧业不发生大的生产安全和质量安全事件。

（六）加强动物疫病防控，保障生产稳定

继续做好疫情防控工作，力争全省不发生非洲猪瘟疫情，确保有疫不扩散。继续实施强制免疫。以高致病性禽流感、口蹄疫、布病、小反刍兽疫等重大动物疫病为重点，扎实开展强制免疫工作，做好口蹄疫、高致病性禽流感、小反刍兽疫、非洲猪瘟、高致病性猪蓝耳病、猪瘟、布鲁氏菌病等病种的监测和流行病学调查工作，配合做好疯牛病、羊痒病等外来动物疫病的监测工作。严格执行疫情报告制度，健全应急处置机制，落实强制扑杀政策。完善疫苗招标采购和供应制度，推进"先打后补"试点，明确免疫责任主体，逐步建立强制免疫退出机制。健全动物防疫体系，提升动物疫病防控能力，加强辖区内兽医实验室建设与生物安全管理，努力确保不发生安全事故。加强技术培训，指导做好畜禽常见多发病防治。完善病死畜禽无害化处理体系，努力确保区域内不发生病死畜禽随意丢弃或贩卖加工等违法行为。

参考文献

河北省农业农村厅：《河北省推进肉牛肉羊生产发展五年行动方案》，《北方牧业》2021年第19期。

B.4
2021~2022年河北省蔬菜经济形势分析与预测

宗义湘　高一丹　夏　琪*

摘　要： 蔬菜产业作为河北省农业支柱产业，在脱贫攻坚与保民生、惠民生、保稳定、促和谐方面起到重要作用。随着京津冀协同发展及冬奥会的筹备，河北省蔬菜在满足京津需求，特别是在应急保障方面的作用越来越强。本报告分析2021年全国及河北省蔬菜产业发展形势，发现河北省蔬菜面临产业集中度低、设施结构不合理等"卡脖子"问题，亟须进一步增加高质量产品供给，实现农业增效、农民增收、居民消费需求得到满足。

关键词： 蔬菜产业　高质量发展　河北省

蔬菜产业是河北省农业支柱产业，对于农业增效和农民增收意义重大。河北作为蔬菜生产大省，全省蔬菜总产量超过5000万吨，居全国第4位，是京津乃至全国重要的蔬菜供应基地。近年来，河北省致力于不断满足人民日益增长的美好生活需要，对标市场高端需求，集中力量狠抓蔬菜产业提档升级，推进蔬菜周年生产、均衡供应，良种育繁推水平提升，产业链条不断延伸和产业集群建设打造。"十四五"时期，应立足新发展阶段，贯彻新发

---

* 宗义湘，河北农业大学经济管理学院教授、博士生导师，主要研究方向为农业经济与政策；高一丹，河北农业大学经济管理学院博士生，主要研究方向为农业产业经济；夏琪，河北农业大学经济管理学院硕士生，主要研究方向为农业产业经济。

展理念，构建新发展格局，抓住京津冀协同发展和冬奥会举办的良好契机，深入推进供给侧结构性改革，增加高质量蔬菜产品供给，满足新形势下消费升级需求。

一 2021年全国及河北省蔬菜生产形势分析

（一）2021年全国蔬菜生产形势分析

2021年蔬菜产业贯彻落实新发展理念，按照国家经济和农业现代化的总体部署，推进高质量发展，各地充分发挥高效监测、应急生产、货源储备等宏观调控功能，保障新冠肺炎疫情防控常态化阶段居民蔬菜有效供应和种植户增收。

1. 产业发展稳中向好

2011~2021年，我国蔬菜产业稳定发展，蔬菜种植面积和总产量均总体呈上升趋势。2021年，预计全国蔬菜播种面积达到3.26亿亩，同比增长1.24%；蔬菜产量达到7.55亿吨，同比增长0.81%（见表1）。蔬菜总量上已经彻底摆脱供需短缺，达到平衡有余的阶段，蔬菜品种也日益丰富。随着设施蔬菜面积的不断扩大，设施蔬菜的种类已由过去的以茄果瓜豆等果菜为主向顺应市场多样化需求扩展。据农业农村部蔬菜生产信息监测数据，全国30种主要蔬菜都有设施栽培，单品设施生产量最小的洋葱和芋头均为6万吨，最大的番茄超过5000万吨，让北方地区告别了依靠冬季看家菜的历史，新鲜蔬菜的四季供应充足。

表1 2011~2021年全国蔬菜播种面积、产量及单产

年份	播种面积(万亩)	产量(万吨)	单产(吨/亩)
2011	26864.81	59766.60	2.22
2012	27745.29	61624.50	2.22
2013	28254.38	63197.98	2.24
2014	28836.18	64948.65	2.25

续表

年份	播种面积(万亩)	产量(万吨)	单产(吨/亩)
2015	29419.59	66425.10	2.26
2016	29329.71	67434.16	2.30
2017	29971.61	69192.68	2.31
2018	31294.11	70346.72	2.25
2019	31294.11	72102.60	2.30
2020	32227.50	74912.90	2.32
2021	32616.00	75505.00	2.31

资料来源：国家统计局。

2. 全国月均价格波动较大

2021年全国蔬菜价格走势呈明显的"凹"字形结构，月均价格波动较大（见图1）。2021年蔬菜平均价格为4.51元/公斤，较2020年增长1.57%。分月份来看，2021年临近春节期间，全国蔬菜消费需求旺盛，加之部分地区疫情反弹，蔬菜调运效率降低，间接推高蔬菜价格。2021年1~3月，全国蔬菜价格高位运行，季均环比增长17.82%；2021年4~6月，随着露地蔬菜大量集中上市，国内蔬菜价格稳步下降，季均环比下降27.76%；2021年7~8月，受反复高温和阴雨天气影响，国内蔬菜生产、运输受阻，蔬菜市场供应偏紧，蔬菜价格逐步回升。2021年9月以后，受大范围强降雨、疫情反复等因素影响，国内蔬菜价格大幅攀升，其中，以菠菜为代表的叶菜类蔬菜以及以黄瓜为代表的果菜类蔬菜价格涨幅最为明显，较2020年分别上涨123.3%和83.79%。

3. 对外贸易活跃

我国是全球蔬菜的重要供应基地，近年来蔬菜进出口总额不断增加。海关总署公布的数据显示，2021年1~10月，我国蔬菜进出口总额达到677.98亿元，同比增长9.42%。其中，蔬菜出口远高于进口，呈现贸易顺差。海关统计数据显示，2021年1~10月，我国蔬菜出口额达到519.51亿元，同比下降3.61%；进口额达到158.46亿元，同比增加42.23%，涨幅较大，蔬菜对国际市场的依存度有所增加。

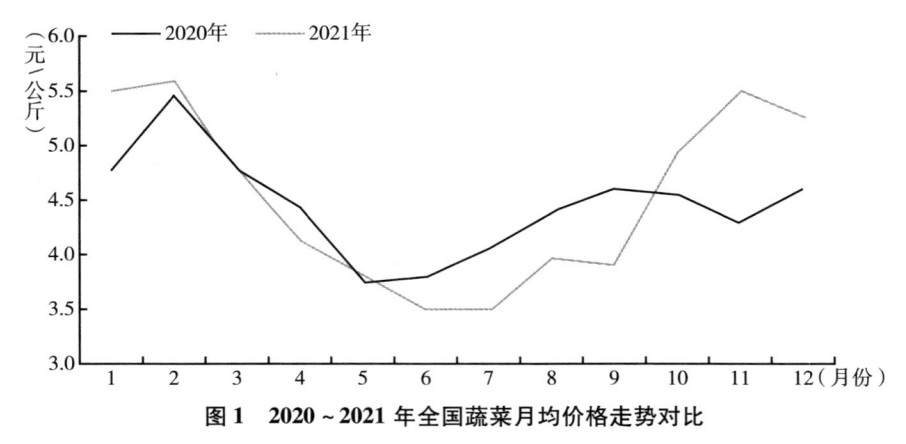

图 1　2020~2021年全国蔬菜月均价格走势对比

资料来源：全国农产品商务信息公共服务平台。

4. 质量安全水平提升

我国蔬菜质量安全形势持续稳定向好，各级政府在加强农业投入品源头监管上持续发力，严格禁止使用高毒高残留农药，大力研发、示范推广化肥农药减量增效技术，菜农的安全用药意识不断增强。农业农村部农产品农药残留例行监测结果显示，2011年以来，全国蔬菜农药残留监测合格率稳定在96%以上，其中2017~2021年上半年稳定在97%以上，蔬菜食用总体安全（见图2）。

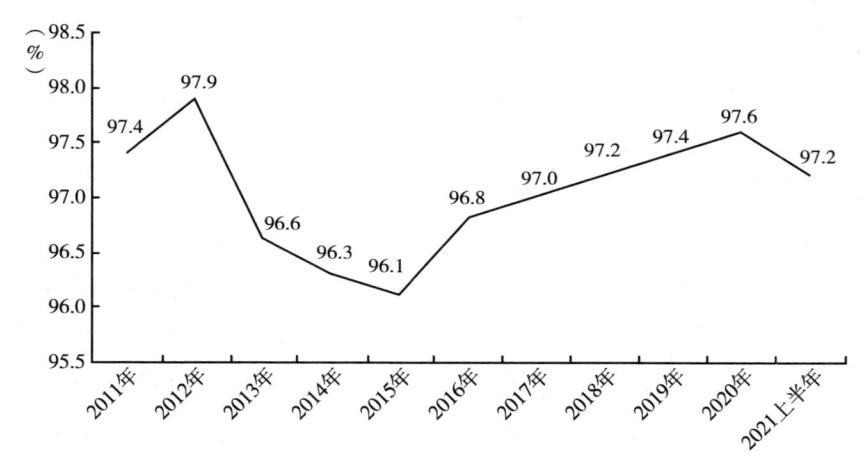

图 2　2011~2021年上半年全国蔬菜农药残留例行监测合格率

资料来源：农业农村部。

(二)2021年河北省蔬菜生产形势分析

2021年,河北省认真贯彻落实省委、省政府部署,保障"菜篮子"产品供应安全,积极建设打造蔬菜产业集群,全省蔬菜生产规模不断扩大,蔬菜种植结构进一步优化,产业链不断扩展延伸。

1. 蔬菜种植面积稳中有升

2021年河北省蔬菜种植面积和产量均有所增加,到2021年底,河北省蔬菜总播种面积达到1234.04万亩,同比增长2.38%;蔬菜产量达到5281.70万吨,同比增长1.61%(见表2)。2021年,河北省设施蔬菜发展势头较好,全省设施蔬菜由2020年的342万亩发展到347万亩。河北省出台支持设施蔬菜发展的政策,全省每年投资4500万元用于新建标准化日光温室和塑料大棚的补贴,其中,日光温室每亩补贴1.5万元,塑料大棚每亩补贴6000元。在政策带动下,河北省发展设施蔬菜的积极性较高。从主要蔬菜种类来看,2021年河北省秋季大棚黄瓜种植面积较2020年秋季有所增加,天鹰椒品种种植面积稳中有升。分地区来看,唐山市、保定市生姜种植面积大幅上升,生姜成为露地蔬菜重要构成。坝上蔬菜的播种面积较2020年减少10万~15万亩,经济效益总体形势不如2020年。

表2 2011~2021年河北省蔬菜播种面积、产量及单产

年份	播种面积(万亩)	产量(万吨)	单产(吨/亩)
2011	1058.56	4507.90	4.26
2012	1101.00	4703.00	4.27
2013	1115.40	4823.80	4.32
2014	1132.05	4965.10	4.39
2015	1132.65	5022.10	4.43
2016	1127.40	5308.89	4.71
2017	1122.90	5058.53	4.50
2018	1181.40	5154.50	4.36
2019	1192.50	5093.10	4.27
2020	1205.30	5198.20	4.31
2021	1234.04	5281.70	4.28

资料来源:2011~2020年数据来自历年《河北农村统计年鉴》,2021年1~9月数据来自河北省统计局,10~12月数据为预测所得。

2. 河北省蔬菜价格低于全国平均水平

2021年河北省蔬菜价格与全国蔬菜价格走势基本保持一致，呈现"同高同低""同升同降"的变化趋势，"一峰一谷"的季节性波动特征明显，年均价格为4.02元/公斤，明显低于全国平均水平。2021年初，受疫情反弹的影响，河北省蔬菜价格出现上涨，其中1月月均价格同比上涨17.32%；4~6月随着疫情得到有效控制以及受良好的天气因素影响，价格恢复到正常年份平均水平。2021年7~8月，受大范围强降雨影响，河北省部分地区、部分品种蔬菜被雨水浸泡，出现腐烂现象，产量下降，蔬菜市场价格呈现阶梯式上涨。2021年9月以后，受前期强降雨增多、低温等异常天气影响，河北省蔬菜上市量减少，加之农资、运输价格的上涨增加了蔬菜生产成本，新冠肺炎疫情的反复增加了蔬菜产销衔接难度，河北省蔬菜价格出现较大波动，部分品种蔬菜出现"菜比肉贵"的情况（见图3）。

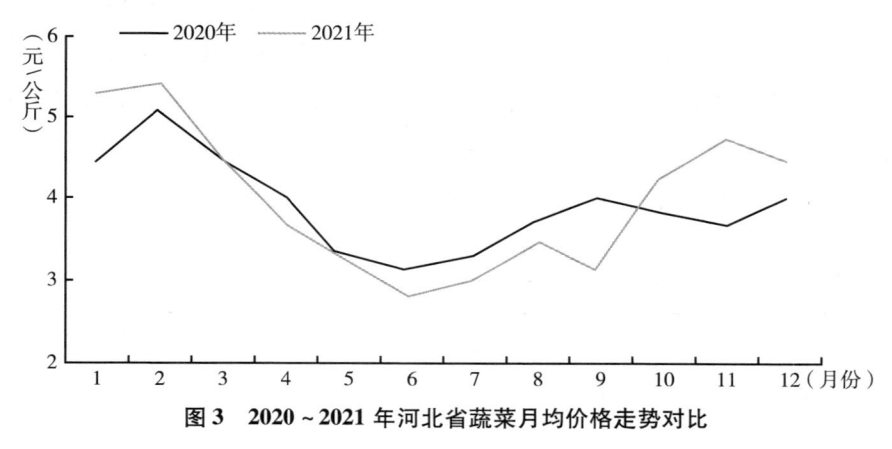

图3 2020~2021年河北省蔬菜月均价格走势对比

资料来源：全国农产品商务信息公共服务平台。

3. 蔬菜良种育繁推水平提升

2021年，国家提出"全面振兴中国种业，打赢种业翻身仗"的战略部署。河北省加快蔬菜良种育繁推进程，对叶菜类、茄果类、瓜类、根茎类、葱蒜类等5大类20余种主要蔬菜和特色蔬菜进行种质资源创新、育种技术创新及新品种的选育研究。其中，河北省大白菜分子染色体工程研究国际领先，茄子突变体与氮高效利用研究、辣椒抗疫病和品质育种、甜辣椒核雄性不育技术研究、番茄抗 TYCLV 分子标记辅助育种、黄瓜突变体与四倍体种质创新和樱桃萝卜育种等方面居国际先进水平。

4. 蔬菜产业集群建设成效逐步显现

建设现代蔬菜产业集群是蔬菜产业高质量发展的有力抓手，也是各蔬菜主产区当前阶段的工作重点。各蔬菜主产市以蔬菜全产业链发展为主要理念，打造承德黄瓜、饶阳设施蔬菜、玉田包尖白菜产业集群，推动蔬菜产业高质量发展。其中，承德市根据蔬菜产业发展现状和主攻市场，将丰宁县打造成环京津有机精品蔬菜产业集群示范县，重点推动承德黄瓜、水果番茄、水培蔬菜、围场胡萝卜等高端精品特色蔬菜的生产。饶阳县大力实施"饶阳蔬菜"集群品牌叫响全国计划，切实发挥好"中国蔬菜之乡"国字号名片作用，积极组织开展各类名优农产品展销会和网络营销活动。玉田县建成首个"供京蔬菜"区域公用品牌，以区域公用品牌推动蔬菜产业实现集群发展，促进河北蔬菜京津市场供应能力进一步提升，成为农民增收致富的重要产业。

5. 蔬菜产业链条不断延伸

随着蔬菜冷链、仓储、净菜加工与深加工的逐步推进，河北省蔬菜产业链延伸，商品化率提升，市场调节能力增强。规模种植的蔬菜专业合作社和农业园区，逐步建设田头预冷、净菜加工等商品化处理设施，提高蔬菜商品质量、减少损耗。在外销量较大的农业经营主体，按菜地面积和商品化处理需求，配置相应的预冷设施、整理分级车间、冷藏库，以及清洗、分级、包装等设备，提高产品档次和附加值，扩大销售半径，增强市场调剂能力。例如：河北企美农业科技有限公司与蔬菜主产区建立长期稳定的合作关系，在上市旺季进行深加工，制成腌制蔬菜、脱水蔬菜、速冻蔬菜与保鲜蔬菜等，缓解集中上市压力，增加蔬菜附加值，加工农产品远销欧洲许多国家；河北华源辣业有限公司生产的辣椒酱远销日本、欧洲、中南美洲等地，被评为"全国十佳优质品牌辣椒产品"。

二 2021年河北省主要蔬菜种类市场行情分析

（一）主要蔬菜种类价格总体特征分析

2021年，河北省多数蔬菜种类价格同比出现上涨。分析2021年河北省15种主要蔬菜的年均价格变动情况发现，价格同比上涨的蔬菜达到10种，出现下降的蔬菜有5种。其中，菜花、大葱同比涨幅超过30%，而土豆、生姜、番茄降幅超过15%。从具体蔬菜种类的价格同比涨幅来看，大葱、菜花涨幅分别为85.02%、30.45%；菠菜、白萝卜、黄瓜涨幅则分别为17.88%、14.38%、12.17%；甘蓝、豆角、青椒、茄子、西葫芦分别上涨9.69%、9.50%、4.72%、4.43%、3.72%；番茄、土豆、生姜分别下降24.16%、17.95%、17.11%；大白菜、大蒜分别下降6.41%、2.03%（见表3）。

表3 2021年河北省主要蔬菜批发市场价格情况

单位：元/公斤，%

品种	2021年	2020年	同比增长
大葱	4.94	2.67	85.02
菜花	4.07	3.12	30.45
菠菜	4.55	3.86	17.88
茄子	3.77	3.61	4.43
白萝卜	1.83	1.60	14.38
黄瓜	4.24	3.78	12.17
甘蓝	2.15	1.96	9.69
豆角	7.38	6.74	9.50
青椒	4.44	4.24	4.72
西葫芦	3.07	2.96	3.72
大蒜	6.27	6.40	-2.03
大白菜	1.46	1.56	-6.41
生姜	8.67	10.46	-17.11
土豆	1.92	2.34	-17.95
番茄	3.39	4.47	-24.16

资料来源：由河北省农业农村厅与布瑞克农业数据终端整理得出。

（二）典型蔬菜品种价格走势分析

1. 番茄价格走势分析及行情预测

番茄价格走势较为平稳，季节性特征明显。2021年，河北省番茄的年均价格为3.39元/公斤，同比下降24.16%。番茄月均价格走势较2020年走势相对平稳，季节性特征明显。2021年上半年河北省番茄月均价格波动下降，与2020年番茄价格偏高有关，高价格促使农户扩种，使得供应量增加，品质下降，进而导致2021年上半年番茄行情较为低迷。7月番茄价格跌到最低，月内最低价格为1.68元/公斤，同比下降33.33%。进入8月后，受高温、强降雨等恶劣天气的影响，番茄坐果率不高，市场供不应求，产区收购价持续升高（见图4）。

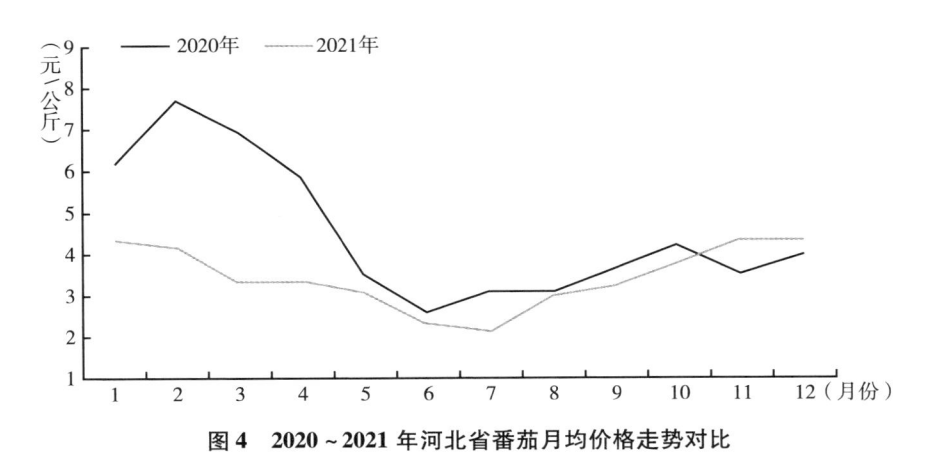

图4 2020～2021年河北省番茄月均价格走势对比

资料来源：全国农产品商务信息公共服务平台。

预计2022年番茄价格走势与上年基本相同。2021年河北省番茄种植规模基本稳定，生产能力逐年加强，番茄品质及栽培模式多样，可实现全省周年稳定供应，具有较高的市场竞争力。预计2022年，河北省番茄价格也将呈上半年波动下降，下半年稳步上涨的态势。建议加强对番茄价格的调控和监测，完善其风险预警机制建设，引导农户合理安排种植结构，防范突发事件给农户带来的市场风险。

2.黄瓜价格走势分析及行情预测

2021年10月，河北省黄瓜价格出现超常规波动，黄瓜价格的季节性特征明显。2021年，河北省黄瓜的年均价格为4.24元/公斤，同比上涨12.17%。就河北省黄瓜历年月均价格变动来看，年间价格走势基本一致，呈先升后降再升的"凹"字形走势，季节性特征明显。黄瓜价格自春节过后一路下跌至6月，在6月达到最低，进入暑期后，价格有所回升。值得关注的是，2021年10~11月，河北省黄瓜价格明显高于上年同期价格，在10月更是到达最高峰。主要原因是7~9月各黄瓜主产区遭受不同程度的连续降雨，影响黄瓜生长，病虫害频发，产量大幅降低，推动价格大幅上涨。进入12月，河北省黄瓜价格有所回落（见图5）。

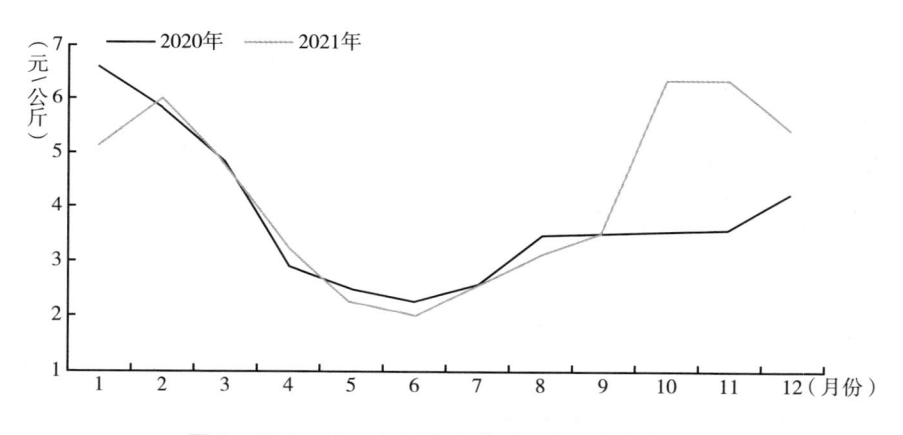

图5 2020~2021年河北省黄瓜月均价格走势对比

资料来源：全国农产品商务信息公共服务平台。

预计2022年，河北省黄瓜整体价差缩小，市场平稳运行。黄瓜价格受季节性因素影响较大，2022年河北省黄瓜月均价格走势将呈1~3月扩张性上涨，4~6月震荡下跌，7~9月逐步回升，10~12月再次回落的态势。

3.甘蓝价格走势分析及行情预测

甘蓝价格同比上升，涨幅较为明显。2021年，河北省甘蓝的年均价格为2.15元/公斤，与2020年的1.96元/公斤相比上涨9.69%，涨幅较为明显。整体来看，2021年1~8月河北省甘蓝价格走势同上年走势大致相同，大体呈现"一峰一谷"的波动态势（见图6）。按照2020年的价格走势，2021年9~10月河北省甘蓝价格应呈现持续下降的态势。但从2021年9月开始，河北省甘蓝价格一改往年的下跌状态，骤然上涨，到11月甘蓝价格最高达到4.6元/公斤，创出历史同期新高。一是2020年7~8月，山东高密甘蓝主产区持续降雨，甘蓝受涝减产，再加上甘蓝不易储藏，运输成本较大，推动甘蓝价格快速上涨；二是2021年10月，河北省部分地区新一轮疫情的蔓延，给叶菜运输造成了一定的阻碍，导致甘蓝价格上涨。

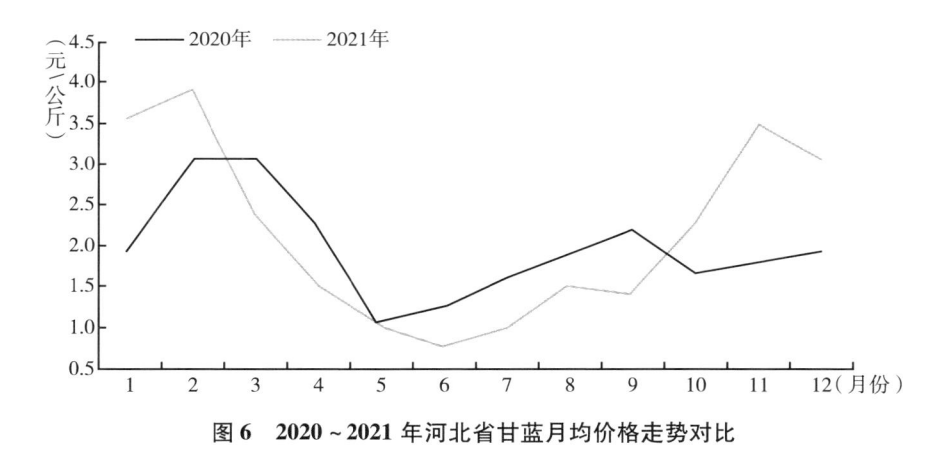

图6 2020~2021年河北省甘蓝月均价格走势对比

资料来源：全国农产品商务信息公共服务平台。

2022年，河北省甘蓝价格预计将回归正常。尽管2021年9~12月，河北省甘蓝价格出现异常性波动现象，但是随着各类叶菜的上市，替代效应将促使甘蓝价格逐步回落到正常水平。

4. 大白菜价格走势分析及行情预测

2021年10~11月，河北省大白菜价格反季增长，同比涨幅较大。2021年，河北省大白菜的年均价格为1.46元/公斤，与2020年的1.56元/公斤相比降低了6.41%。与2020年"一峰一谷"的价格走势不同，2021年河北省大白菜价格自春节后大幅下降，4月到5月中旬，全省大白菜价格下降态势变缓，5月中旬到6月底，大白菜价格趋于平稳，直至7月中旬价格到达波谷。此后,大白菜价格出现阶梯式上涨。大白菜上涨的主要原因是2021年7月以来,河北省大白菜主产区遭遇多年不遇持续降雨,气温骤降,病虫害频发,大白菜产量大幅缩减。虽然10月秋冬白菜开始大量集中上市,但是由于张北和东北地区大白菜上市衔接出现空档,11月河北省大白菜价格反季上涨,月均价格达到1.97元/公斤,同比涨幅高达123.9%,绝对涨幅创历史新高(见图7)。

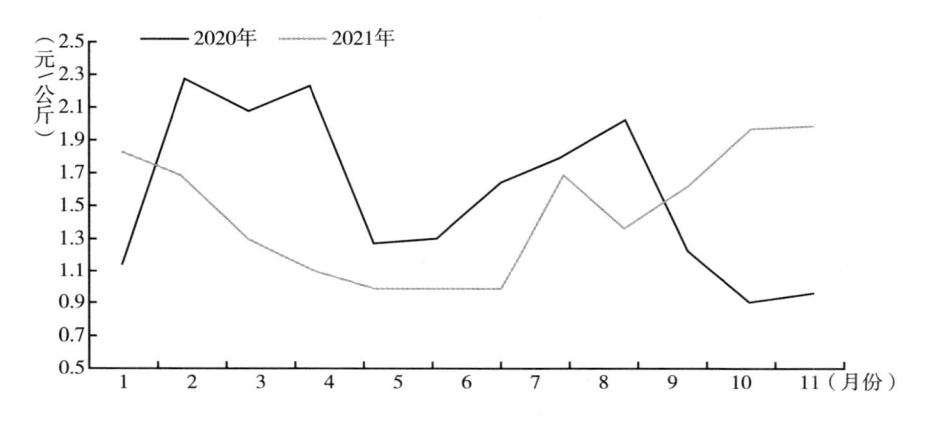

图7 2020年和2021年1~11月河北省大白菜月均价格走势对比

资料来源:全国农产品商务信息公共服务平台。

2022年,预计河北省大白菜供应充足,价格平稳运行。尽管2021年10月以后大白菜价偏高,但通过南菜北运、北菜南调,加之延期秋冬白菜陆续上市,市场供给加大,大白菜市场供应紧张局面将逐步得到缓解。2022年,河北省大白菜库存量较为充足,但受前期价格较高的翘尾因素影响,预计2022年上半年,大白菜的市场价格将以高于2021年同期的水平平稳运行。总体来看,2021年下半年,受恶劣天气影响大白菜价格整体较高,2022年农户将扩大生产行为,2022年下半年,河北省大白菜市场供应量相对充足,价格将回归合理区间。

5. 大葱价格走势分析及行情预测

2021年大葱价格呈"先降后升"态势,价差较大。2021年,河北省大葱年均价格为4.94元/公斤,与2020年的2.67元/公斤相比上涨85.02%,全年价差为6.69元/公斤,价格波动幅度较大。不同于2020年大葱价格的总体上涨趋势,2021年上半年河北省大葱价格整体呈"滑梯"式下跌,下半年价格上涨,尤其进入秋季之后,大葱价格更是大幅上扬,12月初价格出现回落迹象。月均价格从1月的8.89元/公斤,下跌至7月的2.20元/公斤,降幅达75.25%。2021年7月之后大葱价格一路上涨,到2021年11月,河北省大葱平均价格达到5.55元/公斤,涨幅达152.27%(见图8)。造成大葱价格波动主要原因:一是2021年上半年雨水充足,大葱生长健壮,产量增加;二是夏末秋初之时河北省各地均遭受不同程度的洪涝灾害,产量减少,再加上生产物资成本有不同程度的上涨。

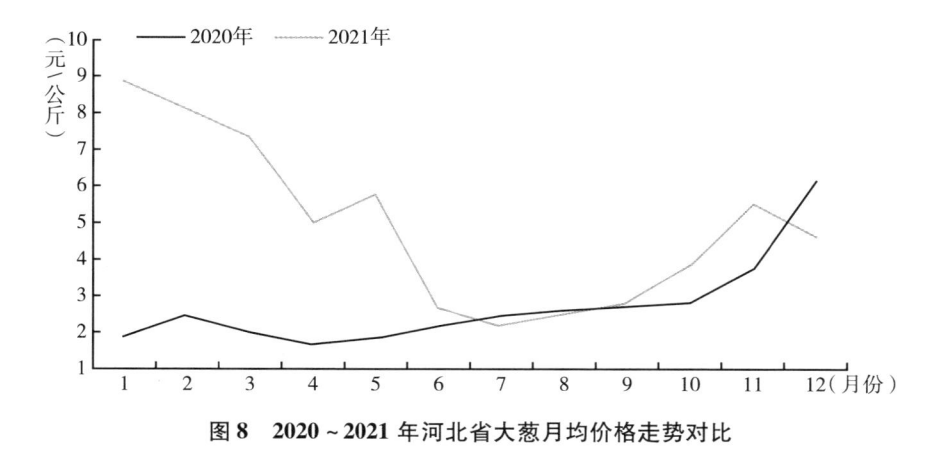

图8 2020~2021年河北省大葱月均价格走势对比

资料来源:全国农产品商务信息公共服务平台。

预计2022年河北省大葱价格整体呈上涨趋势,上涨空间有限。受2020年大葱高价影响而引发的"种葱热",导致2021年全国大葱产量充足,2021年上半年大葱价格整体呈"滑梯"式下跌,对2022年准备种植的葱农造成影响,一些老葱农选择缩种,还有一些葱农选择改种其他作物,据此推测,2022年大葱种植并无明显扩种的迹象,相反,由于各种因素,种植面积还会减少两成左右,从而刺激价格上升。预计2022年河北省大葱价格将会略微回升,但上涨空间有限。

三 河北省蔬菜产业发展面临的机遇与存在的问题

（一）发展机遇

1. 构建新发展格局提供新的发展动能

加快构建以国内大循环为主体、国内国际双循环相互促进的新发展格局是党中央对"十四五"和未来更长时期我国经济发展做出的重大战略调整。国内大循环将合理调控打通生产、分配、流通、消费各个环节，为河北蔬菜产业提供更多市场机会。"双循环"格局下的消费升级、结构优化，将直接拉动河北省蔬菜产业供给端升级，促进产业链、创新链和物流链的创新，促进河北省蔬菜产业向科技高端、标准高端、品牌高端、品质高端方向发展。

2. 乡村振兴战略带来产业发展新机遇

党的十九大提出要实施乡村振兴战略，并确立了"产业兴旺、生态宜居、乡风文明、治理有效、生活富裕"的乡村振兴目标。《中共中央 国务院关于实施乡村振兴战略的意见》指出："推进特色农产品优势区创建，建设现代农业产业园、农业科技园。实施产业兴村强县行动，推行标准化生产，培育农产品品牌，保护地理标志农产品，打造一村一品、一县一业发展新格局。"乡村振兴，产业兴旺是基础。大力发展特色蔬菜产业，不仅有利于推动农业增效、实现农民增收，而且对于壮大特色经济、推进乡村振兴具有重要作用。

3. 数字赋能扩展蔬菜生产销售空间

智慧园艺是蔬菜产业发展的新趋势，随着蔬菜生产的新设备、新机械逐步推广，包括新型传感器、水肥一体化高效节水灌溉设施、植保无人机、5G网络、北斗导航等，蔬菜生产将逐步进入数字化、智能化阶段。与此同时，规模化生产经营主体开始实行智能化产销衔接，按菜地面积和商品化处理需求，配置相应的预冷设施、整理分级车间、冷藏库，以及清洗、分级、包装等设备，提高产品档次和附加值，扩大销售半径，增强市场调剂能力。

在传统线下市场销售的同时，依托农产品网络市场，开通电商渠道，进行直播带货，在淘宝、京东、微信等平台进行网络销售，将逐步成为蔬菜产品营销的重要方式。

4.加工蔬菜成为居民消费新的增长点

随着人们生活节奏的不断加快，新鲜蔬菜已经不能完全满足居民的生活需要，加工蔬菜由于具有味美色鲜、体积小、重量轻、运输食用方便等优势，越来越受到居民青睐。随着各地区疫情的反复，新鲜蔬菜的运输、贮存等短板，让生产者更加认识到净菜、冻干菜等蔬菜加工产品对于解决滞销、减少损耗的重要性。但目前蔬菜二、三产还属于薄弱环节，发展相对缓慢，未来蔬菜深加工企业应与蔬菜基地建立长期稳定的合作关系，在净菜、即食蔬菜、速冻蔬菜等方面完善深加工技术，缓解集中上市压力，增加蔬菜附加值。

（二）存在的问题

1.产业集中度较低

河北省蔬菜品类多、规模小，蔬菜生产"多而不精"，区域性拳头产品和品牌产品较少，缺乏像莱芜生姜、章丘大葱、金乡大蒜、遵义辣椒等在全国具有重要影响力的特色蔬菜单品规模化种植基地，规模效益不够，市场话语权较弱，对于稳定客源、保证质量、特色培育和推动区域性科技进步都带来一定影响，降低了蔬菜产品溢价水平与区域品牌影响力。以大蒜生产为例，邯郸永年是河北省传统大蒜生产大县，但目前山东的金乡县、兰陵县，河南杞县，江苏邳州大蒜种植规模的扩大带动产业链条扩展，竞争优势快速增强，逐渐握紧市场话语权，永年大蒜的市场影响力远不及山东、河南等地的大蒜。

2.设施生产能力有待加强

近几年河北省设施蔬菜发展速度有所放缓，与2017年相比，年均增长面积由8.3万亩下降到3万亩左右，这一变化主要受品种布局、生产方式、劳动成本、物质投入等因素影响。现有生产设施也存在结构单一、智能化发

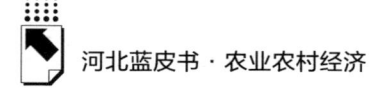

展落后等问题。具体来看，生产设施仍以厚土墙日光温室和竹木结构塑料大棚为主，整体稳定性和荷载较差，抗灾能力弱，且蔬菜生产设施缺少保温增温、放风降温、补光等现代装备，遮阳网、防虫网等普及率不高，难以依托物联网实现棚内环境实时监测、自动放风、卷放帘、浇水施肥等智能化管理。

3. 蔬菜生产流通成本增加

农资价格上涨增加了蔬菜生产成本。一方面化肥、农药等农资价格持续上涨，抬高了蔬菜的生产成本。以设施蔬菜为例，仅化肥价格上涨一项，每亩黄瓜的生产成本就增加了490元，每亩菠菜的生产成本就增加了210元，折算到每公斤，黄瓜每公斤的生产成本增加了0.4元，菠菜每公斤的生产成本增加了0.8元。另一方面，2021年油价涨幅较为明显，且许多"菜篮子"产品现在都是"买全国、卖全国"，运距拉长和汽油、柴油价格上涨，导致运输成本明显增加，运输成本涨幅甚至曾高达50%。

4. 极端天气引发部分蔬菜价格超常波动

2021年7月以来，北方地区频繁出现强降雨、低温等极端异常天气，导致蔬菜上市量减少。一方面，连续降雨造成农田积水过多，秋季蔬菜受淹现象普遍，品相较好能够上市的蔬菜产量大幅缩减。另一方面，连续阴雨天气使得气温比往年同期气温偏低，持续低温寡照导致光合作用下降，蔬菜生长发育受阻，甚至落花落果，蔬菜供应量减少。此外，北方10月正处于蔬菜"青黄不接"之时，异常天气加快了北方蔬菜的退市步伐，蔬菜由北向南衔接的过程中货源偏紧，推动价格走高，导致2021年秋冬季节蔬菜价格超常波动。

四 河北省蔬菜产业高质量发展的对策建议

当前，我国跨入了全面建设社会主义现代化国家的新发展阶段，在脱贫攻坚和全面小康建设取得决定性成就的同时，我国进入了全面推进乡村振兴、加快农业农村现代化的新阶段。在河北省蔬菜产业下一步发展中，必须要深刻认识和全面贯彻新发展理念，按照国家经济和农业现代化的总体部署，推进产业的高质量发展，应重点研究解决以下几个问题。

（一）优化蔬菜生产布局，提升设施生产能力

结合各地资源禀赋和生产特点，以特色优势区为核心，推动县域内产品结构多样化向优势产品规模化转变，着力打造青县羊角脆甜瓜、昌黎马芳营旱黄瓜、南宫黄韭等一批单品规模化种植基地，通过温室、拱棚、露地等多种方式生产合理搭配，构建四季生产、周年供应格局，提升产品竞争力和市场定价权。进一步提升设施生产能力，扩大设施生产规模。新建设施坚持高端方向，突出河北特色，重点建造性能优越、土地利用率高、宜于机械作业的生产设施。冀东地区和北部山区，继续扩大日光温室面积，提高深冬应急保障能力。冀中平原地区重点推广连栋塑料拱棚，为机械作业提供便利。城市周边适度发展智能连栋温室周年生产，用于开展休闲采摘和乡村旅游。

（二）加强蔬菜品种选育，全面推进种业革新

蔬菜种业是制约产业发展的"卡脖子"技术之一，在技术研发上，应加大品种资源收集、创新和利用，加快育种进程。首先，收集优良品种资源，进行品种比较试验和种质资源筛选，同时考虑抗病、品质、产量等因素综合选择优良品种、优势组合和优异资源，通过对黄瓜、辣椒、茄子、白菜等种质资源的收集整理，增加品种提纯复壮和栽培面积，增加"精优特"蔬菜产品供给。其次，在新品种示范推广上，加强与国家和省外蔬菜产业技术体系的合作，并引导育种机构与企业参加省内外品种与蔬菜展示会，针对河北省黄瓜、茄子、辣椒等优势蔬菜，增加品种提纯复壮和栽培面积，建造本地优势蔬菜品种生产示范基地，加大推广力度。

（三）推广智能农机与物联网技术，加快智慧园艺发展步伐

智慧园艺是未来蔬菜产业的发展方向，应通过研发与推广设施精准化装

置与智能化农机，提供物联网接口，为蔬菜生产规划、管理决策、质量追溯等提供大数据支撑。首先，针对目前的棚室蔬菜病虫害诊断与信息孤岛问题，运用大智移云技术，研发设施蔬菜生产与管理数字化、可视化平台，实现棚室蔬菜病虫害远程诊断与技术指导，助力政府管理部门调控决策。其次，运用大数据、云计算、人工智能等现代技术，建立健全覆盖蔬菜全产业链的信息监测、分析、发布预警大数据体系，及时发布供需平衡表、产销动态等市场信息，引导蔬菜供销平衡。最后，通过项目支持、政府购买服务等方式，调动设施装备企业、种植户、合作社和科研院校、社会团体参与智慧园艺创建的积极性。

（四）培育壮大蔬菜产业集群，提高蔬菜产业竞争力

培育壮大农业产业集群是促进产业振兴、深化农业供给侧结构性改革、拉动区域经济增长的有效途径，对于农业增效、农民增收和农村发展意义重大。未来河北省应依托环绕京津及进出东北交通要道的区位优势，打造环京津27个县（市、区）的1小时速生蔬菜供应圈，2小时精细果菜基地与3小时特色蔬菜基地，实现京津蔬菜应急保障。培育壮大蔬菜产业集群，形成生产、加工、流通、销售等完整的基础链条，实现产销一体化融合发展，实现产品质量标准健全、质量控制体系完善、绿色生产技术集成配套，标准化生产覆盖率达到100%，产品质量100%可追溯。

（五）增加高质量蔬菜供给，满足消费升级需求

抓住新冠肺炎疫情发生后市场资源重新配置的机遇，大力发展蔬菜的田间初级加工，拓宽蔬菜产品的销路，进一步提高蔬菜种植基地精品蔬菜生产能力，提升产品优质率与精品率，提升品牌蔬菜销售份额，满足市场营养、健康、安全消费需求。加强张承地区、唐秦地区、廊坊地区等环京津重点蔬菜产区高质量蔬菜供给，整合相邻地区、相近产业资源，将丰宁县打造成环京津有机精品蔬菜产业集群示范县，辐射带动隆化县、兴隆县、滦平县、平泉市、围场县等蔬菜大县精品蔬菜的发展，面向京津市场，重点推动水果番

茄、四季草莓、有机蔬菜、水培蔬菜、围场胡萝卜等高端精品特色蔬菜的生产。

参考文献

宗义湘等：《河北省蔬菜产业形势及"十四五"发展对策》，《中国蔬菜》2021年第11期。

周杰等：《"十三五"我国设施蔬菜生产和科技进展及其展望》，《中国蔬菜》2021年第10期。

薛亮等：《关于"十四五"期间我国蔬菜产业发展的若干问题》，《中国蔬菜》2021年第4期。

俞坤丰：《我国蔬菜价格波动特征及调控建议》，《价格理论与实践》2021年第4期。

B.5
2021~2022年河北省水果产业形势分析与预测

李军 王俊芹 袁媛*

摘 要： 2021年，河北省水果产业持续加大供给侧结构性改革力度，深入优化水果生产布局，调优调强品种结构，强管理、抓营销，加快构建现代水果产业体系，全省水果产量稳中有增，价格小幅上涨，优质优价特点明显，集群发展优势初步形成。与此同时，河北省水果产业面临亟须降本增效、供求结构性矛盾突出、自然灾害抵御能力不足、销售渠道较为单一等问题，针对目前水果生产的新形势，本报告预测了2022年河北省水果产业发展的基本态势，并提出了加快调优品种结构、实施品牌战略、注重人才培养、提升能力素质、强化产销对接、创新营销方式、开拓国际市场等具体建议。

关键词： 水果产业 销售渠道 河北省

河北省水果产业竞争优势强、综合效益好，是继粮食、蔬菜之后的第三大农业种植产业，是农民致富增收的"幸福产业"。但与先进省份相比，目前仍面临生产成本较高、供求矛盾突出、品牌建设水平较低、绿色发展

---

* 李军，河北省社会科学院农村经济研究所研究员，主要研究方向为农村经济理论与实践研究；王俊芹，河北农业大学教授，主要研究方向为林业经济研究；袁媛，河北省林业和草原信息中心正高级工程师，主要研究方向为林业生态文化与产业经济。

缓慢等问题。推动水果产业高质量发展，对产业增效、农民增收具有重要意义。

一 2021年全国及河北省水果产销形势分析

（一）全国水果产销形式分析

1. 总产量稳中有增，部分水果优果率下降

从全国范围看，2021年春季霜冻、夏季冰雹、秋季雨水复杂天气较多，但极端天气较少，水果产量基本与上年持平或小幅增长。部分水果受不良气候条件影响优果率降低。由于受灾程度不同，不同产区、不同水果受灾影响存在差异。2021年全国苹果供应总量充足，总产量预计为4500万吨左右，比2020年有小幅增长，但区域间产量存在差异，四川、云南等新产区苹果效益较好，增幅较大；陕西新增果园面积陆续进入丰产期，产量预计增长10%；山西、甘肃等老产区受灾害影响较小，小幅增产；河南产区受自然灾害影响较小，产量基本与上年持平；山东产区受气候影响预计减产15%；河北产区由于种植面积减少，燕山产区小年，预计减产8%左右。全年气候异常使苹果品质整体下降，主要产区陕西、山东、甘肃、山西优果率、好果率均明显偏低，次果占比较大，其中陕西主要受干旱和雹灾影响，山东主要受降雨影响。梨果生产受灾害性天气影响较小。2021年是梨的丰产之年，全国梨总产量预计为1850万吨，梨主产区河北、新疆、山东、山西、安徽、河南、辽宁等地，产量均与上年持平或小幅增产。其中，河北梨品质好于上年，南方早熟梨发展迅速，也将呈小幅增长趋势。

2. 不同产区价格存在差异，优质优价现象明显

2021年，全国水果收购价格平均波动小，但存在区域性分化，优质优价、低质低价趋势更为明显，优质果价格下降幅度较小，低质果价格下降幅度较大。以苹果为例，陕西、山西、甘肃收购价格下降，山东收购价格上涨，河南收购价格平稳。其中，陕西嘎啦收购价格为3.4~3.8元/公斤，较

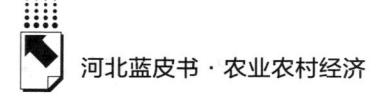

上年同期下降1.0元/公斤左右；烟台嘎啦前期好果收购价格较高，为4.0元/公斤，后期普通果收购价格为2.8~3.0元/公斤，较上年同期下降0.6~0.8元/公斤；红将军80#二级以上收购价格在4.0元/公斤左右，较上年下降1.0元/公斤左右，降幅为20%；用于加工的落地果收购价格在280元/吨左右，较上年下降70元/吨，降幅为20%；红富士苹果（80#二级以上套纸袋红富士）开秤均价在5.0元/公斤左右，总体低于上年。就梨果而言，新梨7号收购价格为2.2~2.8元/公斤，与上年收购价格3.6~4.0元/公斤相比，降低1.4元/公斤左右；黄冠梨的收购价格在3元/公斤左右，鸭梨、雪花梨在2元/公斤左右，均明显低于上年；南方早熟部分品种可能有一定盈利空间。

3. 果商储果占比下降，果农被动入库比例偏高

2020年，80%以上贮藏企业水果销售不畅，水果价格后期持续低迷，水果行业亏损严重，企业资金不能有效流转，加之受国内外疫情形势影响，2021年水果收购季贮藏企业观望态度明显，不敢大量收购，部分企业展开试探性收购，价格也比较低，果商收购量减少较多，果农被动入库比例较高，销售压力较大，存在积压滞销风险。

（二）2021年河北省水果生产形势分析

1. 产量总体平稳，不同品种价格差异较明显

2021年河北省大部分地区苹果、梨、桃、葡萄产量与2020年相比基本持平或小幅增加，不同水果品种价格存在一定差异。桃平均价格在2.5~4.5元/公斤左右，其中蟠桃系列收购价较高，优质果白凤为3.2~3.4元/公斤，较2020年低0.8~2.1元/公斤，绿化9号为4.2~4.6元/公斤，晚熟桃售价为7~10元/公斤，普遍较2020年低，亩效益也低于2020年。嘎啦苹果一级果为4.6元/公斤，与2020年相比低1.4元/公斤左右。葡萄、梨则因品种差异价格呈不同态势，与2020年相比，价格整体偏低。葡萄市场价格一直偏低，一级果为2.5~5.0元/公斤，京亚、巨峰等品种收购价平均为2.0~3.0元/公斤，高端品种如阳光玫瑰、玫瑰香等价格则高达15.0~30.0元/公斤。秋月梨平均收购价格在 9.0 元/公斤左右，较往年大幅上涨；早熟品种新梨 7 号平均收购价格在 2.0~2.5/公斤左右，低于往年；黄冠梨早期收购价格为 2.0~3.2 元/公斤，中期为 2.6~3.4 元，后期为 1.0~2.6 元，带纸袋出售净树黄冠梨为 0.2 元~0.6 元；鸭梨箱装 80#以上（净重 17.5 公斤）价格为 15.0~40.0 元；雪花梨 45#60#（净重 17.5 公斤）收购价格为 20.0~40.0 元，带纸袋为 1.2~0.4 元/公斤。

2. 出口规模整体偏小，价格缺乏竞争优势

2021 年 1~9 月，中国水果出口额为 43.14 亿美元，果蔬加工制品出口额为 57.54 亿美元，其中，河北省水果（海关编码：08）出口额为 1.49 亿美元，全国排名第七；果蔬加工品（海关编码：20）出口额为 1.80 亿美元，全国排名第十一。出口产品以梨、梨加工品、桃加工品为主，苹果和葡萄出口规模较小，价格缺乏竞争优势，仅桃加工品价格居全国第一，鲜梨出口价格远低于全国平均水平。

（1）鲜梨和梨加工品出口规模位居全国前列，鲜梨出口价格竞争力较弱

河北省梨出口由鲜鸭梨、雪梨（海关编码：08083010）、鲜香梨（海关编码：08083020）以及其他鲜梨（海关编码：08083090）构成。2021 年 1~9 月，河北省鲜梨出口量为 13.22 万吨，位居全国第一，出口额为 1.06 亿美元，居全国第三。但河北省鲜梨价格缺乏竞争优势，单价仅为 0.80 美元/公斤，远低于全国平均水平（1.23 美元/公斤），云南省鲜梨出口价格最高，达到 1.71 美元/公斤。梨加工品主要包括梨汁（海关编码：20098915）以及梨罐头（海关编码：20084010）两种。2021 年 1~9 月，河北省梨加工品出口总额及出口量分别为 811.33 万美元和 7950.58 吨，出口产品以梨汁为主，出口量为 7388.77 吨。河北梨加工品出口价格与先进省差距不大，略高于全国平均水平。

（2）桃加工品出口规模居全国前列，出口价格位居全国第一

2021 年 1~9 月，河北省鲜桃，包括油桃（海关编码：8093000）出口较少，出口量为 27.61 吨，出口总额为 33042 美元。桃加工品中，桃罐头

（海关编码：20087010）及未列名制作或保藏的桃（海关编码：20087090）出口量为6955.29吨，出口额为1136.38万美元，分列全国第六位和第四位，且价格具有较高的竞争优势，均价为1.63美元/公斤，居全国第一。

（3）苹果及葡萄出口规模较小

2021年1~9月，河北省苹果、葡萄及其加工品出口规模均较小。河北省鲜苹果（海关编码：8081000）出口额为173.85万美元，在全国的占比为0.18%；出口量为1076.20吨，在全国的占比为0.15%。苹果加工品以苹果汁为主（海关编码：20097100、20097900），出口总额为293.48万美元，在全国的占比为1.02%；出口量为2872.24吨，在全国的占比为1.01%。河北省鲜葡萄（海关编码：8061000）出口额为91174美元，出口量为54.56吨。加工品以葡萄干（海关编码：8062000）为主，出口额为7600美元，出口量为2吨。

（4）印度尼西亚是河北水果出口第一大市场

2021年河北省水果及其加工制品出口地区比较广泛，包括日本、韩国、泰国、美国、加拿大等108个国家和地区，以东南亚地区、北美地区以及东亚地区为主，其中，印度尼西亚是河北省水果及其加工制品出口第一大市场，占河北省水果出口总额的20.79%。

3.自然灾害发生频繁，产业高质量发展不确定性加大

2021年河北省气象灾害种类较多，发生较为频繁，主要表现为低温冻害、大风、强降雨、冰雹等，对水果产业影响较大。例如，4~5月，河北省出现大范围沙尘天气。承德片区还出现了2次低温冻害，丰宁、围场、隆化等县连续3天出现了-4~-6℃的低温，对各树种有较大影响，兴隆、滦平、宽城等县区苹果树花芽已进入盛花期，花芽冻害率达到30%，承德县20%的苹果花发生冻害，围场等县金红苹果花芽的50%发生冻害，有80%的梨园出现了冻害现象，燕特红桃品种70%的树体发生死亡。2021年8月，在梨果上市之际，饶阳、安平两县和石家庄遭遇冰雹袭击，梨果大量减产，梨农损失较大。另外，2021年降雨量较往年增加，由于湿度大，果园病虫害呈加重趋势，对晚熟水果影响较大，水果品质受到一定程度的影响，优果率下降，尤其是久保品种园烂果严重，沧州部分桃园穿孔病较重，衡水、阜平梨园有煤污病发生，石家庄部分苹果园早期落叶严重。

4. 区域分布集中度提高，集群式发展趋势明显

近年来，河北省水果产业分布集中度提高，优势产区逐步形成，产业集群式发展态势明显，已成为引领河北省特色水果产业高质量发展的新引擎。2021年河北省按照"规模化、集约化、融合化"发展思路，集聚科技、绿色、品牌、质量发展要素，以现代农业示范园区为依托，以特色优势农产品为主导，以农业品牌为引领，促进产业向自然资源丰富、环境承载力大的区域集聚发展，打造了沙地梨、优质专用葡萄、山地苹果特色水果优势产业。如廊坊市永清县大力推进葡萄产业集群建设，发展日光温室、塑料大棚等设施葡萄基地300亩，通过优化品种结构，积极引进一批"光系列、指系列"等高品质口感葡萄，示范大架配套栽培标准化生产技术，提高产品质量，最大限度地适应市场需求，提高产品市场竞争力；沧州市制定出台了《关于持续深化"四个农业"促进农业高质量发展行动方案（2021—2025年）》，确定以现代农业示范园区为依托，以特色优势农产品为主导，以农业品牌为引领，集中打造沙地梨、桑葚、冬枣、金丝小枣等15个特色优势产业集群，有力带动了全市农业转型升级。

5. 线上销售渠道发展较快，创新了营销新业态

近几年，电商作为一种新兴商业模式，在水果销售中发挥了重要作用。2021年1~9月，河北省苹果、梨、葡萄和水蜜桃的销售量分别为1.7万单、18.1万单、3.1万单和29.2万单，销售额分别为52.9万元、386.1万元、204.1万元和777.9万元。如电商品牌"梨小二"，正逐步实现由小规模流通经营向产业一体化经营模式转变，正式实施"批发市场+商超+出口+电商"的多渠道发展战略。辛集市翠王果品有限公司采用"合作+自营"模式建立了完善的电商销售网络，预计2021年销售额将突破一亿元，日出单能力达到10万单。除去与拼多多、天猫等购物平台合作外，短视频平台的兴起也为水果提供了新的销售渠道。唐山泡泡龙（水果王）利用短视频平台直播带货，原产地建厂，"云仓"打包，兑现"从枝头直达舌尖"的承诺。

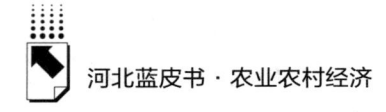

6. 区域品牌培育效果凸显，产业化水平不断提升

按照全产业链打造、全价值链提升思路，将品牌元素贯穿于产前、产中、产后全过程，打造了一批科技高端、标准高端、品质高端、品牌高端的现代农业示范园区和精品农产品，带动全省特色优势产业集聚集约发展。根据全国农产品地理标志查询系统，截至2021年10月，河北省果品类获得农产品地理标志征集产品18个，比2020年新增3个，分别为威县梨、阜平大枣和威县葡萄。根据中国绿色食品网信息，2021年苹果、葡萄、梨和桃四种水果中，河北省批准绿色果品数量分别为2090.0吨、13730.0吨、4454.5吨和39373.5吨。此外，河北省培育出泊头鸭梨、赵县雪花梨、宣化葡萄、承德国光苹果等20个特色优势明显、带动力强的省级区域品牌。区域品牌的培育和产业化水平的不断提高，提升了河北省水果的市场影响力和知名度，拓展了销售市场。

二 河北省水果产业发展面临的主要问题

（一）降本增效刻不容缓

水果生产难以全程机械化，对劳动力需求大，劳动支出刚性增长，人工成本超过总成本的50%，占比大，上升快，同时，农业生产资料价格不断上升、土地流转成本持续增长，果农收益难以保障。如黄冠梨亩均生产成本为4800~5400元，商品果成本价为2.0~2.5元/公斤；套袋鸭梨亩均生产成本为3500~5200元，商品果成本为1.0~1.3元/公斤；鲜桃大约每亩成本为3500~4000元，商品果成本为0.7~1.0元/公斤。随着城镇化的推进和人口红利的减少，生产成本高位运行将成为常态，如何降低成本、提高经营效益将是小农户和大中型经营主体面临的主要问题。

（二）供求结构性矛盾突出

水果季节性、区域性和结构性滞销频现，总量供应过剩与优质品供应不足矛盾突出。受上一产季亏损严重影响，经销商收购量减少，果农被动入库比例偏高，南方水果及进口水果对河北省的冲击力度依然不减，河北省主产的苹果、梨等水果在销售价格方面缺乏竞争优势。此外，新冠肺炎疫情形势依然不乐观，贮藏水果能否顺利上市难以断定，水果存在积压滞销风险。同时，由于消费升级，消费者对高品质、安全健康的水果需求量越来越大，一些常规水果单品虽然产量稳增，但总体品质并没有突破。水果行业的矛盾已经从过去的供应短缺转变为水果总量供应过剩与优质品供应不足同时存在的结构性矛盾。畅通水果产销渠道、促进水果提质增效、推动水果产业转型升级是河北省水果产业发展的关键。

（三）自然灾害抵御能力不足

河北省自然灾害天气时有发生，早春低温冻害及夏季大风、强降雨、冰雹等对部分果园影响较为严重，但目前大多数果园缺乏有效的应急预案，一旦自然灾害天气发生，没有及时有效的抵御措施，将受损严重。如邢台部分梨园采收之际，大风、冰雹导致梨果砸烂砸伤，失去商品性；夏季强降水导致部分地势低洼、排水困难的果园出现不同程度的涝害，保定、衡水、石家庄等地区部分桃园烂果情况较重。

（四）销售渠道较为单一

目前河北省水果销售仍以"农户—收购商"传统销售模式为主，尽管农产品流通模式呈现多样化，农超、农社、农餐等产销衔接新模式正在兴起，新媒体销售渠道进一步拓展，但短期内，集市、批发市场等线下销售渠道仍占主体地位，新兴销售渠道占比较低。据调查，2021年，在河北省水果销售中，抖音、快手、腾讯、京东、苏宁等新媒体销售渠道的销售占比不足20%。单一化的销售模式加重了果农生产的风险。尤其疫情下，以田间地头、批发市场为主的销售途径更加具有不确定性，部分地区刚刚上市的水果难以销售，果农损失较大，亟须拓宽流通渠道，促进水果销售模式多元化。

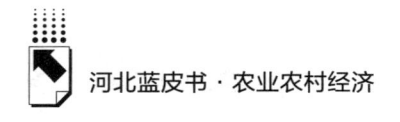

三 2022年河北省水果产业发展的主要思路

进入新时代、新阶段，水果产业也发生新的变化，供应总量有余但结构性矛盾突出，优质、高端、有品牌的水果不能满足消费需求，低端、低质水果积压滞销，尤其是新冠肺炎疫情的发生，给国内农产品销售带来了极大的冲击与挑战。传统的销售渠道遭遇重创，水果产业频频出现卖难滞销等问题，加大了果农减收风险。

新时期，要紧密围绕"十四五"时期经济发展总目标，以实施乡村振兴战略为总抓手，以科技农业、绿色农业、品牌农业、质量农业为着力点，以科技创新为动力，以国内国际双循环为载体，深入实施农业供给侧结构性改革。紧紧围绕特色优势水果产业发展，优布局、调结构，抓特色、提质量，强龙头、创品牌，拓市场、增效益，推动河北省水果产业基础优势更加稳固、增长潜力充分发挥，国内市场更加强大、经济结构更加优化，创新能力显著提升、竞争优势更加突出，资源配置更加合理、生态环境持续改善，加快实现河北省水果产业的绿色高质量发展，推动河北省由生产大省向质量强省跨越。

四 推动河北省水果产业高质量发展的建议

（一）加快调优品种结构，实施品牌战略

近年来，农产品优质优价的趋势愈加清晰，当前河北省水果中，尽管品牌培育效果凸显，但品牌价值依然较低。例如，河北省主栽品种鸭梨、雪花梨、黄冠梨等部分水果风味淡、品质不高，已不能满足当前市场和消费群体的需求，盈利空间有限。实施品牌战略，要注重品种培优、品质提升、品牌打造和标准化生产，依托重点龙头企业等经济实体，加快推进标准化生产和现代化包装、分级及仓储物流技术体系构建，打造名优品牌，提高商品附加

值,积极做好产销对接,加大品牌宣传推广力度,让产销精准衔接、高效顺畅,为河北省水果产业发展插上高科技的翅膀。

(二)注重人才培养,提升从业者技术水平

当前水果生产主体老龄化日益严重,平均年龄达60岁以上,农村年轻人加速流向城镇和非农领域,水果生产后继乏人。同时,水果从业者文化素养偏低,接受新知识、新技术、新模式相对缓慢,加之水果产业标准化程度不高,所生产出的水果质量欠佳。为此,应大力培育高素质农民,鼓励、支持年轻人才回农村再就业,提升农业生产从业者技术水平。

(三)围绕消费场景变化,创新营销方式

随着移动互联网的发展,消费从线下门店转到线上传统电商平台,再到抖音、快手、小红书、B站等线上社区平台。新的消费场景是触达新一代消费者最有力的工具,新的营销渠道和方式会带来增量市场,要坚持以消费需求为导向,以质量为基础,通过与消费者亲密互动捕捉消费者的需求,讲好适合年轻消费群体的品牌故事,满足不同消费场景的不同消费需求。

(四)激发内需潜力,全面促进消费

随着消费分级趋势越来越明显,要合理精准定位,抓住消费者消费心理的变化,多渠道发力,全面促进消费。针对高收入人群,通过提供高质量的产品,满足其对品质、口感、特色、安全和品牌的要求,激发消费市场潜能。低收入人群规模大,需求量大,市场规模大,对好吃不贵、物美价廉、性价比高的水果需求较大,要充分利用线上消费热潮,全渠道、多模式、多场景加大下沉市场的开拓力度,线上线下一体化营销,用促销方式刺激内需,消化产能,加快释放消费潜力。

(五)主动融入新发展格局,全方位开拓国际市场

深入实施供给侧结构性改革,从种植端入手,把质量放在首位,由增产

导向转向提质导向,整合产业链,优化供应链,提升价值链,推动水果产业标准化生产,注重品种培优、品质提升、品牌打造,不断扩大有效供给,走高质量发展之路,不断满足国内市场需求和消费升级新变化。同时,中国经济恢复全球领先,随着海外疫情从全面暴发转向局部反复,国际供应链也在修复中,要利用自身优势,大力开拓国际销售渠道,积极融入新发展格局,提升国际供应链水平,通过国际市场减轻国内库存和销售压力。

参考文献

陈超、徐磊:《流通型龙头企业主导下果品产业链的整合与培育——基于桃产业的理论与实践》,《农业经济问题》2020年第8期。

马兴栋、霍学喜:《苹果标准化生产、规制效果及改进建议——基于山东、陕西、甘肃3省11县960个苹果种植户的调查分析》,《农业经济问题》2019年第3期。

魏延安:《对推动我国果业高质量发展10个问题的思考》,《中国果树》2021年第9期。

曹永生:《果业高质量发展的内涵和路径》,《中国果树》2021年第4期。

B.6 2021~2022年河北省渔业经济形势分析与预测

周栓林*

摘　要： 2021年，河北省渔业发展效益持续向好，特色水产集群发展，优质种苗供应能力不断增强，水产养殖绿色高效发展水平稳步提升，增殖放流力度加大，海洋牧场建设位居全国前列，水域生态环境得到改善，休闲渔业蓬勃发展，渔业综合效益大幅提高，但也面临龙头企业示范带动能力不够，水产良种省内自育自给能力不足，安全保障能力不强等问题，建议加大渔业资源养护工作力度、抓好水产养殖绿色发展、推动渔业产业融合发展、提高渔船安全管理水平。本报告认为，2022年，河北省水产品产量将小幅增长，近海捕捞将继续保持下降趋势，水产养殖特色精品规模逐步扩大，水产养殖品种更加多样化、高端化、高值化，水产品加工发展明显加快，休闲渔业经济产值继续保持增长，渔业绿色高质量发展水平进一步提高。

关键词： 渔业　近海捕捞　增殖放流　河北省

2021年，河北省渔业系统统筹谋划全省渔业发展思路，着力推动渔业高质量发展，强力推动制约瓶颈突破解决，不断创新发展举措，补短板、强弱项、转方式、调结构，围绕提质增效、减量增收、绿色发展、富裕渔民的

---

* 周栓林，河北省农业农村厅渔业处一级主任科员，主要研究方向为渔业资源与渔政管理。

目标，积极应对新冠肺炎疫情不利影响，狠抓水产品稳产保供，推动全省渔业向可持续和高质量发展目标迈进，取得显著成效。

一 2021年河北省渔业生产形势总体情况

2021年河北省水产品产量预计达到105万吨，较2020年增长4.69%；全省渔业经济总产值达到325亿元，同比增长7.16%；渔民人均纯收入预计达到21500元，同比增长9.99%，圆满完成年度任务目标。受疫情影响，全省休闲渔业接待游客402万人次，同比下降1.26%。河北省全年休闲渔业经济总产值预计达到7.3亿元，同比增长7.05%。2021年河北省渔业发展形势呈现以下几个特点。

（一）认真做好全局规划性工作，促进渔业可持续发展

1.制定规划及相关方案

2021年，河北省政府发布《河北省养殖水域滩涂规划（2021—2035年）》，河北省、市、县三级养殖水域滩涂规划任务全部完成，划定可养面积560万亩，为河北渔业高质量发展打好了空间基础。启动《河北省现代化海洋牧场建设规划（2021—2025年）》，研究制定《关于落实渔业发展支持政策推动河北渔业高质量发展实施方案》，为财政支持渔业发展提供了政策依据。

2.制定一系列文件及工作方案

修订发布《河北省人工鱼礁建设管理规定》，印发《河北省农业农村厅关于印发〈2021年渔业补助资金中央一般性转移支付项目（渔业生产发展）实施方案〉的通知》（冀农财发〔2021〕23号），配套出台5个项目实施方案，制定《关于持续深化"四个农业"促进农业高质量发展行动方案（2021—2025年）》水产专件、《河北省农业农村厅关于加强涉渔工程渔业资源补偿管理工作的通知》等文件，对各项重点工作进行安排部署，有力推动渔业快速发展。

（二）以特色水产集群为抓手，水产养殖绿色高效发展水平进一步提升

1. 推进特色水产集群发展

特色水产集群进一步集聚发展，十大绿色养殖示范园区产值达全省的10%，特色水产品产量达到50万吨，占总产量的48%，新打造养殖区2.5万亩，示范推广新品种、新模式10万亩，"昌黎扇贝"通过农产品地理标志登记认证，"唐山河鲀"入选河北省第五届农产品区域公用品牌。依法开展水域滩涂养殖确权登记，保护养殖生产者合法权益。截至2021年11月，全省水域滩涂养殖证核发3736本，其中海水水域滩涂核发2932本，淡水水域滩涂核发804本，依法确权水域滩涂面积达10.64万公顷，核发率达到75%以上。

2. 水产种业建设进一步夯实

研究制定了《河北省水产养殖种质资源普查实施方案（2021—2023年）》，建立普查机制和工作专班，培训水产工作人员836名，对全省4825家水产养殖场（户）进行了摸底调查。截至2021年11月，河北省水产养殖种质资源基本普查已全部完成，因推进工作有力受到农业农村部表扬。新批准建设南美白对虾、海参、河鲀、单环刺螠等省级原良种场4家。与中国水科院黄海水产研究所联合选育的半滑舌鳎"鳎优1号"新品种，通过全国水产原种和良种审定委员会审定。

3. 强化水生动物疫病监测和水产品质量安全

2021年，继续对12种疫病开展专项监测，完成国家监测任务85个样品、省级监测任务497个样品，检测结果全部上传国家水生动物疫病监测信息管理系统。完成国家及省级水产品监督抽查任务160个样品，按照国家、省级有关工作安排，组织开展水产养殖执法行动，累计检查水产养殖场1205家，发现1起违法案件，已移交公安机关。

（三）加快产业融合发展，渔业综合效益进一步提升

1. 休闲渔业取得长足发展

按照"一带、三区"的休闲渔业发展布局，不断完善管理举措和扶持

政策，休闲渔业呈现蓬勃发展的强劲势头。全省休闲渔业经营主体共900多家，累计创建省级休闲渔业示范基地80余家。克服了疫情的不利影响，全省休闲渔业经营总产值超过7亿元，同比增长7%以上，年接待游客400多万人次，促进了渔业提质增效和渔民增收。休闲渔业统计工作受到农业农村部通报表彰。

2. 水产品加工流通及品牌建设进一步发展

加强水产品精深加工与鲜活流通建设，全省年水产品加工总量达10万吨，现有水产品加工企业200余家，加工能力达30万吨。同时，注重品牌培育与营销管理，培树了曹妃甸河鲀鱼、黄骅梭子蟹等区域公用品牌，打造了河鲀鱼特色小镇，进一步提升了产业知名度和影响力。

3. 大水面生态渔业加快发展

着力解决内陆湖库渔业发展空间受制约问题，采用"人放天养"等健康模式，推进大水面渔业生态绿色发展。全省建设大水面生态渔业示范基地7个，推广湖库生态增养殖面积2万亩，通过净水渔业提升水域生态环境，打造了"横山岭捕鱼节"等渔业节庆活动，实现生态、生产、生活相得益彰。

（四）深入开展渔业资源养护工作，水域生态环境进一步改善

1. 加大增殖放流工作力度

在近海海域和内陆湖库持续开展水生生物增殖放流，放流中国对虾、褐牙鲆等10个品种30亿单位以上。2021年6月6日在官厅水库组织开展国家"放鱼日"同步增殖放流活动，进一步提高了公众的环保意识。

2. 加快海洋牧场建设

年投放人工鱼礁42万空方，累计创建国家级海洋牧场示范区17家，建设规模位居全国第三。经过多年建设，人工鱼礁区水域生态环境和海洋生物群落构成均有改善，生物种类数量为非礁区的2倍以上，生物量是非礁区的3倍以上。

3. 加强白洋淀水生生物养护工作

在重点淀泊放流净水水生生物和重点保护物种苗种6707万单位。利用无人机监控、水陆巡查等方式对白洋淀国家级水产种质保护区巡护检查120次以上。开展白洋淀水生生物调查监测6次，调查数据显示，淀区游泳动物由2020年的40种增加至44种，生物多样性显著提高，外来水生物种分布范围有所缩减，种群数量有所减少。

4. 积极推进国家级水产种质资源保护区建设

加强对20处国家级水产种质资源保护区的建设和管理，20多个重要水产品种得到有效保护。

（五）渔业安全监管进一步强化

一是压实责任。加强督导调度，将安全生产贯穿于渔业渔政管理全过程，印发《进一步加强水上运输和渔业船舶安全风险防控工作实施方案》《渔业船舶领域大排查大整治专项方案》，制定渔船三年整治行动工作台账，实行月调度、季总结，三次印发通报，对三个市局进行督办，促使行业监管责任落地落实。致函沧州市委、市政府，对三个安全事故多隐患大的县区政府进行约谈，督促地方进一步压实属地责任，加强渔业安全管理。制定制作安全"双控"标志牌4000套80000块，开展安全"双控"机制评估检查，促进渔民落实主体责任。

二是组织海洋渔船安全生产专项整治，以解决存在的问题为导向，派出3组18人进行为期一个月的专项督导，组织涉渔单位28名处级干部对17个重点县区进行包联，核查渔船6255艘，排查各类隐患2148项，行政立案查处57起，罚款46998元，全面掌握了全省渔船管理现状，安全管理能力得到明显提高。

三是开展商渔共治。深化与海事部门的安全工作会商机制，召开防范商渔船碰撞事故会商会，联合河北海事局、河北海警局共同开展"商渔共治2021"联合执法行动，开展联合执法21次，出动船艇24艘，为化解商渔船碰撞风险提供了有力保障。

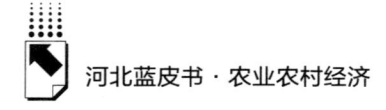

四是强化宣传教育。制定公布《海洋渔船安全生产作业十个必须、十个严禁》，开展安全生产月宣传教育活动，印制各类宣传资料2万多份，发送预警信息20万条。加强船员培训考试，严格船员持证上岗执法检查，组织培训职务船员和普通船员3000多人。

五是强化风险保障。联合应急管理厅印发《关于进一步加强全省渔业生产领域安全生产责任保险工作的通知》，指导省渔业互保协会稳步推进渔业安责险落实，全年投保渔船4962艘渔民24853人，参保率为90%（其中企业参保率为100%），沿海渔民人均保险金额达53万元。

（六）渔船渔港综合管理不断深入

一是组织伏休期间海蜇和口虾蛄专项捕捞，首次申请口虾蛄专项捕捞获得农业农村部批准并顺利实施，专项捕捞渔民从中获利近3亿元，生产标识、定港上岸等7项管理措施得到有效落实，实现经济效益和管理效益双提升。

二是规范发展远海远洋渔业。认真做好远洋渔业企业资格和项目初审工作，严格涉韩入渔资格审查。克服疫情影响，组织开展涉外渔业培训、发证和异地、涉韩渔船登船检查工作，确保渔船"不安全不出海"、合法合规生产。

三是推进渔船更新改造和减船转产工作，印发《关于做好渔民减船转产和渔船更新改造工作有关事项的通知》，明确"十四五"期间项目实施程序、补助标准等，支持指导市县做好减船转产和更新改造相关工作，不断养护渔业资源，缓解近海捕捞压力，提升渔船远海生产能力。

四是推动渔港经济区建设，编制《河北省渔港经济区建设规划》，组织唐山市申报国家级渔港经济区，已通过农业农村部组织的专家答辩并进行公示，2021年底前可启动6000万元的首批资金项目建设。

五是持续开展渔港环境综合整治，安排资金6000万元，对6座渔港进行现代化更新改造，改善渔港基础设施条件，提升综合服务能力，沧州市新村渔港被评为全国文明渔港，为全省提供了渔港综合管理样板。

六是积极推进渔船进出港报告制度落实，组织申报第二、三批国家级海洋捕捞渔获物定点上岸渔港，全省定点上岸渔港已达 7 座。组织开展"平安渔业"创建活动，印发《"平安渔业"创建活动工作方案》，河北省唐山海港经济开发区荣获全国平安渔业示范县。

（七）信息化建设成效初显

强化系统培训和应用。印发《河北省渔船渔港动态监控管理系统运行管理办法》，组织全省渔船渔港动态监控管理系统应用培训，积极督导各地系统使用情况。完善升级系统。收集整理渔船渔港有关信息，结合省渔船渔港动态监控管理系统及硬件设备试用情况，完成系统升级改造。推进通导设备应配尽配。申请"插卡式 AIS"渔用终端试点，制定印发《河北省"插卡式 AIS"试点工作方案》。开展海洋捕捞渔船海上移动通信业务标识码专项整治与执法行动，组织力量逐县、逐船对九位码进行核实确认，年底前确保所有海洋渔船一一对应，全部录入省渔船渔港动态管理系统。

（八）渔政执法力度不断加大

1. 严格执法监管

落实最严海洋伏季休渔执法监管，印发《河北省 2021 年休禁渔管理工作方案》《河北省 2021 年度伏季休渔期间口虾蛄专项捕捞实施方案》，开展海洋伏季休渔、内陆禁渔、渔业安全生产等专项执法行动。不断加强与海警、公安等部门执法联动，落实好行刑衔接要求；密切与山东、辽宁、天津等周边省市渔政执法部门间的沟通联系，组织各地开展渔事纠纷摸排和调解，妥善处置涉外渔业和海上渔事纠纷事件。2021 年以来，全省共清理取缔涉渔"三无"船舶 22 艘、违规渔具 2100 余套（张），摸排化解渔事纠纷隐患 7 起，查办违规违法案件 540 件，罚款 251 万元，移送司法案件 22 起。

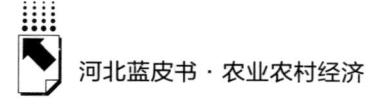

2.深化执法协作

与河北海事局、海警等部门密切协作,召开会商会,签订打击涉渔"三无"船舶联席会议纪要,和相邻省市签订鲁津冀辽渔政执法协作备忘录,联合开展春季海上生产秩序稳控、交界水域管理、专项捕捞监管、安全管理专项等执法行动,形成执法监管合力,震慑违法违规行为。联合河北海事局、应急管理厅举办渔业安全生产集中宣传活动,增强安全意识,确保各项安全目标任务落实到位。加强队伍建设。持续开展集中或定向执法培训和督查,监督各地落实好《河北省渔业行政处罚自由裁量基准》,组织违法违规案件查办和案卷评查等工作。河北省1个案卷被农业农村部渔业渔政管理局评为全国典型案卷。

3.加大水生野生动物执法监管

认真组织开展水生野生动物保护"清风行动"、太平洋斑海豹专项执法行动、科普宣传月活动、"双随机一公开"执法活动。规范水生野生动物许可流程,重新补充和调整了许可管理专家库、许可申报程序、现场勘(核)验格式等内容。印发宣传材料1万份,承办许可事项174项,组织专家现场核查28次,按时办结率均为100%。

(九)渔业科技创新取得新突破

鲆鲽、对虾等特色水产精品的优质种苗供应能力不断增强。繁育"北鲆1号""北鲆2号"优质苗种140万尾,推广示范15万平方米;"鳎优1号"半滑舌鳎新品种鱼卵国内市场占有率在70%以上;繁育"黄海5号"中国对虾苗种2.84亿尾,繁育各类品系南美白对虾135亿尾;繁育加州鲈鱼水花600多万尾、鱼种60多万尾,福瑞鲤苗种27亿尾,冷水鱼350万尾,重点供应邢台、邯郸园区发展。在全省示范推广生态健康养殖、养殖尾水治理、配合饲料替代幼杂鱼等技术8项,建示范基地27个2万多亩,所示范的技术模式平均增效10%以上。配合饲料替代取得显著进展,河鲀、大菱鲆和牙鲆三个示范品种替代率均达60%。开展水产养殖用药减量行动,建示范点11个近9000亩,总用药量减少7%,抗生素类用量减少11%。开展水产种业质量提升行动，引进和推广对虾、牡蛎、海参等养殖新品种12个，建示范点9个7000亩，增效20%以上。

二 河北省渔业生产面临的主要问题

河北省渔业工作潜力挖掘得不够，优势发挥得不充分，规划引领作用还不尽如人意，主要表现如下。

（一）龙头企业示范带动能力仍需进一步增强

引领带动作用强、一二三产融合度高的龙头企业较少，省级重点产业化龙头企业仅20多家，且企业规模相对较小，品牌建设和水产品加工短板仍然突出。

（二）水产种业体系建设与先进省份仍有明显差距

河北省水产苗种繁育和供应能力在北方乃至全国占有较高比例，但省内拥有苗种选育、繁殖、越冬等全套技术的水产种业企业较少，缺乏高科技、高标准的现代化领军企业，部分主导优势品种良种省内自育自给能力不足。

（三）安全保障能力还需进一步提高

2021年，河北省发生5起渔船事故，造成11人死亡失踪。秋冬季事故高发时段，海上大风天气多，渔业安全管理形势严峻。

三 2022年河北省渔业经济形势研判

2022年，河北省渔业系统将深入贯彻国家和省委、省政府相关要求，大力推进渔业绿色高质量发展，争取全省水产品总产量达到108万吨，同比增长2.86%；渔业经济总产值达到335亿元，同比增长3.07%；渔民人均纯收入超过22800元，同比增长6.04%。

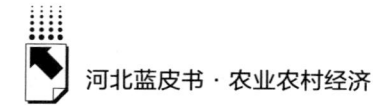

捕捞业：近海捕捞渔民渔船将继续保持下降趋势，转产转业渔民及更新改造渔船将会更多，海洋及淡水捕捞业对天然渔业资源的依赖程度逐步下降，渔民享受融合发展及生态资源商品化开发红利将更加明显。

养殖业：随着河北省特色水产集群规模不断扩大，水产养殖特色精品规模逐步扩大，水产养殖品种更加多样化、高端化、高值化，大宗低值水产养殖品种被取代，渔民生产效益会有较大幅度增长。

水产品加工业：2022年河北省将加大水产品加工业政策、资金支持力度，水产品加工技术、加工设备水平预计将会有明显的提高，河北省水产品加工短板将逐渐补齐。水产品加工产值将会有比较明显的增长，带动渔业经济增长。

休闲渔业：河北省休闲渔业建设热情将会继续保持高涨态势，在外界因素影响不大的情况下，河北省休闲渔业的游客数量增幅不会有太大变化，但随着供给产品质量的提升，休闲渔业经济产值继续保持增长，推动渔业一二三产融合发展逐步深化。

四 推动河北省渔业高质量发展的对策建议

（一）重点完善渔业发展政策措施

根据《河北省农业农村现代化发展"十四五"规划》，编制实施《河北省渔业"十四五"实施方案》。加快《河北省现代化海洋牧场建设规划（2021—2025年）》编制发布，按照规划目标推进河北省海洋牧场建设。制定2022年河北省级财政资金项目以及渔业产业发展政策调整实施方案，配套实施相关专项方案，进一步加强渔业基础设施、产业龙头、品牌培育、新产业新业态等方面的建设，促进渔业绿色高质量发展。

（二）突出抓好水产养殖绿色发展

以沿海渔业为重点，兼顾内陆渔业发展，集聚科技、绿色、品牌、质量发展要素，以优势特色水产为抓手，以品种、品质、品牌"三品"提升和标准化生产为手段，持续提高优势特色水产品的质量效益和竞争力，打造一批产品优质、产地优美、装备先进的现代渔业示范园区。继续做好水产养殖种质资源普查工作，在国家系统调查的基础上，收集鉴定一批河北省地方特色优异水产养殖种质，启动省级水产种质资源库二期工程建设。围绕河北省优势特色品种，完善水产原良种繁育体系，建设一批省级水产原良种场和水产供种繁育基地。积极统筹各类渔业发展资金，大力开展池塘标准化改造、工厂化车间升级等养殖基础设施提升建设，完善进排水系统和水处理设施，鼓励应用自动增氧、智能投喂、在线水质监测等现代物联网技术，改善场区生产条件，提高养殖生产装备现代化水平，建设一批现代化水产绿色养殖示范基地。

（三）大力推动渔业产业融合发展

大力发展特色休闲渔业，按照休闲渔业"一带、三区"发展布局，推动休闲渔业集聚式、高质量发展，支持建设第五批省级休闲渔业示范基地。依托海洋牧场、健康养殖示范场、渔港等资源，重点打造海上观光、城市周边休闲度假及观赏鱼休闲渔业精品典型，创建第六批省级休闲渔业示范基地15个以上，促进休闲渔业上档次、提水平，带动冷链物流、水产品精深加工、海洋休闲等产业发展。统筹安排水产品精深加工与流通体系建设项目，补齐产业短板，补助有一定加工基础的渔业企业或合作社，实现水产品加工、仓储、流通、品牌等能力提升，实现渔业全产业链。积极发展湖库等大水面生态渔业，因地制宜，建设大水面生态渔业示范基地5个，发展大水面生态渔业3万亩以上，在保护生态环境的同时，增加优质水产品供给，挖掘当地资源打造各具特色的节庆活动，推进增养殖、加工、旅游等综合开发。

（四）加大渔业资源养护工作力度

在河北省沿海水域和内陆适宜水域规范开展水生生物增殖放流活动，努力确保河北省年放流量不低于30亿单位，并举办全国"放鱼日"同步增殖放流活动。强化海洋牧场建设，继续创建国家级海洋牧场示范区，加快推进海洋牧场项目实施，年投放人工鱼礁10万空方以上。加大国家级水产种质资源保护区建设力度，保护中国对虾、三疣梭子蟹、红鳍东方鲀、中华鳖等本地品种及其栖息环境，强化保护区日常巡护管理。持续做好白洋淀水生生物日常监测，完成淀区水生生物本底调查，筛查外来物种。

（五）确保水产养殖生产安全和水产品质量安全

加强水产养殖生产和质量安全工作监督指导，有针对性地开展养殖技术培训，严格落实水产品养殖生产和质量安全管控措施，指导企业合理控制放养密度，实施科学投喂和用药，加强日常生产管理。积极开展水产品质量安全检测和病害监测，加大检测频次，扩大检测品种，防止规模性病害发生。

（六）提高渔船安全管理水平

一是落实主体责任。持续推进河北省渔业船舶安全生产"双控"机制建设，多渠道开展宣传教育，提高渔民安全生产意识，落实主体责任。二是加强行业监管。持续组织海洋渔船安全生产专项整治，共同开展"商渔共治"系列行动，严格事故调查，及时组织安全事故防范和整改措施落实情况的评估，举一反三，有效落实渔业船舶生产安全事故防范和整改措施。组织建立全国渔业24小时应急值守"95166"河北分中心建设，提升全省渔业应急值守和突发事件应急处置能力。三是建立健全约谈机制，对事故隐患多的县区政府通过约谈、调度等方式提高地方党委、政府重视程度，促进属地责任落实。

（七）规范渔船渔港船员管理

一是组织实施好唐山国家级沿海渔港经济区二期工程建设、滦南嘴东中心渔港提升改造工作，充分发挥渔港经济区对渔业产业发展的带动作用，促进渔业一二三产融合发展。二是配合国家加快推进渔获物定港上岸制度实施，继续组织河北省符合条件的渔港申报国家定点上岸渔港，提高河北省海洋捕捞管控能力，保护渤海渔业生态资源。三是组织实施海洋渔业资源养护补贴政策，印发《河北省海洋渔业资源养护补贴实施方案》，引导渔民自觉遵守海洋伏季休渔等资源养护措施，遵守渔业法律法规、进出港报告、定点休渔、定港上岸等要求，促进海洋捕捞业持续健康发展。四是规范远海远洋渔业发展。严格涉韩入渔许可审核和远洋渔业项目监管，指导企业进一步规范生产经营行为，不断提高国际履约能力。五是加强渔业船员管理。修订《河北省渔业船员管理办法》，优化船员培训、考试等程序，不断创新船员培训方式。

（八）提升信息化应用水平

一是继续升级河北省渔船渔港动态监控管理系统，加大调研力度，贴近基层工作需要，利用先进的信息技术来强化渔船渔港动态管理。二是做好河北省沿海18座渔业无线电基站的运维工作，保障渔船通导设备与陆地系统的空中联络。三是继续抓好河北省渔船通导设备配备和智慧渔港建设。推动具有不断电、不可拆卸、蓝牙锁和定位功能的北斗示位仪安装工作，为全省符合安装条件的6800多艘海洋渔船安装到位。

（九）严厉打击涉渔违法违规行为

一是深入推进"中国渔政亮剑"系列专项执法行动，在执法攻坚上求突破。认真组织开展渔业安全生产、海洋伏季休渔、内陆水域禁渔期、水生野生动物保护、违规渔具和涉渔"三无"船舶等专项执法行动，严厉打击各类涉渔违法违规行为，切实落实休禁渔制度及其他各项资源养护措施。二是强化执法合力提升，在执法协作上求突破。加强与周边省市渔政执法机构的协作，深化渔政协同执法机制，落实定期会商、信息共享、联查通报等制度，维护好交界水域渔业生产秩序。加强与相关部门的执法协作，强化与海警、公安、海事、市场监管等部门的沟通联系，落实行政案件移送和行刑衔接制度。三是强化执法方式创新，在统筹协调上求突破。加强捕捞渔船信息化建设和执法监管，不断强化执法信息化手段；加强执法数据调度和分析研判，推动渔业行业失信惩戒机制建设。四是强化执法队伍建设，在办案能力上求突破。严格规范执法行为，开发河北省渔政执法办案系统，加强全省渔政执法案件管理，提高行政执法文书制作规范化水平；加强执法人员培训，组织开展集中或者定向执法培训，推动全省渔政执法队伍能力全面提升。加强执法装备建设，加快推进600吨级左右的渔政执法船更新建造项目，解决"追不上""斗不过"违规渔船的问题。

参考文献

农业农村部渔业渔政管理局、全国水产技术推广总站、中国水产学会编制《2021中国渔业统计年鉴》，中国农业出版社，2021。

河北省农业农村厅：《河北省渔业统计年鉴2020年》（内部资料）。

B.7
2021~2022年河北省农产品生产者价格形势分析与预测

刘 珺*

摘 要： 2021年，受新冠肺炎疫情、国外农产品价格上涨等因素影响，河北省农、林、牧、渔四大板块农产品生产者价格呈现"全面上涨"态势，小麦价格涨势明显，玉米价格创新高，生猪价格大幅下跌，活牛活羊价格高位运行，禽蛋价格有所上涨。本报告认为，2022年，河北省粮食价格将高位运行，生猪价格企稳运行，肉牛肉羊价格继续高位波动，禽蛋价格有所下跌。

关键词： 农产品 生产者价格 河北省

据国家统计局河北调查总队对河北省43个县（市、区）主要农产品生产者价格调查，2021年，受新冠肺炎疫情等影响，河北省农产品市场波动明显，畜禽等产品价格变动幅度较大，总指数持续上行。

一 河北省农产品生产者价格总体运行情况

2021年前三季度，河北省农产品生产者价格大幅上涨，生产者价格指数为109.31。从分季走势看，第一至第三季度指数分别为109.65、110.20和106.90（见图1）。

---

* 刘珺，国家统计局河北省调查总队农业调查处主任科员，主要研究方向为农产品价格。

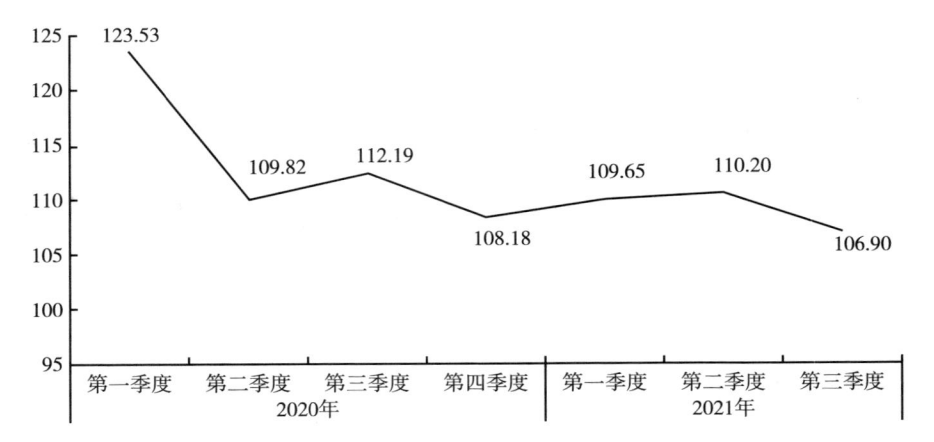

```
125 ┤ 123.53
120 ┤
115 ┤                    112.19
110 ┤      109.82                        109.65   110.20
105 ┤                          108.18                      106.90
100 ┤
 95 ┤
     第一季度 第二季度 第三季度 第四季度  第一季度 第二季度 第三季度
              2020年                      2021年
```

图 1　2020 年至 2021 年第三季度农产品生产者价格指数

资料来源：国家统计局河北省调查总队。

二　河北省农产品生产者价格变动的结构特点

分行业来看，2021 年前三季度，河北省农、林、牧、渔四大板块生产者价格呈现"全面上涨"态势，涨幅分别为 11.43%、9.71%、3.91% 和 36.51%（见图 2）。

（一）农业产品生产者价格大幅上涨

2021 年前三季度，河北省农业产品生产者价格同比上涨 11.43%，增幅比上年同期扩大了 2.59 个百分点。涨幅较大的品种为玉米、棉花，分别上涨 39.55% 和 21.48%；降幅较大的品种为部分蔬菜、食用菌和水果，降幅分别为 10%~30%。

（二）林业产品生产者价格上涨

2021 年前三季度，河北省林业产品生产者价格同比上涨 9.71%。林业产品出售主要集中在第二、三季度。林业产品出售受季节影响较大，主要类别是苗木类产品，以松树苗和杨树苗为多，用于道路景观绿化。

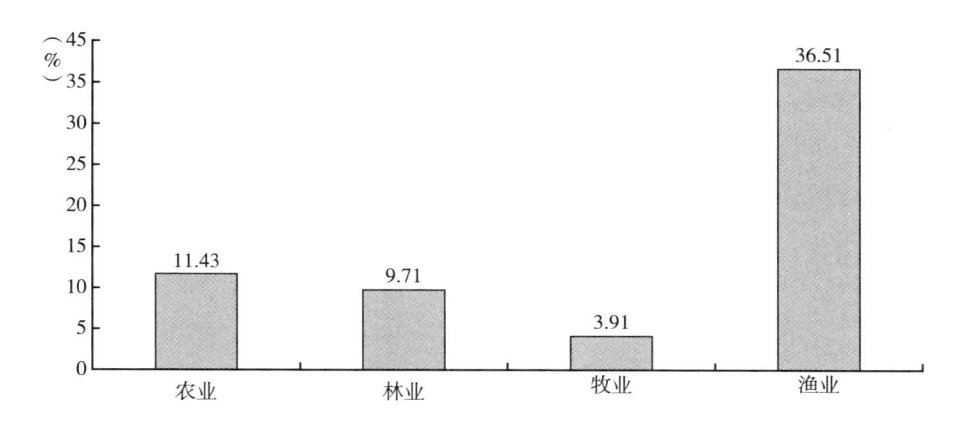

图 2 2021 年前三季度河北省农产品生产者价格分行业涨幅

资料来源：国家统计局河北省调查总队。

（三）畜牧业产品生产者价格小幅上涨

2021年前三季度，河北省畜牧业产品生产者价格受生猪价格回落的影响，总体上扬趋势放缓，同比上涨3.91%，涨幅比上年同期回落18.32个百分点。其中，在牛奶、鸡蛋价格高涨的影响下，畜禽类产品生产者价格同比上涨31.99%。

（四）渔业产品生产者价格同比涨幅较大

2021年前三季度，河北省渔业产品生产者价格同比上涨了36.51%。出售类别仅有淡水养殖产品，所调查的规格品主要为鲤鱼、草鱼。

三 河北省主要农产品生产者价格变动情况

从主要品种看，河北省农产品生产者价格涨多降少。其中，上涨幅度较大的品种有玉米、棉花、禽蛋；生产者价格下降的品种主要有生猪、蔬菜、马铃薯（见图3）。

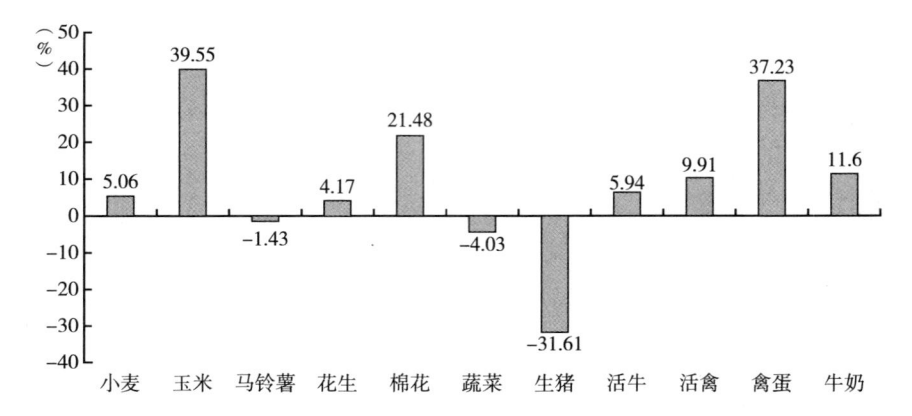

图3　2021年前三季度农产品生产者价格主要品种变动情况

资料来源：国家统计局河北省调查总队。

（一）小麦生产者价格涨势明显，玉米生产者价格创新高

2021年前三季度，河北省小麦生产者价格平均为每公斤2.42元，同比上涨5.06%；玉米生产者价格达到每公斤2.72元，同比上涨39.55%。价格上涨的主要原因：一是受国际市场影响。世界银行的数据显示，受新冠肺炎疫情影响，全球食品价格在2020年总体上涨了20%。二是国内需求增加。生猪产能恢复，导致饲料需求增加，玉米生产者价格迅速上涨，饲料替代效应增强致小麦生产者价格小幅上涨。

（二）蔬菜生产者价格稳中有降

2021年前三季度，河北省蔬菜生产者价格同比下降了4.03%。九个蔬菜小类中，一类无出售，其他八类"两涨六降"，其中，大白菜、结球甘蓝、白萝卜、黄瓜、茄子和西红柿分别下降了10.8%、13.65%、1.33%、16.19%、12.26%和18.99%，菠菜、大葱分别上涨了38.%和56.23%。菜价回落的主要原因是基期价格高，2020年河北省受疫情影响，运输受阻，蔬菜价格普遍较高，2021年随着政府加大蔬菜生产配送力度，菜价已经逐渐回归平稳。

（三）生猪生产者价格大幅下跌

2021年前三季度，河北省生猪生产者价格为22.27元/公斤，相比年初的31元/公斤，呈断崖式下降，下降了28.2%，养殖场（户）亏损较大。从分季走势看，生猪生产者价格连续三个季度下跌，分别下跌8.76%、27.77%和59.36%。生猪生产者价格下跌的原因主要是基期价格较高。2020年受疫情影响，河北省生猪供应不足，猪肉生产者价格一路攀升，第三季度更是达到每公斤35元，此后随着政府调控作用和市场效应的发挥，生猪产能和市场供应恢复较快，加之消费需求有所回落，生猪生产者价格走低。

（四）活牛活羊生产者价格上涨

2021年前三季度，河北省活牛生产者价格为每公斤33.64元，同比上涨5.94%。活羊生产者价格为每公斤31.1元，同比上涨5.12%。前几年部分养殖场（户）持续扩大养殖规模，导致河北省市场供应明显增加，活羊生产者价格一度下跌，自2018年初开始活羊生产者价格逐步回升，目前已步入相对理性区间。

（五）禽、蛋生产者价格同比上涨

2021年前三季度，河北省肉鸡生产者价格为每公斤8.21元，同比上涨9.91%；鸡蛋生产者价格为每公斤8.2元，同比上涨37.23%。2020年河北省蛋鸡高存栏，导致鸡蛋市场行情处于低谷，而且受到疫情的影响，鸡蛋供应过剩加剧，价格低迷，养殖场（户）为止损，在2020年下半年加速去产能，2021年河北省禽、蛋生产者价格逐渐回升。

四 2022年河北省主要农产品生产者价格走向预测

（一）粮食生产者价格高位运行

国家政策调控的精准度进一步提高，2022年河北省生产的小麦（三等）

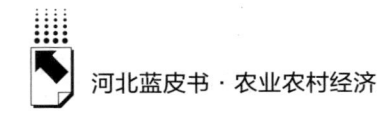

最低收购价继续上调，为每 50 公斤 115 元，每公斤较 2021 年上涨 0.04 元。总体看，河北省小麦供应依然稳定，不会出现因供需缺口拉动的价格急剧上涨，预计 2022 年，河北省小麦生产者价格会高位企稳。受全球新冠肺炎疫情影响，加之国际市场价格高企，生猪产能恢复带动饲用玉米需求增大，玉米生产者价格预计将继续高位运行。

（二）蔬菜生产者价格企稳

2021 年第三季度，河北省降雨、光照、温度等气象条件相对较好，蔬菜生产形势好，市场供应量明显增加，成本降低，如疫情控制较为稳定，蔬菜生产者价格预计将保持企稳态势。

（三）生猪生产者价格将逐渐回升

2021 年第三季度，河北省生猪生产者价格维持在每公斤 22 元左右的水平，处于近 10 年来的低位，加之玉米价格上涨、饲料价格高企，很多养猪大户亏损严重。第四季度，随着需求增加，生猪生产者价格将触底反弹，但养殖效益低的困局短期内难以扭转。

（四）活牛、活羊生产者价格企稳

河北省活牛、活羊生产者价格自 2020 年下半年开始进入上行通道，依然持续保持小幅回升的态势，基本回升到了较为理性的价格水平。当前猪肉生产者价格暴跌，将替代部分牛羊肉消费，预计活牛、活羊生产者价格同比将继续保持稳定的态势。

（五）鸡蛋生产者价格小幅下调

从供给看，冬季并非产蛋高峰期。从往年数据分析来看，河北省鸡蛋市场需求不会大幅增长，供给端保持相对稳定态势，出现大幅波动的可能性不大。蛋鸡存栏水平逐步恢复正常，能够有效支撑鸡蛋市场供给，价格上涨空间不大。

参考文献

王梦宇、邓怡:《新冠疫情对农产品价格的影响及对策建议》,《中国商论》2021 年第 3 期。

B.8
2021~2022年河北省农村居民收入形势分析与预测

张 坤*

摘 要： 2021年，河北省农村居民人均可支配收入增速呈现"前高后低"的特征，前三季度增速达到11.6%，增速快于城镇居民，四项收入全面增长，工资性收入仍为主导，城乡差距逐步缩小，收入水平接近全国平均水平。本报告认为，当前全球经济复苏压力较大、国内实体经济恢复基础不牢靠、就业形势尚不稳定、农牧产品价格波动较大，农民增收面临的机遇与挑战并存，农业生产水平低、农民就业技能偏低、财产净收入偏低对河北省农村居民增收带来不利影响，河北省应大力实施乡村振兴战略、加快发展乡村产业、着力提升农民就业技能、强化民生保障，推动农村居民收入增长。

关键词： 农村居民 人均可支配收入 河北省

2021年，面对复杂严峻的国内外环境，在以习近平同志为核心的党中央坚强领导下，河北省委、省政府及各部门认真贯彻落实党中央、国务院决策部署，科学统筹疫情防控和经济社会发展，乡村振兴有效衔接，全省农村居民收入稳步增长。国家统计局河北调查总队住户收支与生活状况调查资料显示，2021年前三季度，河北省农村居民人均可支配收入为13716元，比

---

* 张坤，国家统计局河北调查总队居民收支调查处主任科员，主要研究方向为农民收入与消费。

上年同期增加1430元，同比增长11.6%，比同期城镇居民收入增速快4.0个百分点。

一 2021年河北省农村居民收入增长的主要特征

2021年前三季度，河北省农村居民人均可支配收入为13716元，同比增长11.6%，比2021年上半年回落3.0个百分点，比第一季度回落5.0个百分点。农村居民人均可支配收入两年平均增长8.5%，高于城镇2.8个百分点。

（一）四项收入全面增长，工资性收入仍为主导

1. 工资性收入继续主导农民增收

2021年前三季度，河北省农村居民人均工资性收入为7165元，同比增长12.7%，占农村居民人均可支配收入的52.2%，拉动收入增长6.5个百分点，对收入增长的贡献率为56.3%，是农村居民增收的主动力。工资性收入较快增长受两方面因素影响：疫情防控方面，得益于常态化疫情防控措施，农村劳动力外出务工规模稳定，转移就业形势向好，工资性收入恢复得到保障；政策保障方面，政府出台多项就业政策措施，加强岗位培训、召开专场招聘会、推动农村劳动力转移就业等，促进农民就业，带动农村居民工资性收入稳步增长。

2. 经营净收入逐步恢复

2021年前三季度，河北省农村居民人均经营净收入为4302元，同比增长8.7%，占农村居民人均可支配收入的31.4%，拉动收入增长2.8个百分点，对收入增长的贡献率为24.1%。2021年前三季度，第一产业经营净收入同比增长5.5%，得益于多种农产品价格上涨。其中，玉米上涨39.6%，棉花上涨21.5%，鸡蛋上涨37.2%；第二、三产业经营净收入同比分别增长6.2%和14.0%，得益于多种灵活就业形式。投资小、见效快、易转型、风险小的小规模经济实体，激发了第三产业增收活力。其中，批发零售、住宿餐饮增长迅速。

3.财产净收入继续增加

2021年前三季度,河北省农村居民人均财产净收入为300元,同比增长14.4%,占农村居民人均可支配收入的2.2%,拉动收入增长0.3个百分点,对收入增长的贡献率为2.7%。随着新型农业经营主体不断壮大,全省积极开展第二轮土地承包到期后再延长30年试点,土地承包经营权流转规模逐渐扩大,转让承包土地经营权租金净收入不断增加。

4.转移净收入稳中有升

2021年前三季度,河北省农村居民人均转移净收入为1950元,同比增长14.1%,占农村居民人均可支配收入的14.2%(见表1),拉动收入增长2.0个百分点,对收入增长的贡献率为16.9%。从2021年1月1日起,全省统一上调城乡低保保障标准,养老金或退休金增长;随着乡村振兴战略不断推进,各项惠农政策及时兑现。

表1 2021年河北省前三季度农村居民人均可支配收入情况

单位:元,%

指标名称	收入	同比增量	同比增速	占比
农村居民人均可支配收入	13716	1430	11.6	100.0
一、工资性收入	7165	805	12.7	52.2
二、经营净收入	4302	345	8.7	31.4
三、财产净收入	300	38	14.4	2.2
四、转移净收入	1950	241	14.1	14.2

资料来源:国家统计局河北省调查总队。

(二)农村居民收入增速快于城镇居民,城乡差距逐步缩小

2021年以来,各季度河北省农村居民收入增速均快于城镇居民,城乡差距进一步缩小。2021年第一季度,河北省农村居民人均可支配收入同比增长16.6%,比城镇快6.3个百分点。2021年上半年,河北省农村居民人均可支配收入同比增长14.6%,比城镇居民快5.2个百分点。2021年前三季度,河北省农村居民人均可支配收入同比增长11.6%(见图1),比城镇

居民快4.0个百分点。前三季度河北省城乡居民收入比由上年的2.21:1（农村为1）缩小到2.13:1,同比缩小0.08。

（三）收入水平接近全国，增速与全国持平

从收入水平看，2021年前三季度，河北省农村居民人均可支配收入为13716元，仅比全国平均水平低10元，居全国第11位，排名在河北之前的10个省（市）分别为上海、浙江、北京、天津、江苏、广东、福建、山东、辽宁和安徽。

从增速看，2021年前三季度，河北省农村居民人均可支配收入同比增长11.6%，与全国持平。与周边省份相比，河北省低于山西、山东，高于其他周边省份。

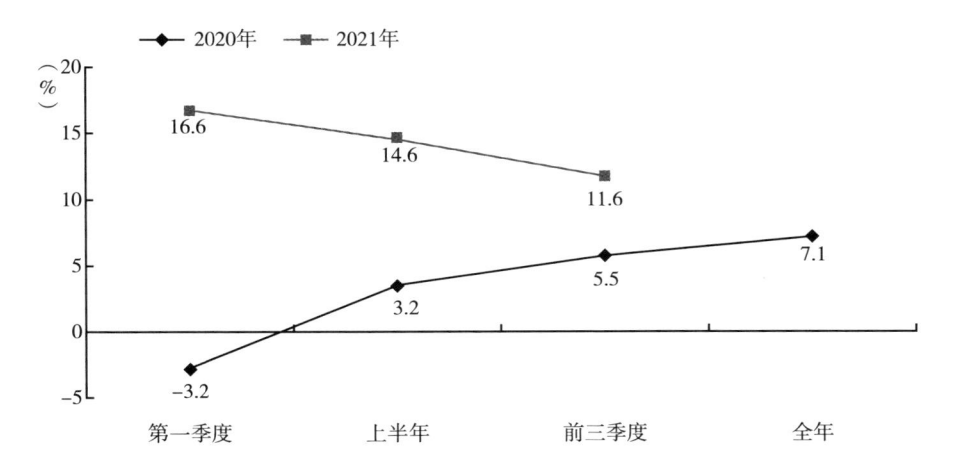

图1　2020～2021年河北省农村居民人均可支配收入增速

资料来源：国家统计局河北省调查总队。

二　河北省农村居民收入形势总体分析

从国际环境看，当前国际环境依然错综复杂，全球新冠肺炎疫情仍未得到有效控制，全球经济复苏压力和国际政治经济诸因素对经济发展影响依然

较大。从国内环境看，疫情防控形势依旧严峻，实体经济恢复基础并不牢靠，就业形势尚不稳定，农牧产品价格波动较大等因素均给农村居民增收带来不确定性影响。

（一）有利因素

1. 工资性收入增长条件充足

一是农村劳动力外出务工规模稳定，转移就业形势向好。2021年第三季度末，河北省农村非农从业劳动力同比增长3.6%，两年平均增长1.8%。转移就业企稳向好。二是坚持以市场为导向，拓宽渠道促进就业，引导农村未就业人员参与技能培训。发挥培训机构、职校、企业等各类培训资源作用，开设面点师、挖掘机、家政服务、钟点工等受市场和广大农民工欢迎的工种的技能培训，打造有一技之长的新型农民工群体。三是加强与企业、劳务用工单位对接，拓宽就业渠道，增加就业岗位。积极拓展省内劳务输入地和输出地的对口协作，完善跨区域、常态化的劳务合作机制，在信息交流、跨区招聘、跟踪服务等方面搭建对接平台。

2. 经营净收入逐步恢复

一是夏粮生产再获丰收，"菜篮子"产品供应充足。2021年河北省夏粮、秋粮亩产分别达到435.3公斤、377.6公斤，河北省粮食生产实现面积、总产双增加；持续推动千万吨奶工程建设，加快建设环京津奶业集群，奶牛养殖场规模化率、智能化率全国第一。2021年前三季度，河北省生鲜乳产量为374.1万吨，乳制品产量连续七年全国第一。二是乡村产业发展质量显著提升，乡村振兴有效衔接。集中打造高端乳品、中药材、食用菌等12个农业特色产业集群，新增优质专用粮食183万亩，中药材、食用菌等218万亩，建成全国最大的越夏香菇、优质梨、酸枣仁等基地。三是激发第三产业增收活力，灵活就业显成效。政府支持脱贫人口在县域城镇地区从事个体经营，创办投资小、见效快、易转型、风险小的小规模经济实体，并按照有关规定给予税费减免、场地支持、社会保险补贴等。

3. 土地流转规模逐渐扩大

随着新型农业经营主体不断壮大，全省积极开展第二轮土地承包到期后再延长30年试点，保护和调动农户积极性。发展家庭农场、农民合作社、农业生产社会化托管服务组织，总数分别达到5.42万家、11.20万家和3.02万家，土地承包经营权流转规模逐渐扩大，流向合作社与龙头企业的比例提高。

4. 各项惠民政策落地见效

一是随着国内疫情防控形势趋于稳定，前三季度农村外出务工人员数量增加，务工时间延长，促进寄带回收入增长。2021年前三季度，河北省农村居民家庭外出从业人员寄带回收入为762元，比上年同期增加135元，同比增长21.6%。二是随着乡村振兴战略不断推进，补贴发放范围不断扩大，各项惠农政策及时兑现，2021年前三季度，河北省政策性生活补贴同比增长36.2%，报销医疗费同比增长39.5%，从政府得到的实物产品和服务、现金政策性惠农补贴大幅增长。

（二）不利因素

1. 收入差距仍然存在

一是城乡差距。2021年前三季度，河北省城乡居民收入比为2.13∶1，虽然相对差距有所缩小，但农村居民收入水平仍不及城镇居民的一半，水平差距依然较大。二是区域差距。2021年前三季度，唐山市农村居民人均可支配收入水平领跑全省，为17416元。承德市农村居民收入水平最低，为11571元，不到唐山市农民收入水平的七成，地区收入差异仍较大。

2. 农业生产水平依然偏低

河北省农村居民第一产业以农牧业为主，农业上，多种植小麦、玉米，种类较为单一，小规模生产仍占主导地位，农业生产力水平依然偏低；牧业上，生猪价格持续下降，2021年9月末生猪价格为13.0元/公斤，连续9个月回落，牧业增收压力较大。

3. 农民就业技能偏低

随着城镇化进程的发展，以及产业结构调整，高新技术产业对劳动力素质的要求逐渐提高，农村外出务工者的技能素质、文化层次难以满足当前劳动力市场日趋专业化、技能化的需求。农村劳动力大多从事一些技术含量较低、劳动力密集的工作，工资待遇提升存在压力。

4. 财产净收入偏低

2021年前三季度，河北省农村居民财产净收入占可支配收入比重仅为2.2%，对可支配收入增长的贡献率也较低，仅为0.3%，且农村居民获取财产性收入的渠道较为单一，基本为利息收入和土地经营权转让金。农村居民理财观念淡薄，或没有余钱进行投资理财，财产净收入短期内难以对农村居民增收形成有效支撑。

三 促进河北省农村居民收入持续较快增长的建议

（一）大力实施乡村振兴战略，拓宽农民增收渠道

加快推进农业农村现代化，是拓宽农民增收渠道的关键。一是进一步优化农业生产体系，加快农业绿色化、优质化、特色化、品牌化发展，推动农业由增产转向提质。二是加快促进一二三产业融合，大力开发农业多种功能、延长产业链、提升价值链、完善利益链，通过保底分红、股份合作、利润返还等多种形式，让农民合理分享全产业链增值收益。三是进一步加强对农村电商的扶持引导，扩大农村电商覆盖面，提高其增收带动力。

（二）努力培育农村新兴产业，以产业发展助推乡村振兴

一方面，要加快农村产业转型升级，大力发展精致农业、乡村旅游等特色优势产业，提高粮食、畜禽产品等保障能力，提升农业供给体系的整体质量和效益，构建现代化农村产业；另一方面，要推动企业与农户建立联结机

制,让农民能享受到现代农业"种、养、加、贸"等产业链条的各个层次的收益,让农业更强、农民更富。

(三)加强人才培养,带动乡村发展

乡村振兴,人才是根本。一要建立农业经纪人队伍,通过"政府引导、企业主导"模式,将本地青年农民培育成农业经纪人。二要培育致富领路人队伍,发挥组织优势,强化其带头致富的意愿和能力。三要培养村级带头人队伍,发挥政治优势,将致富领路人培养成村级组织带头人,为"能人"搭建"干事"平台,培养造就一支懂农业、知农村、爱农民的工作队伍。提升村级党组织活力。

(四)加强民生建设,兜底基本民生

一是继续完善农村居民基本养老、医疗保险制度,筑牢政策、保险、捐赠、救助四道保障防线,加大资金监管力度,确保振兴政策落实落细。二是稳步提高农村居民基础养老金标准和医保报销比例,不断减轻农村居民养老、看病、失业等后顾之忧,提升农村居民政府转移支付的受益水平,让农村居民生活更有保障。三是完善农业补贴制度,提高农业补贴政策的指向性和精准性,加大对农业生产的保费补贴力度,切实做到支农惠农。

参考文献

姜长云等:《近年来我国农民收入增长的特点、问题与未来选择》,《南京农业大学学报》(社会科学版)2021年第3期。

B.9
2021~2022年河北省农村居民生活消费形势分析与预测

张 坤*

摘　要： 2021年，河北省委、省政府紧紧围绕扩大内需战略基点，主动融入新发展格局，推动消费提质扩容，农村居民消费需求稳步释放，农村居民消费增速高于城镇；各项消费支出全面增长，其中教育文化娱乐支出增长最快，食品烟酒支出占比最大，服务性消费支出增长快于商品性消费支出，现代化交通通信逐步向农村地区延伸；农村居民消费增速高于全国及周边。本报告认为，2022年应着力提高农村居民收入，积极发展农村"互联网+医疗健康"，优化农村市场消费环境，激发农村消费市场内在活力，畅通农产品流通渠道。

关键词： 农村　居民消费　河北省

2021年，河北省委、省政府紧紧围绕扩大内需战略基点，主动融入新发展格局，推动消费提质扩容，农村居民消费需求稳步释放，河北农村居民消费支出延续增长态势。国家统计局河北调查总队住户收支与生活状况调查资料显示，2021年前三季度，河北省农村居民人均生活消费支出10684元，同比增加2032元，增长23.5%，比全国高4.9个百分点；与2019年前三季度相比，河北省农村居民人均生活消费支出两年平均增长10.2%，比全国高0.9个百分点。

---

* 张坤，国家统计局河北调查总队居民收支调查处一级主任科员，主要研究方向为农民收入与消费。

一 2021年河北省农村居民生活消费主要特点

（一）农村居民消费持续恢复

2021年前三季度，河北省农村居民消费持续恢复，季度间均实现两位数增长。2021年前三季度，河北省农村居民消费支出同比增长23.5%，高于第一季度11.0个百分点，低于上半年0.7个百分点。与2019年前三季度相比，平均增长10.2%，较第一季度和上半年分别高7.2和0.9个百分点。

（二）农村居民消费增速高于城镇

2021年前三季度，河北省农村居民人均生活消费支出10684元，同比增长23.5%，高于城镇18.1个百分点；2021年上半年，河北省农村居民人均生活消费支出7133元，同比增长24.2%，高于城镇19.4个百分点；2021年第一季度，河北省农村居民人均生活消费支出3554元，同比增长12.5%，高于城镇6.9个百分点。

（三）各项消费支出全面增长

2021年前三季度，河北省农村居民人均食品烟酒支出3261元、衣着支出708元、居住支出1903元、生活用品及服务支出666元、交通通信支出1686元、教育文化娱乐支出982元、医疗保健支出1281元、其他用品和服务支出196元，同比分别增长22.4%、31.1%、8.2%、20.4%、28.8%、52.2%、28.3%和8.0%。

（四）教育文化娱乐支出增长最快

随着社会经济生活恢复如常，教育文化娱乐消费也逐步恢复。2021年前三季度，河北省农村居民人均教育文化娱乐消费支出982元，同比增加337元，增长52.2%；与2019年前三季度相比，河北省人均教育文化娱乐消费支

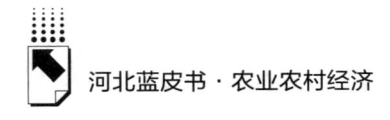

出累计增长16.5%，两年平均增长8.0%，其中，教育支出累计增长19.5%，两年平均增长9.3%，文化娱乐支出累计增长6.8%，两年平均增长3.4%。

（五）食品烟酒支出占比最大

2021年前三季度，河北省农村居民食品烟酒支出持续增长，农村居民人均食品烟酒支出3261元，同比增长22.4%，与2019年前三季度相比，人均食品烟酒支出累计增长34.2%，两年平均增长15.8%。2021年前三季度，河北省农村居民人均食品烟酒支出占生活消费支出的比重为30.5%，居八大类消费支出之首，较2020年前三季度下降0.3个百分点，较2019年前三季度提高2.9个百分点。

（六）服务性消费支出增长快于商品性消费支出

凭借有效的防疫举措以及针对性强的促进消费政策措施，服务性消费持续复苏，疫情对服务性消费的不利影响逐渐淡化。2021年前三季度，河北省农村居民人均服务性消费支出3849元，同比增长30.3%，快于商品性消费支出10.4个百分点。服务性消费加速恢复，2021年前三季度，河北省服务性消费占比36.0%，比第一季度提高5.8个百分点，比上半年提高1.3个百分点。

（七）现代化交通通信逐步向农村地区延伸

近年来，随着公共基础设施不断完善，物流网络发展迅速，农民生活水平日益提高，农村新生代人群对汽车消费的追求，使得交通通信消费快速增长。2021年前三季度，河北省农村居民人均交通通信消费支出1686元，同比增加377元，增长28.8%，其中，交通支出增长36.4%，通信支出增长11.7%，汽车购买数量增长22.0%，通信服务支出增长14.8%。

（八）农村居民消费增速高于全国及周边

从水平看，2021年前三季度，河北省农村居民人均生活消费支出10684

元，比全国低495元。与周边各省份相比，高于山西、辽宁和河南，低于其他周边省份。从增速看，2021年前三季度，河北省农村居民人均生活消费支出同比增长23.5%，比全国高4.9个百分点，比北京、天津、山西、内蒙古、辽宁、山东和河南等周边省区市分别高9.2、5.2、5.1、7.4、1.9、9.8和3.7个百分点。

二 2021年河北省农村居民生活消费影响因素分析

2021年，河北省经济和民生保障运行良好，农村居民消费需求稳步释放，消费支出持续恢复。但当前国际环境不确定性因素增多，国内经济恢复仍不稳固、不均衡，需要在持续抓好疫情防控的前提下，进一步释放内需潜力，激发农村地区消费市场活力。

（一）有利因素

1. 经济稳定恢复，消费形势平稳

一是经济增长协调性增强。2021年前三季度，河北省经济保持稳定增长，地区生产总值同比增长7.7%，两年平均增速为4.6%。就业和市场价格保持稳定，农业生产形势良好，消费市场恢复向好。二是结构调整稳步推进。2021年前三季度，河北省"三二一"产业格局得到巩固，农业内部结构进一步优化。畜牧、蔬菜、果品三大支柱产业占农林牧渔业总产值比重达73.7%。三是民生保障有力。河北省委、省政府深入推动各项民生保障政策落地落实，民生改善成效明显。扣除价格因素，2021年前三季度，河北省居民人均可支配收入增速高于地区生产总值增速1个百分点。

2. 收入稳步增长，城乡差距缩小

随着脱贫攻坚全面完成，乡村振兴有效衔接，2021年全省农村居民收入稳步增长，城乡差距进一步缩小。2021年第一季度，河北省农村居民人均可支配收入同比增长16.6%，比城镇高6.3个百分点；2021年上半年，河北省农村居民人均可支配收入同比增长14.6%，比城镇高5.2个百分点；

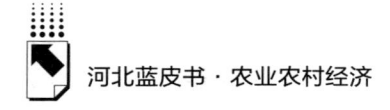

2021年前三季度，河北省农村居民人均可支配收入同比增长11.6%，比城镇高4.0个百分点。城乡居民收入比由上年的2.21∶1（农村为1）缩小到2.13∶1，同比缩小0.08。

3. 创新发展增强，新动能加快培育

以战略性新兴产业和高新技术产业为代表的新产业较快发展；以新能源汽车、太阳能电池等为代表的新产品生产提速；以平台经济、网上零售为代表的新业态持续活跃；以高技术服务业和高技术制造业为代表的新主体不断壮大。2021年前三季度，河北省规模以上高技术服务业营业收入同比增长13.7%。其中，电子商务服务增长19.7%，信息服务增长16.6%。

（二）不利因素

1. 恢复经济增长存在诸多挑战，疫情防控形势依旧严峻

从国际环境看，国际环境依然错综复杂，全球疫情仍未得到有效控制，贸易、产业链、人员流动等多渠道均可能传导，给国内经济发展带来不确定和不稳定因素。从国内环境看，疫情防控形势依旧严峻，小规模点式散发仍需防范。

2. 城乡收入差距较大，区域发展不均衡

收入作为决定消费能力的最直接因素，直接影响居民消费能力。一是城乡收入差距较大。2021年前三季度，河北省农村居民人均可支配收入13716元，比城镇低15558元，城乡居民收入比为2.13∶1，农村居民收入水平仍不及城镇居民的一半。二是区域发展不均衡。2021年前三季度，唐山市农村居民人均可支配收入水平领跑全省，为17416元。承德市农村居民收入水平最低，为11571元，不到唐山市农村居民收入水平的七成，省内区域发展不均衡问题比较突出。

3. 储蓄比例较高，消费升级有待提高

农民收入不确定性较大，疫情防控、市场供给、天气条件等均有可能对收入产生影响，农民储蓄意识普遍较强。2021年前三季度，河北省金融机构各项存款同比增长9.8%，其中，住户存款增长13.2%。随着农村消费补贴政策的实施,特别是送货下乡等政策措施的实施,农村消费市场进一步活跃。但不可忽视的是,农民消费有待升级,对更高级的智能耐用消费品及娱乐保健等享受型消费仍不够积极。

4.适应农村地区需求的商品有待增多,消费新业态、新模式有待向农村市场拓展

农村居民在消费结构和消费层次上长期滞后于城镇居民。2020年,河北省农村居民年末耐用消费品每百户拥有量中,汽车40.79辆,低于城镇12.93辆;空调88.66台,低于城镇46.06台;热水器71.02台,低于城镇26.17台;计算机36.11台,低于城镇26.39台;照相机2.54台,低于城镇13.27台;空气净化器0.63台,低于城镇9.93台;吸尘器2.16台,低于城镇9.02台。

三 促进河北省农村居民消费的对策建议

"十四五"规划中明确提出,要全面促进消费。农村居民消费市场潜力巨大,农村居民消费成为拉动消费增长的重要助推器。综上,本报告提出提高农村居民收入、积极发展农村"互联网+医疗健康"、优化农村市场消费环境、激发农村消费市场内在活力和畅通农产品流通渠道等相应的对策建议。

(一)提高农村居民收入

收入是消费的前提和基础,提高农村居民生活消费能力的根本在于提高农村居民收入。一是发展现代农业,提高农产品科技含量,进一步优化农业生产体系,加快农业绿色化、优质化、特色化、品牌化发展,推动农业由增产转向提质。二是加快促进一二三产业融合,大力开发农业多种功能,延长产业链、提升价值链、完善利益链,通过保底分红、股份合作、利润返还等多种形式,推动企业与农户建立联结机制,让农民享受到现代农业"种、养、加、贸"等产业链条的增值收益。三是继续大力发展民营经济,促进

农村居民就业，提高非农就业工资水平。四是改革和完善土地流转制度，提高农民财产性收入。五是持续全面落实"六稳""六保"任务，进一步统筹推进疫情防控和经济社会发展工作，加大政府支持力度，强化援企稳岗政策，加大农民工就业帮扶。同时，大力开展各种形式的创业技能培训指导，实现多形式就业，以稳就业、促增收来为农民消费提供坚实后盾。

（二）积极发展农村"互联网+医疗健康"

落实农村互联网诊疗服务和监管政策，推动互联网诊疗和互联网医院规范发展。推动医院普遍建立预约诊疗制度，鼓励医疗机构利用互联网等信息技术开展部分常见病、慢性病复诊。鼓励药品零售连锁企业通过"互联网+药品流通模式"满足顾客用药便利化，建设24小时"网订店送"药房，促进药品网络销售规范发展。一是进一步完善新型农村合作医疗保险制度，提高报销比例，拓展新农保药品目录覆盖面，降低农村居民医疗开支压力。二是积极探索农村居民养老保障体系建设，促进农村地区社会化养老服务发展，确保农村居民实现"老有所养"，减轻养老压力。逐步改善"看病难、养老难"的现状，消除居民消费的后顾之忧，提升居民消费信心和消费能力。

（三）优化农村市场消费环境

一是进一步健全农村商业网点建设，完善基础设施建设，改善农民消费环境。二是规范集市秩序，制定相关规则维护农村居民的利益，建成一些品种齐全、质量可靠的商场，适当发展某些品牌的专卖店，方便农民购物。三是提供刺激农民扩大消费的特色产品，推出适合农民消费层次和农村消费环境的商品，并积极做好配套服务特别是耐用品消费配套服务，扩大农村耐用品的消费需求。四是逐步形成"双循环"新发展格局。农村居民是一个庞大的消费群体，政府要正确引导农村居民消费，鼓励发展新的消费热点，稳步推进供给侧结构性改革，保证农村市场产品质量安全。通过创新供给激活市场需求，形成健康有序的农村消费市场，让消费者买得放心、用得称心，逐步形成以国内大循环为主体、国内国际双循环相互促进的新发展格局。

（四）激发农村消费市场内在活力

一是激发农村居民消费内在活力，培育消费热点，加快农村居民消费结构升级步伐，从满足大众消费向个性化、多样化消费转变。二是借助互联网，打造全新消费模式，培养新消费观念，针对不同群体需求，鼓励线上线下融合发展，逐步释放教育、娱乐、购物等消费潜力。三是规范金融环境，发展农村信贷。积极发展农村消费信贷，刺激农村居民潜在购买力，促进农村消费结构升级，实现农村居民消费扩容提质。四是满足消费新要求。以改善农民生活品质为重点，提高供给质量实现消费提质扩容，适应消费升级和消费创新的新要求。五是顺应消费新趋势。着力提升传统消费能力，培育新型消费，促进消费绿色、健康、安全发展。加快各类新技术、新产品、新服务向农村地区发展，满足农村新生代人群消费需求。六是扩大消费新内容。因地制宜发展农村文化产业，最大限度地满足农村居民文化消费需求，通过加大对乡村旅游等特色优势产业项目的开发和引导，激发农村居民潜在的消费欲望，努力培育农村新兴产业，以产业发展助推乡村振兴，引领农村居民由单纯的物质消费扩展到更高层次的精神消费，推动农村消费品市场多样化发展。

（五）畅通农产品流通渠道

一是促进数字化技术与服务在乡村流通领域深化应用。围绕河北特色农产品，积极培育邮政快递企业服务现代农业项目。加快推进"快递进村"，以"邮快合作""快快合作"为主，建设村级邮政快递综合服务站，持续推进电子商务进农村，统筹建立县乡村三级农产品网络销售服务体系，提高村级电商站点服务覆盖率。实施农产品冷链物流建设工程，推动农商互联，健全农产品流通网络，培育地域农产品电商优质品牌，提升农产品附加值与竞争力。二是加快发展现代农业、生态农业。大力推进供给侧改革，加快农业

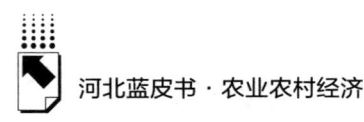

技术创新，深入推动互联网与农业生产、经营、管理和服务的融合，将农业从生产供给拓展至生态建设、生活休闲服务、生物技术载体等多元化领域，提升农业发展的广度和深度。优化农产品品质，加强农副产品的深度开发，提高农产品的附加值，推动产品的多样化、差异化，满足居民多层次消费需求。三是完善农业补贴制度，提高农业补贴政策的指向性和精准性，加大对农业生产的保费补贴力度，切实做到支农惠农。

参考文献

全佳安：《河北省农村居民消费结构影响因素的实证分析》，硕士学位论文，首都经济贸易大学，2018。

B.10
2021~2022年河北省农村市场价格形势分析与预测

郄兰霞*

摘　要： 2021年，河北省农村居民消费价格指数（CPI）涨幅温和回落明显，八大类商品和服务价格"五涨三降"，农村CPI涨幅高于全省城市和全国平均水平，能源代替食品成为影响农村CPI上行的主要因素。本报告认为，2021年，食品类价格回落明显，细分类别普遍上涨，服务价格逐季回升，工业品价格由负转正，虽然国内统筹疫情防控和经济社会发展成果进一步巩固，但影响河北省农村后期CPI走势的因素较为复杂，多种不确定性因素依然存在。在没有突发性新涨价因素影响的前提下，预计2022年河北省农村居民消费价格总水平仍将保持温和上涨态势。

关键词： 农村　市场价格　消费价格指数

2021年，面对严峻复杂的国内外环境，省委、省政府认真贯彻落实党中央、国务院决策部署，河北省疫情防控工作有力，经济持续稳步恢复，农村消费市场平稳有序。2021年1~10月，河北省农村居民消费价格指数（CPI）总体运行平稳，呈温和上涨态势。

---

* 郄兰霞，国家统计局河北调查总队消费价格调查处主任科员，主要研究方向为价格统计、农村统计。

一 2021年河北省农村居民消费价格指数主要运行特征

（一）涨幅温和回落明显

2021年1~10月，河北省农村CPI同比上涨1.0%，涨幅较上年同期（2.8%）回落1.8个百分点，比全省平均水平（0.8%）高0.2个百分点，为近6年来最低涨幅。其中，食品价格上涨0.3%，非食品价格上涨1.1%；消费品价格上涨1.1%，服务价格上涨0.7%。

从月度同比看，2021年1~2月，受2020年同期高基数影响，河北省农村CPI位于前10个月低位，分别上涨0.2%、0.3%；之后随着基数逐渐降低，逐月回升，5月升至1.4%；6~9月随着猪肉价格降幅扩大，农村CPI涨幅略有回落，分别上涨1.1%、1.1%、0.9%和0.9%；10月在蔬菜、汽油、柴油等价格的推升下，同比上涨2.1%（见图1）。

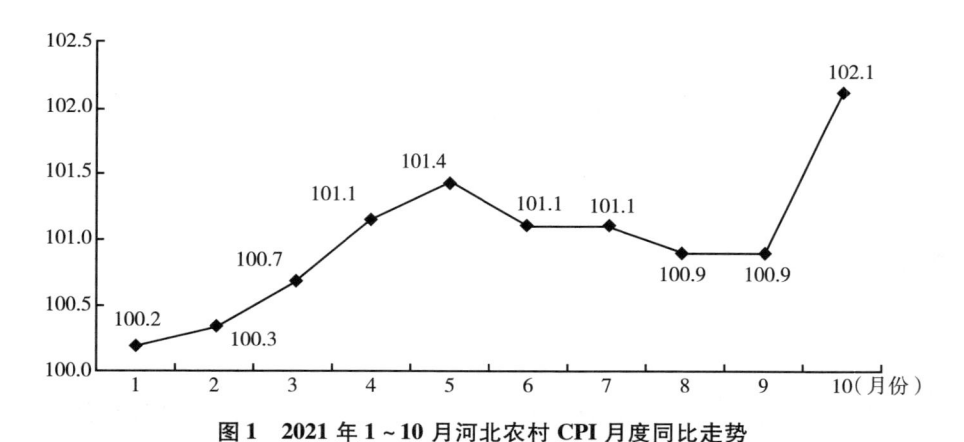

图1　2021年1~10月河北农村CPI月度同比走势

资料来源：国家统计局河北调查总队。

（二）八大类商品和服务价格"五涨三降"

2021年1~10月，构成农村CPI的八大类商品和服务价格同比"五涨三降"。其中，交通通信、教育文化娱乐、医疗保健、居住、食品烟酒五大类分别比上年同期上涨4.2%、1.3%、0.8%、0.7%和0.5%；衣着、其他用品及服务、生活用品及服务三大类分别比上年同期下降1.4%、0.6%和0.2%。

（三）农村CPI涨幅高于全省城市和全国平均水平

2020年1~10月，河北省农村CPI涨幅比全省城市CPI涨幅（0.7%）高0.3个百分点，比全国平均水平（0.7%）高0.3个百分点。

（四）能源代替食品成为影响农村CPI上行的主要因素

2021年1~10月，受汽油、柴油价格上涨影响，河北省能源价格由2020年同期的下降5.4%转为上涨7.3%，拉动CPI上涨0.59个百分点，占农村CPI总涨幅的近六成，成为影响农村CPI上涨的首要因素。而受猪肉价格大幅下降拉动影响，2021年1~10月，河北省农村食品价格上涨0.3%，涨幅比2020年同期低11.2个百分点，对CPI上涨的贡献率由上年的92.3%降为6.3%，拉升作用明显减弱。

二 河北省农村居民消费价格指数变动特征与影响因素分析

（一）食品类价格回落明显，细分类别普遍上涨

2021年1~10月，河北省农村食品价格平均上涨0.3%，而上年同期则是上涨11.5%。虽然2021年1~10月，河北省农村食品价格回落明显，但细分的14个类别中，除薯类、畜肉类、其他类食品3类价格下降外，其他11小类价格均上涨。主要食品中，随着生猪生产持续恢复，河北省生猪市场供应稳中有增，猪肉价格下降明显，由2020年同期同比上涨73.0%转为下降30.7%，影响农村CPI下降约0.65个百分点。猪肉价格从上拉主要因素转为下拉主要因素，是影响食品类价格乃至CPI涨幅回落的主要原因。受

供给减少及饲料成本上涨等因素影响，2020年1~10月，河北省淡水鱼价格平均上涨35.5%，涨幅比上年同期扩大32.0个百分点。受2020年鸡蛋价格偏低及饲料成本上涨影响，2021年河北省鸡蛋价格止跌回升，由2020年同期下降11.3%转为上涨15.6%。2021年，河北省鲜菜、鲜果价格分别上涨9.4%和1.9%，粮食价格上涨0.4%。

（二）服务价格逐季回升

2021年1~10月，河北省农村服务价格上涨0.7%，较上年同期回落0.4个百分点。受年初河北省内疫情影响，第一季度河北省服务价格同比持平。之后，随着全省统筹疫情防控和经济社会发展成果持续显现，河北省服务消费持续恢复，服务价格回升，第二、第三季度分别上涨0.7%和1.1%。其中，飞机票价格回升尤为明显，第一季度下降21.3%，第二季度上涨26.0%，第三季度上涨29.3%，1~10月平均上涨1.3%。河北省教育服务和医疗服务价格涨幅较为稳定，1~10月分别上涨1.6%和1.4%。

（三）工业品价格由负转正

2021年1~10月，河北省农村工业品价格由上年同期下降1.2%转为上涨1.7%，影响CPI上涨约0.61个百分点，占CPI总涨幅的六成多。受国际油价变动影响，河北省汽油和柴油价格分别由2020年同期下降13.5%和15.1%，转为上涨15.3%和16.9%。除能源外的工业品价格总体稳中略涨，2021年1~10月，河北省工业品平均上涨0.1%，其中，受原材料价格和消费需求影响，河北省电话机、厨房小家电、新能源小汽车、电视机及台式计算机价格分别上涨8.1%、4.4%、3.6%、3.4%和2.8%。

三 河北省农村居民消费价格指数走势预判

当前，国内统筹疫情防控和经济社会发展成果进一步巩固，内需复苏较为明显。但是，影响河北省农村后期CPI走势的因素较为复杂，多种不确定性因素依然存在，尤其是仍面临国外疫情复杂多变，国内疫情时有局部散发的严峻局势。从主要类别看后期 CPI 走势如下。

（一）食品价格

一是粮食价格稳定。2021 年，我国夏粮和早稻实现了双增产，秋粮总体长势较好，面积有所增加，为粮价稳定提供了保障。二是猪肉价格大幅上涨可能性较小。目前，全国能繁母猪数量和生猪存栏量均已恢复，生猪产能仍处于持续释放阶段，市场供强需弱的矛盾尚未有效缓解，价格大幅上涨的可能性较小。在粮食丰收、猪肉价格有望保持稳定的前提下，食品价格上涨空间不大。

（二）工业品价格

一方面，受国际大宗商品价格上涨影响，国内汽油、柴油价格上涨，相关行业生产成本增加；另一方面，国际航运价格居高不下，芯片产能紧张对部分行业的影响仍在继续，工业生产企业面临的成本压力不断增加，给工业品价格带来一定的上涨压力。

（三）服务价格

随着河北省疫情防控形势日益好转，服务需求逐渐恢复，服务价格将会有一定程度的回升，但在疫情防控常态化的形势下，居民消费心理与行为相对谨慎，服务价格大幅波动的可能性较小。

综合以上因素初步判断，在没有突发性新涨价因素影响的前提下，2022 年河北省农村 CPI 仍将保持温和上涨态势。

参考文献

王贵兰：《农村居民消费水平与农产品价格关系动态分析》，《价格理论与实践》2013 年第 5 期。

B.11
2021~2022年河北省农产品进出口贸易形势分析与预测

邵红岭 路 剑*

摘 要： 在新冠肺炎疫情仍在国际上扩散蔓延、国内零星散发，国内外形势依然严峻复杂的情况下，2021年1~10月，河北省农产品进出口贸易规模持续增长，出口增速加快，进口增速回落；贸易逆差增加，但增速大幅回落；农产品进出口贸易商品结构持续优化，农产品进出口市场仍较集中，农产品一般贸易方式进出口齐增。综合考虑疫情、国内外经济政策形势、农产品供求及国内外价差等因素，预计2022年，河北省农产品进出口贸易规模会继续扩大，贸易商品和市场更趋多元。在疫情防控常态化背景下，应增强农业产业链韧性、进一步推进农产品进出口贸易多元化发展和提升农产品进出口贸易数字化水平，以促进农产品进出口贸易高质量发展。

关键词： 农产品 进出口贸易 河北省

在世界经济逐步复苏、世界贸易强劲反弹、国际大宗农产品价格上升、国内经济恢复稳中加固向好、国内农业生产形势较好、政策利好及创新加快等因素综合作用下，2021年1~10月，河北省农产品贸易规模继续保持增长，贸易结构持续优化。但新冠肺炎疫情仍在国际上扩散蔓

---

* 邵红岭，河北农业大学经济管理学院副教授，主要研究方向为农产品国际贸易；路剑，河北农业大学经济管理学院教授，主要研究方向为农业经济与管理。

延、国内零星散发，国内外形势依然严峻复杂，河北省农产品贸易发展机遇与挑战并存。

一 2021年河北省农产品进出口贸易形势与特点

（一）农产品贸易规模持续扩大

2021年1~10月，河北省农产品（HS编码01~24章）进出口总额61.81亿美元，同比增长35.94%。其中，农产品出口额14.33亿美元，同比增长12.22%；农产品进口额47.48亿美元，同比增长45.20%。进口额的增长幅度远大于出口额的增长幅度。与2020年同期相比，农产品进出口总额的同比增长率上升了1.29个百分点，农产品出口额的同比增长率上升了7.55个百分点，农产品进口额的同比增长率下降了6.40个百分点。农产品贸易持续逆差，逆差额33.15亿美元，同比上涨66.33%，但逆差增长幅度较2020年同期下降了46.37个百分点。分月度看，2021年1~10月，河北省农产品出口额变动较为平稳；农产品进口额呈波动变化趋势，研究期内8月达到一个高峰（7.63亿美元），3月进口额最低（2.59亿美元）；农产品进出口总额的变动趋势和进口额的变动趋势基本一致；贸易差额也呈波动变化趋势，8月逆差最大，达到-6.15亿美元。分季度看，第一、第二、第三季度，河北省农产品进出口总额分别为13.16亿美元、19.30亿美元和24.39亿美元，同比分别增长7.08%、39.34%和69.28%，贸易规模逐季走高，增速也逐季走高（见图1）。

（二）农产品贸易商品结构持续优化

表1为2021年1~10月河北省出口额和进口额排名前10的农产品及与2020年同期相比的变化情况。就出口农产品来看，2021年1~10月，河北省出口较多的农产品为水果和坚果及其制品、蔬菜及其制品、肠衣等其他动物产品、糖及糖食、水海产品等，多为劳动密集型产品。与2020年同期相

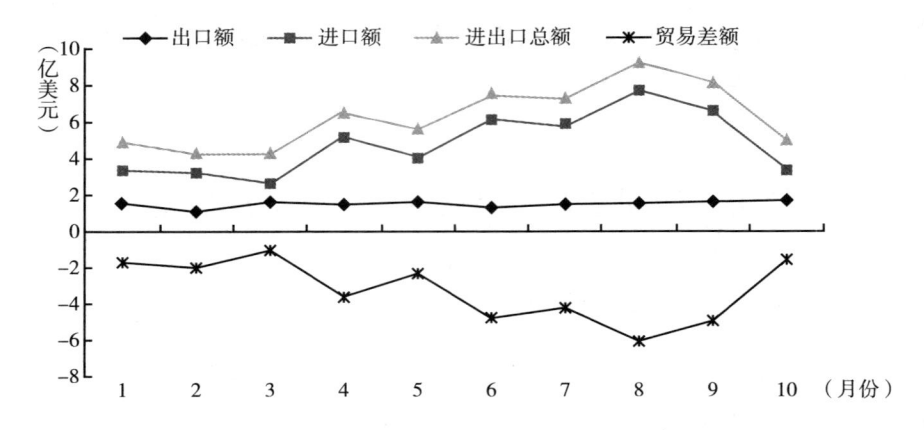

图 1　2021 年 1 月～10 月河北省农产品进出口变化情况

说明：此处农产品是指 HS 编码 1～24 章的产品（下同）。
资料来源：国研网统计数据库。

比，除了有些产品排名有所变动外，排名前 10 的农产品种类并没有变化。出口额前 10 名的 HS 编码 10 章农产品中 20 章、8 章、17 章、21 章和 15 章农产品出口额同比增长率与 2020 年同期相比出现不同程度的下降，而 7 章、5 章、3 章、16 章和 23 章农产品出口额同比增长率出现不同程度的上升。其中 7 章、3 章和 16 章的蔬菜和水海产品及其制品的出口额由 2020 年同期的负增长变为 2021 年 1～10 月的正增长，而 15 章农产品的出口额由正增长变为负增长。此外，除了 15 章农产品呈现贸易逆差，且逆差幅度大于 2020 年同期水平外，其余 9 章的农产品均呈现贸易顺差，其中除了 3 章和 17 章农产品贸易顺差幅度有所下降外，剩余 7 章农产品贸易顺差幅度均不同程度地高于 2020 年同期水平。排名前 5 的农产品的出口额占同期河北省农产品出口额的比重为 55.54%，略高于 2020 年同期的 54.97%。

就进口农产品来看，2021 年 1～10 月，河北省进口较多的农产品为含油子仁及果实等（主要是大豆）、动、植物油、脂，肉及食用杂碎，水海产品，谷物，糖及糖食，乳品等，多为土地密集型产品，其中大豆进口约占河北省农产品进口总额的 75.44%。与 2020 年同期相比，2021 年 1～10 月 13 章、22 章进入进口额排名前 10 的农产品，而 18 章、20 章退出前 10，排名前 5 的农产品的种类和排名均未发生变化。排名前10的农产品进口额同比均呈正向增长，但与2020年同期相比，12章、2章、17章、4章、7章农产品的进口额同比增长率出现不同程度的下降，而15章、3章、10章、22章农产品的进口额由2020年同期的负增长变为正增长，13章农产品进口额的同比增长率由2020年同期的21.62%上升至116.06%。排名前5的农产品的进口额占同期河北省农产品进口额的比重为90.79%，略高于2020年同期的90.12%。

由此可见，虽然河北省农产品贸易的商品结构不断优化，但进出口商品集中度仍较高，需进一步拓宽和加深。

表1　2021年1～10月河北省进、出口额排名前10的农产品

单位：%

排名	HS编码及对应出口农产品	同比变化	HS编码及对应进口农产品	同比变化
1	20（蔬菜、水果、坚果或植物其他部分的制品）	6.09	12（含油子仁及果实；杂项子仁及果实；工业用或药用植物；稻草、秸秆及饲料）	46.03
2	08（食用水果及坚果、柑橘属水果或甜瓜的果皮）	6.85	15（动、植物油、脂及其分解产品；精制的食用油脂；动、植物蜡）	58.82
3	07（食用蔬菜、根及块茎）	24.04	02（肉及食用杂碎）	40.12
4	05（其他动物产品）	32.56	03（鱼、甲壳动物、软体动物及其他水生无脊椎动物）	42.41
5	17（糖及糖食）	12.40	10（谷物）	36.26
6	03（鱼、甲壳动物、软体动物及其他水生无脊椎动物）	22.82	17（糖及糖食）	112.73
7	16（肉、鱼、甲壳动物、软体动物及其他水生无脊椎动物的制品）	20.65	13（虫胶；树胶、树脂及其他植物液、汁）	116.06
8	21（杂项食品）	11.95	04（乳品；蛋品；天然蜂蜜；其他食用动物产品）	33.68
9	23（食品工业的残渣及废料；配制的动物饲料）	35.21	22（饮料、酒及醋）	83.69
10	15（动、植物油、脂及其分解产品；精制的食用油脂；动、植物蜡）	-15.92	07（食用蔬菜、根及块茎）	30.14

资料来源：根据国研网统计数据库数据计算所得。

（三）农产品进出口市场仍较集中

2021年1~10月，河北省与各大洲的农产品贸易不均衡，且多呈逆差状态。拉丁美洲、亚洲和北美洲是河北省农产品贸易前三大区域，河北省与这三大洲的农产品进出口总额分别为28.87亿美元、14.40亿美元、11.45亿美元，三者占河北省农产品贸易总额的88.53%，而欧洲、非洲和大洋洲所占比重较小（见表2）。河北省对亚洲和欧洲的农产品贸易呈现顺差，对其他洲的农产品贸易均呈现逆差。

从河北省农产品出口市场结构来看，2021年1~10月，河北省对各大洲的农产品出口额呈现不同程度的全面增长，其中增长幅度最大的是对北美洲的农产品出口额，同比增长38.29%；增长幅度最小的是对大洋洲的农产品出口额，同比增长1.54%。从各洲的占比来看，河北省农产品出口主要集中于亚洲、欧洲和北美洲，对这三个洲的农产品出口额占河北省农产品出口总额的比重达到90.44%，较2020年同期水平上升了0.64个百分点；对亚洲的农产品出口额最多，所占比重达到62.74%，较2020年同期水平上升了0.66个百分点。对大洋洲的农产品出口额所占比重最小，为2.58%，较2020年同期水平下降了0.27个百分点。从出口的国别（地区）来看，2021年1~10月，河北省农产品前十大出口国家（地区）是东盟、日本、欧盟、韩国、美国、中国香港、中国台湾、加拿大、澳大利亚和墨西哥。除了对中国台湾和墨西哥的农产品出口额同比下降之外，对其他国家（地区）的农产品出口额出现不同程度的增长，其中增长幅度最大的是对美国的农产品出口额，同比增长47.52%。河北省对前十大出口国家（地区）的农产品出口额占河北省农产品出口总额的86.65%，较2020年同期水平上升了0.81个百分点；河北省对前五大出口国家（地区）的农产品出口额占河北省农产品出口总额的73.76%，相较于2020年的72.52%有所上升（见表3）。

从河北省农产品进口市场结构来看，2021年1~10月河北省来自各大洲的农产品进口额，除了大洋洲外，其余各洲呈现不同程度的增长，其中增长幅度最大的是来自北美洲的农产品进口额，同比增长了141.55%。从各洲的占比来看，河北省农产品进口来源地主要集中在拉丁美洲、北美洲和亚洲，从这三个洲进口的农产品占河北省农产品进口总额的92.20%，较2020年同期水平上升了1.40个百分点。来自拉丁美洲的农产品进口额最多，所占比重达到59.56%，低于2020年同期的66.40%。来自大洋洲的农产品进口额所占比重最低，为2.04%，较2020年同期水平下降了0.95个百分点。从进口的来源国别（地区）来看，2020年1~10月河北省农产品前十大进口来源国家（地区）是巴西、美国、印度、东盟、欧盟、阿根廷、塞内加尔、日本、澳大利亚和加拿大。除了来自澳大利亚的农产品进口额同比下降了6.04%外，来自其他国家（地区）的农产品进口额出现不同程度的增长，其中增长幅度最大的是来自美国的农产品进口额，同比增长了142.14%。河北省来自前五大进口来源国家（地区）的农产品进口额占河北省农产品进口总额的87.67%，略高于2020年同期的86.99%。

表2　2021年1~10月河北省农产品贸易区域分布

单位：亿美元，%

区域	贸易额			同比增长			所占比重	
	进出口总额	出口额	进口额	差额	出口额	进口额	出口额	进口额
亚洲	14.40	8.99	5.41	3.58	13.45	42.28	62.74	11.39
欧洲	4.01	2.61	1.40	1.21	2.26	65.19	18.21	2.95
北美洲	11.45	1.36	10.09	-8.73	38.29	141.55	9.49	21.25
拉丁美洲	28.87	0.59	28.28	-27.69	9.34	30.25	4.12	59.56
非洲	1.74	0.41	1.33	-0.92	2.41	12.47	2.86	2.80
大洋洲	1.34	0.37	0.97	-0.60	1.54	-0.75	2.58	2.04

资料来源：根据国研网统计数据库数据计算所得。

表3　2021年1~10月河北省农产品前十大出口市场和进口来源地情况

单位：%

排名	出口市场			进口来源地		
	国别（地区）	出口额同比增长	所占比重	国别（地区）	进口额同比增长	所占比重
1	东盟	11.63	21.66	巴西	29.71	56.09
2	日本	13.62	16.51	美国	142.14	20.20

续表

排名	出口市场			进口来源地		
	国别（地区）	出口额同比增长	所占比重	国别（地区）	进口额同比增长	所占比重
3	欧盟	4.29	16.50	印度	67.73	5.24
4	韩国	19.21	11.79	东盟	1.25	3.71
5	美国	47.52	7.30	欧盟	64.07	2.42
6	中国香港	20.91	4.34	阿根廷	67.20	1.70
7	中国台湾	-2.62	3.38	塞内加尔	8.39	1.64
8	加拿大	14.28	2.18	日本	109.44	1.63
9	澳大利亚	11.56	2.00	澳大利亚	-6.04	1.44
10	墨西哥	-10.21	0.99	加拿大	130.84	1.06

资料来源：根据国研网统计数据库数据计算所得。

（四）农产品一般贸易方式进出口齐增

农产品贸易以一般贸易方式为主。2021年1~10月，河北省一般贸易进出口农产品57.14亿美元，同比增长35.24%，略低于农产品整体进出口增速，占农产品进出口总额的92.44%，较2020年同期下降了0.84个百分点。其中，一般贸易出口13.34亿美元，同比增长12.67%；一般贸易进口43.80亿美元，同比增长43.32%。加工贸易进出口农产品4.13亿美元，同比增长87.20%，占农产品进出口总额的6.68%，较2020年同期增长了1.83个百分点。其中，加工贸易出口0.95亿美元，同比增长17.28%；加工贸易进口3.17亿美元，同比增长128.06%。就农产品出口贸易方式来看，2021年1~10月，一般贸易方式所占比重为93.06%，加工贸易所占比重为6.63%，两者均略高于2020年同期水平。就农产品进口贸易方式来看，2021年1~10月，一般贸易方式所占比重为92.26%，略低于2020年同期水平；加工贸易所占比重为6.69%，比2020年同期高出2.43个百分点（见表4）。无论是出口还是进口，加工贸易均以进料加工为主。出口加工贸易中，进料加工所占比重为96.17%；进口加工贸易中，进料加工所占比重为99.27%。

表4 2020年和2021年1～10月河北省农产品进出口贸易方式占比

单位：%

贸易方式	出口贸易方式占比		进口贸易方式占比	
	2021年1～10月	2020年1～10月	2021年1～10月	2020年1～10月
一般贸易	93.06	92.80	92.26	93.46
加工贸易	6.63	6.35	6.69	4.26
来料加工贸易	0.25	0.55	0.05	0.19
进料加工贸易	6.38	5.80	6.64	4.07
其他贸易	0.31	0.85	1.05	2.28

资料来源：根据国研网统计数据库数据计算所得。

二 影响河北省农产品进出口贸易发展的主要因素

（一）世界经济逐步复苏，但呈现不均衡态势

随着新冠肺炎疫苗的推出和推广、疫情防控期间被压缩的需求的释放以及各国刺激经济复苏政策的出台和实施，世界经济逐步回暖，但各经济体复苏程度不同，呈现不均衡态势。国际组织纷纷上调了世界经济增长预期。国际货币基金组织2021年10月发布的《世界经济展望》中预测2021年世界经济增速为5.9%，相较于7月的预测值下调了0.1个百分点。其中发达经济体经济将增长5.2%，相较于7月的预测值下调了0.4个百分点；新兴市场和发展中经济体经济将增长6.4%，相较于7月的预测值上调了0.1个百分点。世界银行2021年6月发布的《全球经济展望》中预测2021年世界经济增速为5.6%，比修订后的1月预测值上调了1.5个百分点。其中发达经济体经济将增长5.4%，新兴市场和发展中经济体经济将增长6.0%，低收入经济体经济将仅增长2.9%。因各国应对疫情的韧性各不相同，所以不同经济体经济出现不同程度的恢复性增长，这凸显了世界经济复苏的不均衡性。

（二）世界贸易强劲反弹，经贸摩擦形势趋于缓和

在2020年世界贸易衰退的低基数基础上，2021年世界贸易强劲反弹。

2021年10月4日，世界贸易组织发布的《贸易统计与展望》中预测2021年世界商品贸易量将增长10.8%，比其3月的预测值高2.8个百分点，但世界商品贸易反弹的地区差距较大。中东、南美洲和非洲的出口复苏最慢，而中东、独立国家联合体和非洲的进口复苏最慢。一些发展中经济体贸易增速远低于世界平均水平。

相比2020年，2021年的经贸摩擦形势整体有所缓和。2021年1~7月全球经贸摩擦指数呈先升后降的态势，只有3月处于高位，5月和7月处于低位，其余月份处于中位。2021年1月、2月和3月全球经贸摩擦指数高于2020年同期，说明与2020年同期相比，2021年1~3月全球经贸摩擦形势比较紧张。2021年4~7月全球经贸摩擦指数低于2020年同期水平，说明这几个月经贸摩擦形势趋于缓和（见图2）。

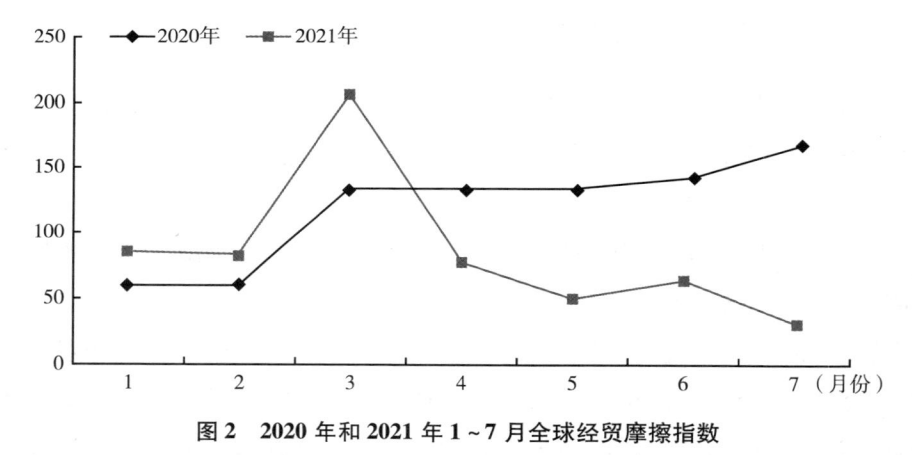

图2 2020年和2021年1~7月全球经贸摩擦指数

资料来源：贸易风险预警网，http://www.risk-info.com/list.aspx?id=52。

（三）农产品价格整体上升，国内外价格倒挂仍较明显

受供需复苏不平衡带来的供需矛盾突出、发达国家宽松货币政策以及农业投入成本上升等的影响，全球大宗农产品价格上涨。从2021年1~10月全球各类农产品价格指数的变动情况来看，肉类、奶类、谷物、植物油和食糖等农产品价格指数均呈波动上升态势（见图3）。与1月相比，10月肉

类、奶类、谷物、植物油和食糖价格指数分别上升了 16.8%、8.5%、9.7%、33.1%和 26.5%。2021 年 1~10 月，肉类、奶类、谷物、植物油和食糖价格指数的月度平均值与 2020 年同期相比分别上升了 11.6%、16.5%、28.4%、71.8%、37.9%。

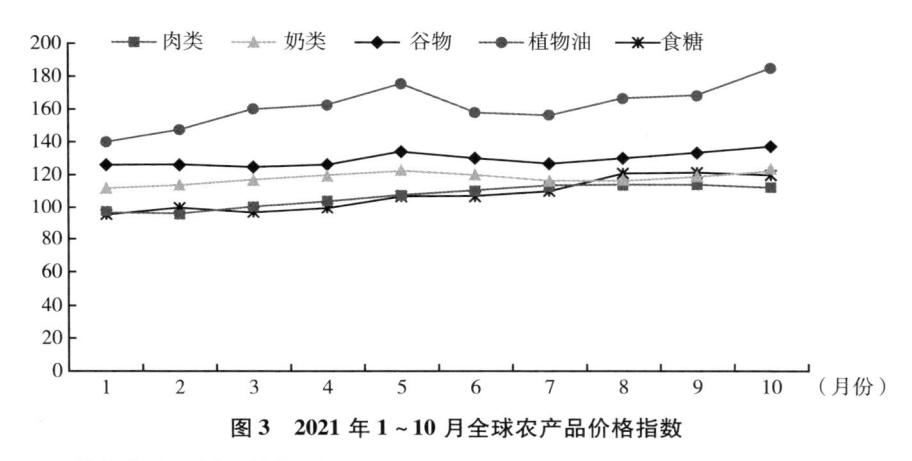

图 3　2021 年 1~10 月全球农产品价格指数

资料来源：联合国粮农组织。

从部分大宗农产品的国内和国际价格来看，2021 年 1~10 月，稻米、小麦、玉米、大豆、棉花和油料国内月度价格的平均值比 2020 年同期分别增长了 2.6%、5.1%、30.0%、17.1%、34.3%和 49.3%；小麦、玉米、大豆、棉花、油料和食糖国际月度价格的平均值比 2020 年同期分别增长了 25.5%、34.3%、37.9%、15.0%、54.3%和 30.5%。与 2020 年同期相比，部分大宗农产品国际国内价格差发生变化，2021 年 1~10 月，除了小麦和油料月度平均的国际国内价差为正外，其他几种农产品月度平均的国际国内价差均为负，国内外价格倒挂仍较明显。其中稻米和玉米月度平均的国际国内价差与 2020 年同期相比扩大了，大豆和食糖月度平均的国际国内价差与 2020 年同期相比缩小了，棉花月度平均的国际国内价差由 2020 年的正值变为负值（见表 5）。国际农产品价格上升，则国内农产品进口成本上升。国际国内价差扩大，农产品进口压力增大；国际国内价差缩小，进口农产品的价格优势降低，进口压力减弱。

表5 2021年1~10月部分大宗农产品国际国内价格差

	稻米(元/斤)		小麦(元/斤)		玉米(元/斤)		大豆(元/斤)		棉花(元/吨)		油料(元/斤)		食糖(元/吨)	
	2020年	2021年	2020年	2021年	2020年	2021年	2020年	2021年	2020年	2021年	2020年	2021年	2020年	2021年
1月	-0.21	-0.13	-0.51	-0.10	0.15	-0.36	-0.49	-0.82	999	-483	0.17	0.03	-1991	-1253
2月	-0.19	-0.10	-0.53	-0.11	0.10	-0.33	-0.62	-0.91	1067	-488	0.24	0.16	-1786	-1058
3月	-0.09	-0.13	-0.63	-0.13	0.08	-0.28	-0.75	-1.01	1552	-709	0.18	0.02	-2316	-1094
4月	0.19	-0.23	-0.91	-0.07	-0.21	-0.17	-1.20	-0.98	1999	-463	0.01	0.3	-2643	-1158
5月	0.10	-0.26	-0.73	0.02	-0.28	-0.13	-1.25	-0.67	1994	-602	0.08	0.65	-2359	-1231
6月	0.06	-0.31	-0.79	0	-0.29	-0.11	-1.15	-0.62	1782	-519	0.22	0.55	-2121	-1069
7月	-0.06	-0.50	-0.65	0.08	-0.30	0.04	-1.30	-0.67	1683	-1025	0.2	0.29	-2041	-1045
8月	-0.02	-0.54	-0.69	0.15	-0.35	-0.13	-1.22	-0.75	1345	-1163	0.18	0.46	-1794	-751
9月	-0.15	-0.54	-0.6	0.17	-0.26	-0.14	-0.99	-0.75	928	-1049	0.04	0.38	-2085	-660
10月	-0.29	-0.53	-0.45	0.23	-0.24	-0.07	-0.79	-0.80	255	-2132	-0.04	0.55	-1783	-716
平均	-0.07	-0.33	-0.65	0.02	-0.16	-0.17	-0.98	-0.80	1360	-863	0.13	0.34	-2092	-1004

资料来源：农业农村部：《2020年10月大宗农产品供需形势分析月报》和《2021年10月大宗农产品供需形势分析月报》。

（四）国内经济持续恢复，稳中加固向好

国内主要经济指标稳定复苏，经济持续恢复。国家统计局数据显示，2021年前三季度国内生产总值823131亿元，按可比价格计算，同比增长9.8%。前三季度第一产业增加值同比增长7.4%，第二产业增加值同比增长10.6%，第三产业增加值同比增长9.5%。前三季度社会消费品零售总额同比增长16.4%，全国固定资产投资（不含农户）同比增长7.3%，货物进出口总额同比增长22.7%，全国城镇新增就业1045万人。前三季度，全国居民人均可支配收入26265元，同比名义增长10.4%，实际增长9.7%。城镇居民人均可支配收入35946元，同比名义增长9.5%，实际增长8.7%；农村居民人均可支配收入13726元，同比名义增长11.6%，实际增长11.2%。城乡居民人均收入比值为2.62，同比缩小0.05。河北省统计局数据显示，前三季度河北省地区生产总值29060.7亿元，同比增长7.7%。第一产业增加值同比增长6.8%，第二产业增加值同比增长4.0%，第三产业增加值同比增长10.5%。前三季度全省社会消费品零售总额同比增长9.7%，全省固定资产投资（不含农户）同比增长0.4%，货物进出口总额同比增长26.9%，全省城镇新增就业80.7万人。前三季度，全省居民人均可支配收入21643元，同比名义增长9.3%，实际增长8.7%。城镇居民人均可支配收入29274元，同比名义增长7.6%，实际增长7.0%；农村居民人均可支配收入13716元，同比名义增长11.6%，实际增长10.6%。城乡居民人均收入比值为2.13，同比缩小0.08。国内经济呈现稳中加固、稳中向好的态势，为农产品贸易的发展创造了良好的内部环境。

（五）省内农业生产形势较好，农业产业化水平持续提升

河北省统计局数据显示，前三季度，河北省农林牧渔业总产值为4184.3亿元，同比增长8.1%，除了林业产值同比下降外，农业、牧业、

渔业和农林牧渔服务业产值均出现不同程度的增长。蔬菜、果品、畜牧三大支柱产业稳中有增，其产值占农林牧渔业总产值的73.7%。具有比较优势的蔬菜产量同比增长1.4%，水果产量同比增长1.3%。2021年上半年，河北省农业产业化经营总量3011.8亿元，同比增长6.8%；农业龙头经营组织3042个，同比增长0.6%，农业龙头经营组织销售额2220.6亿元，同比增长8.5%；农业龙头企业（集团）2822个，同比增长1.3%，农业龙头企业销售额2029.9亿元，同比增长10.5%。农业产业化水平的持续提升，有利于提高农业产业链的安全性及农产品贸易的韧性。

（六）政策利好支持，创新步伐加快

2021年，河北省出台了多项支农和促进对外贸易发展的政策措施。河北省农业农村厅发布了2021年重点支农政策，共涉及直接政策性补贴、支持新型经营主体发展、支持农业产业发展、农业资源保护及新能源利用、高标准农田建设等9大方面55项内容。2021年9月，河北省农业农村厅印发《河北省2021年绿色食品、有机农产品和农产品地理标志推进工作方案》，以增加绿色优质农产品供给。2021年1月，河北省人民政府办公厅印发《河北省推进对外贸易创新发展的若干措施》，提出10个方面32条推进对外贸易创新发展的具体措施。2021年10月，河北省人民政府办公厅印发《关于加快发展外贸新业态新模式的实施意见》，提出推动外贸新业态新模式发展的7个方面28条措施。2021年9月，河北省农业农村厅印发《关于开展2021年度省级农业国际贸易高质量发展基地、先行区创建工作的通知》，聚焦省级农业国际贸易高质量发展基地、先行区的创建，示范引领河北省农产品贸易转型升级。各项政策措施的出台，有利于提振市场信心，为农产品贸易的发展提供有力的支撑。

为推动对外贸易发展，河北省政府和企业持续推进线上线下融合发展、产业数字化与贸易数字化融合发展、新业态新模式融合发展，开展一系列创新实践。在跨境电商领域，加快省内跨境电商综试区的建设以及跨境电商零

售进口试点城市的发展，已建成数字化综合服务平台23个、数字化跨境电商园区18个、公共海外仓40个、境外品牌展示中心10个。跨境电商在优质农产品进出口、倒逼农产品供应链转型和促进农产品贸易便利化等方面不断释放新动能。

三 2022年河北省农产品进出口贸易形势展望

在世界经济稳定复苏的同时，新冠肺炎疫情仍在全球蔓延，疫情对世界经济贸易的不确定性影响仍然存在。2022年世界经济有望延续复苏态势，国际货币基金组织预测2022年世界经济增长4.9%，但存在相当大的不确定性。世界贸易组织预测2022年全球货物贸易增长4.7%，贸易增长面临的最大总体下行风险是新冠肺炎疫情。国内外环境依然复杂严峻，但中国发展仍然处于重要战略机遇期，新兴科技与国内经济加速融合，数字化和绿色转型步伐加快。国际货币基金组织预测2022年中国经济增速为5.6%。中国经济长期向好的基本面没有改变。

2022年河北省农产品进出口贸易规模有望继续扩大，贸易商品和市场更趋多元。农产品出口方面，随着农业由增产导向向提质导向转变，绿色、优质、安全农产品的生产和供给将不断增加，出口农产品质量将不断提升；蔬菜、水果和水海产品等传统优势农产品的出口将保持增长。其中蔬菜出口品种将更加多样化，出口优势将进一步增强；水果产业不断升级，品种结构逐渐优化，高质量水果供给量和出口量将增加；受疫情影响，水产品出口将呈波动变化趋势。农产品进口方面，随着疫情防控的常态化以及全球通货膨胀的升温，一些国家的货币政策有收紧的趋势，部分大宗农产品价格或将重拾下降趋势，来自外部的进口压力或将增大。部分大宗农产品国内外价差持续存在，进口将继续增加。随着居民收入水平不断提高和居民消费结构的不断升级，居民对高端、特色、便捷、营养健康的优质农产品的进口需求将扩大，进口品种将更加丰富。此外，农产品贸易新业态、新模式将不断涌现并快速发展。

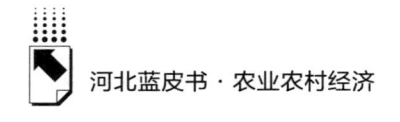

四 河北省农产品进出口贸易发展的对策建议

在国内外形势依然严峻复杂的情况下，需在巩固农产品贸易传统优势的基础上，培育竞争新优势，开拓更大范围、更宽领域、更深层次的农产品贸易发展空间，提高农产品贸易韧性，推进农产品贸易高质量发展。

（一）增强农业产业链韧性

增强农业产业链韧性，提高农业产业链抗风险能力，对推动农产品贸易畅通至关重要。一是推进农业全产业链发展，这是加大农业产业链韧性的重要基础。要立足省内各区域经济发展实际，制定农业全产业链发展规划并统筹布局实施。强化创新驱动，瞄准国际标准，创新农业产业链的组织方式，并从源头开始加快产业链各环节关键核心技术的突破和积累。搭建公共平台，为产业链各环节有机衔接、协同联动提供技术、信息等服务。对不同新型农业生产经营主体进行分类培育，提升其韧性。二是开展跨国农业产业链合作。基于农业资源和技术的互补性，在一些国家布局境外农业合作示范区，以此为平台，鼓励省内涉农企业集团"走出去"。同时，扩大引入农产品加工业较发达国家相关领域的优秀企业和技术，以助力本土农业实现高质高效。建立跨国农业产业链合作的配套政策支撑体系，以减少政策不确定性给跨国农业合作企业带来的风险。建立"引进来"和"走出去"服务保障体系，搭建公共信息服务平台、建立项目库、建立农业国际合作风险预警与控制体系等，为跨国农业产业链合作提供有力支撑。不断拓展合作领域，深化合作内容，探索多种合作模式，共同推动农产品贸易的发展。

（二）进一步推进农产品贸易多元化发展

首先要进一步推进贸易商品的多元化。一是积极开拓适应国际市场需求的高质量新优势品种，扩大适应国内需求的优质农产品进口种类；二是积极推进农业国际贸易高质量发展基地、先行区建设，提高农产品精深加工水平，在现有品种上进行工艺创新，开发不同的产品系列，延长产业链条；三是加强农产品品牌建设，并通过举办和参加国际展会，不断提升出口农产品品牌国际影响力。其次要进一步推进贸易市场的多元化。借助共建"一带一路"平台和以《区域全面经济伙伴关系协定》签署为契机，在巩固现有市场的基础上，拓展农产品贸易市场范围。同时，加强贸易市场信息平台的建设，加大对举办、参加国际展会的支持力度，为企业开拓新的国际市场提供便利条件。最后要进一步推进贸易方式的多元化，在做强一般贸易的基础上，提升加工贸易，并协调两者的互补能动作用。同时要发展和探索其他贸易方式尤其是一些新型贸易方式。

（三）提升农产品贸易数字化水平

一是支持运用数字技术和数字工具赋能农产品贸易发展。搭建云展会、云招商、云洽谈等线上平台，开展线上展销、直播带货，为河北省优势农产品走出国门和境外优势农产品的进入创造市场机遇。进一步推动农业产业和跨境电商的创新融合，加快培育农产品海外仓，突破贸易壁垒，拉动农产品贸易增长。完善国际贸易"单一窗口"功能，推动通关智能化，提升跨境农产品贸易的便利化水平。二是引导和推动传统农产品贸易企业数字化转型。运用数字技术和数字工具，推动企业管理模式、运营模式、营销模式的创新以及产品和服务的创新，提升企业的竞争力。运用数字技术积极探索和发展多种新业态融合发展的新模式，加强贸易数字化服务商与外贸企业的对接，促进更多的中小微企业数字化转型，培育外贸竞争新优势。三是完善政策保障体系。对农产品贸易数字化发展，加大财政资金和金融保险方面的支持力度，提供税收优惠。创新监管方式，加强风险防控。强化基础设施保障，如推进数字化服务平台的建设、国际互联网数据专用通道的开展、跨境邮件和快件处理服务网络的完善、适合跨境电商农产品贸易特点的国际物流仓储体系的培育等。加强校企合作，培养相关领域的专业人才。支持符合条件的银行或支付机构为农产品贸易新业态新模式企业提供便捷的跨境支付。

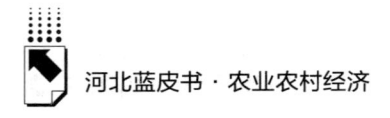

参考文献

"Global Recovery Continues, but the Momentum has Weakened and Uncertainty has Increased", https://www.imf.org/en/Publications/WEO/Issues/2021/10/12/world-economic-outlook-october-2021。

"Global Trade Rebound Beats Expectations but Marked by Regional Divergences", World Trade Organization, 4 October 2011, https://www.wto.org/english/news_e/pres21_e/pr889_e.htm。

《中国对外贸易形势报告（2021年秋季）》，商务部网站，http://www.mofcom.gov.cn/article/gzyb/。

《多领域多平台齐发力 河北省积极构建数字商务发展新格局》，河北新闻网，2021年9月6日，http://hebei.hebnews.cn/2021-09/06/content_8609537.htm。

杨玥：《发展农业全产业链 打造乡村产业"升级版"》，《农民日报》2021年9月4日。

《河北省人民政府办公厅关于加快发展外贸新业态新模式的实施意见》，河北省人民政府网，2021年10月15日，http://info.hebei.gov.cn/eportal/ui?pageId=6806152&articleKey=6982302&columnId=6806589。

专题研究

Special Reports

B.12 河北省深入推进农业供给侧结构性改革的基本形势与总体路径研究

张 波*

摘 要： 河北省农业供给侧结构性改革面临资源环境承载压力高、农业全要素生产率低的双重困难，核心是实现粗放型资源型农业向集约型精细化农业转变。全省第一产业内部依次形成畜牧、蔬菜、粮食、果品四大主导产业，畜牧和蔬菜是具有较强规模优势的两大产业，粮食和果品的规模优势不明显。畜牧业中，生猪、禽蛋、肉牛、肉羊是四大主导产业，但生猪的规模优势不足，奶产品规模优势明显但产值总量偏低；蔬菜园艺业中，蔬菜、食用菌产业在全国具有较强的规模优势；粮食产业中，亩均产值低于全国平均水平，生产效益有待提升；果品业是河北省四大农业主导产业中最为薄弱的产业，不具规模优势。针对种植业和养殖业两类典型农户的

---

* 张波，河北省社会科学院农村经济研究所所长、研究员，主要研究方向为农村经济发展、城乡融合发展。

调查结果显示，河北省农业产业结构呈现主次兼顾的多元化特征，农业产业生产经营状态基本稳定，农户收入和产业增长预期普遍保守，农业生产经营体系有待健全。进入新发展阶段，河北省自身经济发展水平、区位条件和资源禀赋条件对农业供给侧结构性带来深刻影响，全省应继续巩固提升农业供给侧结构性改革成果，坚持质量导向、绿色导向、创新导向，纵深推进农业结构调整，在确保供给能力的基础上大幅提高农业发展质量和效益。

关键词： 农业供给侧结构性改革　农业产业结构　河北省

经过改革开放后多年的高速增长，我国农业发展的重点由总量增长转为结构优化、质量提升。2015年中央农村工作会议首次提出，要着力加强农业供给侧结构性改革，提高农业供给体系质量和效率，进而达到农产品供给数量充足、品种和质量契合消费者需要这一更高水平的发展目标。2021年中央一号文件进一步提出"深入推进农业供给侧结构性改革"，明确了"十四五"时期农业农村发展的主要任务。

为深入贯彻落实中央关于农业供给侧结构性改革的总体要求，河北省委、省政府制定了《河北省农业供给侧结构性改革三年行动计划（2018—2020年）》，重点发展科技农业、绿色农业、品牌农业和质量农业，到2020年底基本形成科技高端、标准高端、品质高端、品牌高端的现代农业发展新格局。结合最新统计数据，全面分析河北省农业产业结构发展现状及与全国主要地区对比情况，科学把握全省农业结构特征，提出"十四五"时期深入优化调整的总体方向。

一　河北省农业供给侧结构性改革的基本现状

河北是农业大省、粮食主产省，肉、禽、蛋、奶、菜等主要农产品产量在全国排名前列。但与此同时，全省农业生产结构尚未达到最优，农业发展质量和效益有待进一步提升。

（一）河北省第一产业要素生产率分析

人力、土地和化肥等其他投入品是农业生产最直接的要素投入，其要素生产效率直接反映农业的总体竞争力。

2019年，河北省第一产业增加值为6061.5亿元，低于山东、河南、四川、江苏、广东、湖北、湖南7个省份，在全国排第8位，占地区生产总值的比重为10%，高于全国平均水平2.9个百分点，第一产业从业人员占比30%，高于全国平均水平4.9个百分点。第一产业从业人员占比大幅超过全国平均水平，表明河北省农业生产效率仍然大幅低于全国平均水平。全省深入推进农业供给侧结构性改革，在关注农业质量效益的同时要关注农业的生产率和总量供给。

2019年，河北省农用化肥使用量占全国的5.5%，高于第一产业增加值占全国第一产业增加值的比重0.6个百分点，第一产业单位产值使用的化肥农药强度高于全国平均水平，农业绿色增效任务依然较重。

土地资源是农业生产最根本的要素。2017年，河北省农用地数量为13064.4千公顷，其中耕地占比达到50%、园地占比达到6%，分别超过全国平均水平29个百分点和4个百分点。林地和草地占比均低于全国平均水平，全省农用地大部分用于粮食和蔬菜生产，用于林木、草场的农用地数量较少，农业土地利用强度高于全国平均水平（见表1）。

表1 2019年河北及全国粮食主产区农用地情况

单位：千公顷，%

地区	农用地数量	农用地结构				
		耕地	园地	林地	草地	其他
全　国	644863.6	21	2	39	34	4
河　北	13064.4	50	6	35	3	5
内蒙古	82880.6	11	0	28	60	1
吉　林	16592.6	42	0	53	1	3

续表

地区	农用地数量	农用地结构				
		耕地	园地	林地	草地	其他
黑龙江	39912.7	40	0	55	3	3
辽宁	11533.1	43	4	49	0	4
安徽	11121.9	53	3	34	0	11
江西	14411.5	21	2	72	0	5
山东	11486.1	66	6	13	0	15
河南	12655.7	64	2	27	0	7
湖北	15729.6	33	3	55	0	9
湖南	18166.6	23	4	67	0	6
江苏	6470.4	71	5	4	0	21
四川	42133.2	16	2	53	26	4

资料来源：《中国农村统计年鉴（2020）》。

（二）河北省第一产业总体结构分析

第一产业内部农业、林业、牧业、渔业产值和占比情况反映了总体的产业结构。2019年，河北省农林牧渔业总产值中，农业和牧业是最主要的两个产业，农业产值3114.9亿元，居全国第8位，占农林牧渔业总产值比重达到51%，低于全国总体水平2个百分点。农业在河北省第一产业中具有一定的总量优势，但是受土地资源规模和开发强度的制约，后期依靠规模扩张与强度提升的潜力比较有限。牧业产值2035.4亿元，居全国第4位，落后于四川、山东、河南，牧业产值占农林牧渔业总产值比重为34%，低于吉林和内蒙古，与四川省持平，高出全国总体水平7个百分点。牧业在河北省第一产业发展中的地位和作用十分重要，总体规模在全国具有一定的优势。河北省林业、渔业产值占第一产业产值比重均为4%，分别低于全国平均水平1个百分点和6个百分点，在总量和比重上都不具优势（见表2）。事实上，受资源禀赋制约，这两大产业发展的重点不是规模扩张，而应是质量提升。

表2 2019年河北及全国粮食主产区第一产业结构

单位：亿元，%

	产值					产值结构			
	农林牧渔业	农业	林业	牧业	渔业	农业	林业	牧业	渔业
全国	123967.9	66066.5	5775.7	33064.3	12572.4	53	5	27	10
河北	6061.5	3114.9	231.4	2035.4	212.5	51	4	34	4
内蒙古	3176.3	1606.3	100.9	1390.5	27.8	51	3	44	1
辽宁	4368.2	1912.0	117.4	1479.5	669.6	44	3	34	15
吉林	2442.7	1014.1	68.1	1239.6	40.1	42	3	51	2
黑龙江	5930.0	3774.5	193.9	1671.8	123.1	64	3	28	2
江苏	7503.2	3828.6	162.0	1213.0	1741.0	51	2	16	23
安徽	5162.1	2365.4	351.3	1628.9	521.3	46	7	32	10
江西	3481.3	1624.3	342.8	888.9	476.5	47	10	26	14
山东	9671.7	4914.4	197.7	2412.1	1397.4	51	2	25	14
河南	8541.8	5408.6	140.5	2316.5	118.5	63	2	27	1
湖北	6681.9	3257.9	258.5	1521.5	1152.7	49	4	23	17
湖南	6405.1	3052.1	430.7	2003.1	441.8	48	7	31	7
四川	7889.3	4395.0	372.8	2647.9	263.5	56	5	34	3

资料来源：《中国农村统计年鉴（2020）》。

2008年以来，河北省大力发展畜牧、蔬菜、果品三大特色产业。2019年，河北省畜牧、蔬菜、果品三大产业产值分别为2035.4亿元、1223.7亿元和542.4亿元，占全省第一产业产值的比重分别为34%、20%、9%，总占比为63%，其中，畜牧、蔬菜产业产值已经超过了粮食产业，成为河北省最重要的农业产业。

（三）河北省农业内部主要产业结构分析

农业内部产业结构反映不同种植作物在农业经济中的地位。2019年，河北省谷物、蔬菜园艺、水果、中药材四大类种植作物在农业产值中的比重分别为34%、44%、17%和5%，蔬菜园艺已经超过谷物，成为全省种植业中的第一产业。与全国相比，蔬菜园艺产值占比高于全国平均水平6个百分点，谷物产值占比、水果产值占比均低于全国平均水平，中药材产值占比与全国平均水平持平（见表3）。河北省种植业不同类型产业中，蔬菜园艺产业在全国处于优势地位且发展形势较好，中药材产业与全国平均水平基本一致，谷物、水果产业发展在全国不具规模优势。与此同时，蔬菜园艺产业中，蔬菜产业产值和食用菌产业产值占农业产值的比重分别为39%和4%，分别高于全国平均水平6个百分点和1个百分点，具有较强的规模优势。

表3 2019年全国粮食主产省农业产值及结构

单位：亿元，%

地区	农业分项产值				农业分项产值占比			
	谷物及其他作物*	蔬菜园艺	水果、坚果、饮料和香料作物**	中药材	谷物及其他作物*	蔬菜园艺	水果、坚果、饮料和香料作物**	中药材
全 国	23005.6	25412.5	14537.9	3091.2	35	38	22	5
河 北	1044.1	1374.3	542.4	154.1	34	44	17	5
内蒙古	1219.1	274.0	79.9	33.3	76	17	5	2
辽 宁	573.1	931.6	402.4	5.0	30	49	21	0
吉 林	781.3	150.6	50.2	32.0	77	15	5	3
黑龙江	2191.7	1056.4	136.3	390.1	58	28	4	10
江 苏	1295.1	2051.1	469.0	13.4	34	54	12	0
安 徽	1275.7	729.9	296.7	63.1	54	31	13	3
江 西	718.8	540.6	341.8	23.0	44	33	21	1
山 东	1792.8	1801.0	1242.8	77.9	36	37	25	2
河 南	2060.5	1924.1	1127.4	296.5	38	36	21	5
湖 北	998.2	1605.2	539.3	115.2	31	49	17	4
湖 南	1056.1	1350.6	459.8	185.6	35	44	15	6
四 川	1367.3	1927.6	1017.7	82.5	31	44	23	2

注：*简称"谷物"，**简称"水果"。

从播种面积看，2019年，河北省主要农作物播种面积构成中，粮食、棉花、油料、蔬菜播种面积占比分别达到79.5%、2.5%、4.5%、9.8%，其中粮食和棉花播种面积占比分别高于全国平均水平9.6个百分点和0.5个百分点，油料和蔬菜播种面积占比分别低于全国平均水平3.3个百分点和3.8个百分点。蔬菜作为河北省具有一定总量优势的农业产业，其规模优势还没有完全释放,未来应进一步优化调整粮食播种面积、控制棉花播种面积,新增播种面积主要向经济效益较高且具备一定规模的蔬菜、油料倾斜。

从粮食产业看,党的十八大以后,我国提出"谷物基本自给、口粮绝对安全"的粮食安全观,明确了粮食内部结构平衡与优化的基本要求。2019年,河北省谷物单位面积产量为5826.7公斤/公顷,低于全国平均水平。其中,河北省小麦单位面积产量达到6297.4公斤/公顷,大幅高于全国平均水平,稻谷、玉米单位面积产量分别为6223.8公斤/公顷、5829.0公斤/公顷,分别为全国平均水平的88%和92%。与此同时,同全国主要产粮大省相比,河北省的小麦单产低于山东、河南,仍有提升空间;玉米单产远低于东北地区,也不及山东、河南,提升的空间更大(见表4)。玉米、小麦是河北省最重要、最适宜种植的粮食作物,保障全省粮食供给能力要在稳步提高小麦单产的同时,进一步提高玉米单产能力。

表4 2019年全国及粮食主产区谷物单位面积产量

单位:公斤/公顷

地区	谷物	稻谷	小麦	玉米
全 国	6272.0	7059.2	5630.4	6316.7
河 北	5826.7	6223.8	6297.4	5829.0
内蒙古	6353.9	8472.4	3395.3	7209.0
辽 宁	7192.0	8574.5	5775.0	7044.6
吉 林	7257.2	7819.8	3775.5	7217.0
黑龙江	6786.3	6986.0	3643.1	6706.5
江 苏	7111.0	8971.5	5613.8	6169.2
安 徽	6006.6	6496.5	5843.2	5372.5
江 西	6071.1	6121.3	2111.1	4258.1
山 东	6503.1	8709.0	6379.5	6594.5
河 南	6404.7	8311.7	6556.9	5912.1
湖 北	6375.6	8208.4	3838.7	4222.7
湖 南	6642.8	6774.5	3370.6	5698.4
四 川	6336.1	7860.0	4028.2	5760.0

从单位面积产值看,2019年,河北省粮食、棉花、糖料亩均产值分别为911元、1420元、1598元,分别低于全国平均水平87元、146元和1196

元，蔬菜亩均产值为10236元，高于全国平均水平3299元（见表5）。粮食、蔬菜是河北省最重要的两个农业种植业产业。河北省粮食亩均产值不仅低于全国平均水平，也低于北方主要产粮大省，在亩均粮食产量略高于全国平均水平的条件下，提升粮食作物的品质是提高河北省粮食产值的关键。相比全国，蔬菜是河北省具有较强比较优势的产业。

表5 2019年河北及全国主要产量地区重要农产品亩均产值

单位：元

地区	粮食	棉花	油料	糖料	蔬菜
全 国	998	1566	1092	2794	6937
河 北	911	1420	1149	1598	10236
内蒙古	914	—	993	1822	8593
辽 宁	946	—	1007	4110	19173
吉 林	849	—	1277	—	6920
黑龙江	998	—	2482	1444	15337
江 苏	1420	1344	1655	—	8337
安 徽	1003	1518	1356	—	6456
江 西	1069	755	724	9016	5112
山 东	947	3797	1324	—	7725
河 南	931	476	1603	—	5969
湖 北	1099	991	913	7335	7512
湖 南	1177	595	789	3447	6592
四 川	1167	—	1036	3095	8485

（四）河北省牧业内部产业结构分析

2019年，河北省牲畜饲养、生猪饲养、家禽饲养三大产业产值占牧业产值的比重分别为34%、36%、24%，牲畜饲养高于全国平均水平7个百分点，生猪饲养、家禽饲养分别低于全国平均水平4个百分点和5个百分点，牲畜饲养产业在全国具备较强的规模和总量优势。2019年，牧业主要品种中，肉牛、肉羊、奶产品、生猪、肉禽、禽蛋产值占牧业产值的比重分别为15%、11%、7%、36%、7%、17%，其中，肉牛、肉羊、奶产品、禽蛋分别超过全国平均水平2个百分点、2个百分点、3个百分点和6个百分点，生猪、肉禽分别低于全国平均水平4个百分点、11个百分点，肉牛、肉羊、奶产品、禽蛋在全国具有较强的规模优势，这四类产业也是河北省牧业中仅次于生猪的重要产业（见表6）。

表6　2019年全国部分地区牧业产值及结构

单位：%

地区	牲畜饲养				生猪饲养	家禽饲养			狩猎和捕猎动物	其他畜牧业
		肉牛	肉羊	奶产品			肉禽	禽蛋		
全国	27	13	9	4	40	29	18	11	0	4
北京	40	12	5	21	12	47	21	26	0	1
天津	36	16	3	17	40	25	10	15	0	0
河北	34	15	11	7	36	24	7	17	0	6
山西	35	11	14	8	35	28	7	21	0	1
内蒙古	82	21	43	14	10	8	3	5	0	0
辽宁	33	19	5	5	20	46	32	13	0	1
吉林	41	36	4	1	27	30	18	12	0	3
黑龙江	47	27	8	11	30	21	15	6	0	2
上海	33	0	4	29	52	15	5	6	0	0
江苏	8	1	5	2	36	47	24	23	0	9
浙江	7	1	4	2	55	24	15	9	1	13
安徽	14	4	8	1	46	34	22	13	0	5
福建	6	2	2	2	36	55	47	8	0	2
江西	7	5	1	0	51	38	28	10	0	3
山东	21	9	6	5	32	40	21	19	0	8
河南	26	13	9	3	46	27	10	17	0	2
湖北	15	9	6	0	59	26	13	12	0	1
湖南	8	4	4	0	69	20	10	11	1	2
广东	3	1	1	1	48	41	37	3	0	8
广西	9	8	1	0	39	36	34	2	0	15
海南	13	11	3	0	43	43	41	2	0	1
重庆	14	8	6	0	53	28	21	8	0	4
四川	15	7	6	1	44	38	23	15	0	3
贵州	28	21	7	0	49	22	19	4	0	0
云南	31	21	8	1	54	13	10	3	0	2
西藏	94	55	17	16	2	1	1	1	0	1
陕西	38	10	14	12	42	16	7	9	0	4
甘肃	66	31	26	6	27	7	3	4	0	1

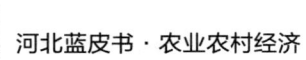

续表

地区	牲畜饲养	肉牛	肉羊	奶产品	生猪饲养	家禽饲养	肉禽	禽蛋	狩猎和捕猎动物	其他畜牧业
青海	90	38	38	13	8	1	1	1	0	1
宁夏	79	23	23	31	11	10	4	6	0	0
新疆	75	24	30	14	14	9	4	5	0	3

资料来源：《中国农村统计年鉴（2020）》。

综合上述分析，河北省第一产业中依次形成畜牧、蔬菜、粮食、果品四大主导产业，畜牧和蔬菜是具有较强规模优势的两大产业，粮食和果品的规模优势不明显。畜牧业中，生猪、禽蛋、肉牛、肉羊是四大主导产业，但生猪的规模优势不足，奶产品规模优势明显但产值总量偏低；蔬菜园艺中，除蔬菜外，食用菌产业在全国也具有较强的规模优势；粮食产业亩均产值低于全国平均水平，生产效益有待提升；果品业是河北省四大农业主导产业中最为薄弱的产业，在全国不具规模优势。

二 河北省农业供给侧结构性改革典型农户调查分析

2021年10月，省社科院与国家统计局河北调查总队共同开展了不同类型农户的问卷调查，重点了解了典型农户对乡村振兴尤其是乡村产业振兴的需求情况。此次调查在全省选取了种植业户465户、养殖业户468户，被调查对象平均年龄51岁，初中以下文化程度占65%。被调查对象中，种植业户户均耕地规模180亩、户均年收入10.8万元（其中来自种植业收入8.6万元）、户均自有耕地10.5亩，户均缺乏资金11.7万元，每户缺乏劳动力2.7人，土地流转费用每亩502元，从业年限8年以上；养殖业户均年收入18万元（其中来自畜产品收入15.6万元），户均缺乏资金14万元，每户缺乏劳动力0.5人，从业年限10年以上。统计分析显示，两类农户调查对象属于比较典型的专业户，是农业供给侧结构性改革重要的推进主体。

（一）农业产业结构主次兼顾的多元化特征

调查显示，种植业户主要种植作物依次为小麦、玉米、蔬菜、其他品种、果树、中药材、苗木花卉和蘑菇，其中，主要种植小麦、玉米的农户达到76.56%，蔬菜种植户占比达到18.92%，果树种植户占比为9.89%，粮食、蔬菜、果品是全省种植业最主要的三大产业，以粮食种植为主的农户占绝大多数。养殖业户主要养殖品种依次为猪、羊、鸡和牛，上述四类养殖户占比分别为37.82%、26.71%、21.58%和18.16%，全省畜牧养殖呈现"一主三副"四元化的结构特征。

（二）农业产业生产经营状态基本稳定

调查显示，58.17%的种植业户认为自己处于盈利状态，认为盈亏持平的为32.90%，仅有8.39%的农户反映自己处于亏损状态。42.52%的养殖业户认为自己处于盈利状态，29.49%的农户认为自己处于盈亏持平状态，仍有27.99%的养殖业户表示自己处于亏损状态。虽然养殖业户户均收入水平较高，但养殖业经营风险以及由此带来的经营收益分化更为明显，生产经营的波动性更大。在生产经营资金调查中，48.60%的种植业户认为自己缺少经营资金，51.40%的养殖业户认为自己缺少经营资金。在农业生产经营中，养殖业户的生产投资相对较多，种植业户对劳动力特别是季节性劳动力需求较大。

调查显示，87.96%的种植业户认为农产品销售是便利的，自家农产品销售的主要渠道是商贩上门收购和自己到市场销售，两项占比分别为68.17%和21.29%，以订单销售、合作社销售、电商销售作为主要渠道的占比分别为4.09%、4.09%和0.65%。90.60%的养殖业户认为畜产品销售是便利的，83.90%的养殖业户主要销售渠道是商贩上门收购，其次是订单销售和自行到市场销售，占比分别为6.20%和5.98%。目前，全省农业产业户的农产品销售情况整体良好，但销售方式仍然单一、分散且传统，高附加值、凸显品牌效应、组团销售的渠道和方式尚未真正确立，农户无法充分享受批发零售环节的一系列增值收益。

（三）收入和产业增长预期普遍保守

调查显示，种植业户中，有62.80%的农户认为未来1~2年家庭收入增长空间一般，20.65%的农户认为家庭收入增长空间很小，仅有10.32%的农户认为收入增长空间很大，现有政策支持和发展条件下，种植业户对未来增收预期普遍保守。关于未来1~2年家庭增收的来源，50.97%的种植业户认为是种植业本身，23.87%的种植业户认为是外出务工，6.02%的种植业户认为是本地务工，选择办企业、旅游业和经商的种植业户占比依次为5.38%、3.66%和3.66%。由此可见，农民增收的两个现实途径是现有产业扩容提质和外出务工，下一步持续增加农民收入，应更加重视农产品加工业、乡村旅游业和商贸物流业的培育和壮大。56.56%的种植业户未来1~3年没有增加投资的计划，影响他们增加投资的主要原因是投资大、回报低，经营风险大，缺少资金三个方面，占比分别为31.18%、15.91%和15.91%。

养殖业户相关增收预期、增收空间、增加投资计划的调查结果与种植业户大体相当。其中，62.18%的农户认为未来1~2年收入增长空间一般，21.15%的农户认为增收空间很小，比种植业户更加保守；48.29%的农户认为增收的空间主要来自养殖业，22.86%的农户认为增收的主要空间是外出务工，还有11.32%认为种植业是未来主要增收空间；56.2%的农户没有增加畜力养殖投资的计划；农户认为影响畜力养殖投资的主要原因依次为生产经营风险大，投资大、回报低，缺资金，占比分别为35.26%、18.16%和17.74%，相对于种植业，生产经营风险大成为影响农户投资的最主要原因。

综合种养殖业户调查分析，当前农户对于增收预期普遍保守，现有种养殖业和外出务工被认为是主要的增收途径，未来1~2年农户增加产业投资的意愿不强。影响种植业户增加投资的主要原因是生产效益偏低，如粮食等主要农产品价格长期偏低，农民增产不增收；影响养殖业户增加投资的主要原因是生产经营风险大，如畜禽产品价格周期性波动较大。

（四）农业生产经营体系有待健全

调查显示，种植业户中，仅有33.76%的农户参加了农民合作社，仅有20%的农户认为农民合作社的带动作用大，50.97%的农户参加过职业技能培训，仅有20%的农户愿意自己的下一代继续从事农业。养殖业户中，仅有19.23%的农户参加了农民合作社，仅有16.67%的农户认为农民合作社的带动作用大，40.17%的农户参加过职业技能培训，仅有18.8%的农户愿意自己的下一代继续从事农业，各项调查指标数据全部低于种植业。两类农户认为自己最需要的职业技能培训都是生产管理技术培训，选项占比均在60%以上，其次是创业就业知识培训。

两类农户生产经营体系调查显示，全省农户生产经营主要依靠自身单打独斗，合作社覆盖率不高且作用不明显，存在部分农户"被加入"合作社的情况，"空壳"合作社可能事实上存在。受各种因素综合影响，绝大部分农户不愿意自己的下一代从事农业，农业生产后继有人问题必须提上日程。此外，农业生产技能培训的覆盖面有待进一步拓展，接受调查的典型种植业户和养殖业户，进行了职业技能培训的仅占一半左右，大多数农户对农业生产管理技术培训需求较大，实际工作中应当针对农户需求，有针对性地根据本地特色产业发展需要，设置更多专业化、实用型、应用型培训课程。

（五）农户对农业农村现代化期盼较高

调查显示，两类农户在乡村振兴中的政策期盼、政策满意度、资金支持重点方面对政府的期待和评价基本一致。在实施乡村振兴战略的过程中当地政府所做的主要工作方面，85%左右的农户认同政府改善了村庄基础设施，75%左右的农户认同政府美化了村庄环境，34%左右的农户认同政府帮助了贫困户实现脱贫，30%左右的农户认同政府宣传了乡村振兴政策，25%左右的农户认同政府发展了种植或养殖项目。从政府支持现状和效果看，农户对基础设施、人居环境改善、帮扶贫困户以及政策宣传最认可，因此政府在产业扶持方面仍需加力。在被问及"政府支持农村的资金优先用于哪方面"

并只有一个选择时，32.00%的农户认为应当改善农业生产条件，27.00%的农户认为应该发展特色产业，14.62%的农户认为应当改善村庄环境。此外，在村内最需要改善的基础设施选项中，32.04%的种植业户关心农田灌溉设施，24.73%的种植业户关心村内街道、胡同，22.8%的农户关心田间道路，更关注农业生产性基础设施的种植业户达到了54.84%；36.54%的养殖业户最关心村内街道、胡同，最关心田间道路和农田灌溉设施的养殖业户占比分别为21.15%和17.95%，对农业生产性基础设施改善最关心的也达到了39.1%。上述综合分析表明，随着上一轮农村人居环境整治提升行动的深入实施，农户对现代农业和农业供给侧结构性改革的期盼日益增长，协调推进农业现代化与农村现代化是今后农业农村发展的主要目标和着力点。

三 河北省农业供给侧结构性改革基本态势

2018年以来，河北省积极推进农业供给侧结构性改革，在巩固提升综合生产能力的同时，着力提升农业发展质量和效益，实现了粮食增产、特色增效、品质提升，为下一步深入推进农业供给侧结构性改革奠定了基础。进入"十四五"时期，全省农业供给侧结构性改革所处阶段和形势出现了新变化，需要提前预判发展趋势、顺应发展规律、找准优化调整方向，推进河北农业现代化建设再上新台阶。

（一）河北省农业供给侧结构性改革最新进展

2021年是"十四五"规划开局之年，也是河北省推动新一轮农业供给侧结构性改革的起步之年，相关政策措施延续实施，各项工作取得新的进展，为后续深入推进农业供给侧结构性改革打下了坚实基础。一是全力抓好粮食生产。压实粮食安全党政同责，将国家下达的粮食生产指标分解到市县，落实到地块、品种、责任人。预计2021年粮食播种面积9635万亩，超过国家下达全年任务51.5万亩；夏粮总产量1482.7万吨，增长28.8万吨，实现面积、单产、总产"三增"。二是切实做好"菜篮子"产品稳产保供。

2021年上半年，全省生猪存栏恢复到正常年份的96.3%，预计第三季度存栏可达1950万头，基本恢复到正常年份水平。乳制品产量同比增长12.75%，蔬菜、肉类、水果、水产品等重要农产品均保持增长。三是加快发展特色优势产业。集中发展高端乳品、中药材、食用菌等12个产业集群，采取"顶层设计＋提级审核＋分层对接"方式，逐一制定方案、确定年度目标，逐市逐县分解任务，落实到乡村地块。在2018～2020年全省调整681.8万亩的基础上，2021年新增优质专用粮食155万亩，新增蔬菜、水果、中药材、食用菌等特色产业180多万亩，建成全国最大的越夏香菇基地、优质梨基地、酸枣仁基地、高端奶业基地。四是着力提升农业质量效益。围绕产业集群建设，开展全产业链招商，2021年1～9月共签约农业项目494个，签约引资1681亿元，是2020年全年的176%，一批农业大企业、大项目落地。强化农业绿色发展导向，大力发展节水农业，农业用水占全社会用水比例由2014年的72.2%下降到2020年的62.7%；化肥农药使用量连续4年实现负增长，畜禽粪污资源化利用率达到77%，秸秆综合利用率保持在95%以上，均高于全国平均水平。

（二）河北省深入推进农业供给侧结构性改革的总体趋势

"十四五"时期，我国步入新发展阶段，与之同步，河北省经济社会发展形势出现新的深刻变化，深入推进农业供给侧结构性改革必须科学把握客观形势、明确发展方向。

居民收入和消费水平提升带来的引致需求推动农业供给侧结构性改革不断延伸拓展。2020年，河北省人均地区生产总值达到7300美元，城镇化率突破60%，全省居民人均可支配收入27136元，增速连续多年超过地区生产总值增速，处于经济提质升级和收入较快增长的重要战略机遇期。伴随收入水平的提升，人们对农产品的消费需求由吃得饱转变为吃得好、吃得健康，客观上要求农业生产在稳定产量的同时，更要注重提高供给质量。要根据消费需求和市场需求变化，进一步优化农业生产结构，增加优质农产品供给，控制大路化、一般化、总量过剩的农产品生产规模，保持农产品供给高

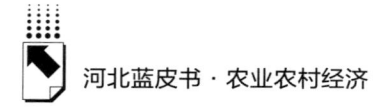

水平动态平衡。

毗邻京津超大都市区的区位优势为农业供给侧结构性改革带来强大动力。经验表明,临近城市地区的农业农村发展指标较好。河北外环京津两个超大都市区,是京津最重要的农产品供应基地,京津冀协同发展重大国家战略启动实施至今,河北省已经成为京津最大的农产品来源地。京津两市总人口接近3500万,城镇化率超过80%,人均地区生产总值达到或接近发达经济体水平,农产品消费需求巨大且呈现高端化、精品化、多样化、个性化趋势,必然要求河北省不断提升农产品供给品质,瞄准庞大的高端消费需求加快农业科技创新、组织创新和经营创新,提高优质农产品供给能力,拓展农业多种新功能,催生农业发展新业态、新模式。

独特的资源禀赋条件进一步丰富了河北省农业供给侧结构性改革的发展路径和推进模式。河北省是全国唯一一个具有高原、平原、山地、丘陵、海洋、湖泊等全地貌类型的地区,自然资源极为丰富,适宜发展品种多样的复合型现代农业。深入推进农业供给侧结构性改革要充分考虑河北省自然资源禀赋,因地制宜、精准施策,宜农则农、宜林则林、宜草则草、宜渔则渔、宜游则游,分县域、乡镇和村域培育特色优势产业,形成"一县一业、一乡一特、一村一品"的产业布局。依据不同类型区域、不同产业创新生产和经营组织模式,探索符合各地实际的农业现代化道路。

四 河北省深入推进农业供给侧结构性改革的现实路径

从资源消耗、生产规模、生产效益等方面来看,河北农业面临"规模提升、品质提优"的双重任务。一方面,畜牧、粮食、蔬菜、果品四大主导产业格局基本形成,在农业总产值中占比较高,禽蛋、奶产品、蔬菜等部分农产品产量在全国位居前列。但是,全省主要农产品产量、产值在全国均不具有绝对的规模优势,按照国家标准口径统计的需求较大的农产品"单品冠军"较少,只有梨的总产量和总产值居全国第一位。总量不大和布局分散使河北省重要农产品无法形成规模化、集约化的生产优势,农业全产业链条的第一环节不够稳固。另一方面,河北农业的精细化水平亟待提升。全省农业生产能力的提升主要依靠土地、农业机械、化学投入品等传统的资源型要素,农产品总产量尚可,但亩均产量、亩均产值等效益指标依然偏低,农业竞争力有待提升。此外,大量的资源消耗进一步加剧了农业生态环境压力,粗放型农业亟待转型。

进入新发展阶段,河北省应持续巩固提升农业供给侧结构性改革的成果,坚持质量导向、绿色导向、创新导向,纵深推进农业结构调整,在确保供给能力的基础上大幅提高农业发展质量和效益。

(一)持续调整农业产业结构,加快构建现代农业产业体系

一是优化区域农业产业布局。河北区域资源禀赋类型多样,农业产业布局应坚持"求大同、存小异",重点围绕山区丘陵、平原、坝上、沿海等自然地貌特征,成方连片发展各具特色的"板块农业"。要以县域为载体、乡镇为节点、村域为单元,围绕优势产业、优势品种统筹各类资金要素,破除地域行政分割,集中精力发展特色优势主导产业,尽快形成规模优势。要坚持错位发展,顺应市场规律和未来消费需求,注重在产业细分门类或者优质专用品种上寻找和确定主导产业,实现精准锁定。以大循环推进农业内部产业联动,根据种植结构和养殖废弃物消纳半径,合理布局种植业和规模化养殖场,推广"粮经饲"三元种植模式,在农区实行"以养定种",在林区发展"林下经济",在坝区实行"以草定牧",发展种养结合循环农业,形成"一特带若干"的农业产业新布局。

二是调整优化产业结构。遵循市场和消费规律,按照"人无我有、人有我多、人多我优"的原则,精准调整农业内部产业。河北省要结合现有产业基础和条件,对蔬菜、食用菌、奶产品、肉牛、肉羊、禽蛋等在全国具有规模优势或比较优势的农业产业,在继续扩大规模、提高市场占有率的基础上,着力提高产品品质,打造更多"单品冠军"。对生猪、林果、肉禽等在全国不具有规模优势的农业产业,要着重优化存量、提高质量,特别是要结合实际培育具有地域特色的优良品种,走优质高价的发展路子。要进一步

扛稳产粮大省重任，巩固提高粮食生产能力，加强田间管理，在不增加资源消耗的基础上，提高亩均产量特别是玉米亩均产量。有条件的产粮大县要深挖粮食产业效益，加快发展优质专用粮食品种，满足更高层次消费需求。

三是推进三次产业融合发展。农业具有农产品供给、生态涵养、文化传承等多种功能、多种价值。河北省城镇化率超过60%，京津两市城镇化率更是超过80%，在工业化、城镇化的快速推进下，居民消费需求日益多元，农业的多种功能和价值越发显现。河北省农产品加工业增加值与农业产值之比低于全国平均水平，乡村振兴战略规划制定的2020年休闲农业和乡村旅游人次数指标未能实现。深入推进农业供给侧结构性改革，要着力推进农业与二、三产业有机连接，促进三次产业融合发展。瞄准健康、快捷、个性的食品消费需求，依托特色优势主导产业，积极发展包括初加工、深加工在内的农产品加工业，丰富农产品供给类型。服务供需有效衔接，大力发展以生鲜冷链物流、农产品仓储物流、农产品电子商务等为代表的农产品物流配送体系，合理布局农产品批发市场、社区菜市场和大型商超，破解农产品销售难题。依托美丽乡村、旅游景区，发挥农业生态和文化价值，积极发展休闲观光、农事体验、文化展示、教育研学多种业态，大力发展休闲农业和乡村旅游，吸引更多城市居民到乡村消费。

（二）加快发展质量农业，构建现代农业生产体系

一是强化农业科技支撑。实现河北农业由资源型、粗放型向集约型、效率型转变，农业科技是根本支撑。要加强农业科技研发，加大种业科技支持力度，力争在畜牧良种、蔬菜良种、大豆育种、优质专用粮食育种上实现关键突破、形成核心技术，破除技术进口依赖。加强与优势主导产业相匹配的耕种收综合技术、物质装备技术、绿色生产技术、深加工技术研发推广力度，形成产学研结合的科技研发推广模式。深入实施农业科技特派员制度，创新农业科技推广方式，鼓励农业科研院所、高校在优势产区建立科技服务站，发展农业科技示范田，加强对农民特别是职业农民的技术服务和指导。

二是推进农业绿色发展。河北省水资源十分匮乏,长期超采地下水已经形成了严重的地下水漏斗,主要农产品产量在全国位居前列的同时,农药、化肥、地膜等化学投入品使用量在全国更居前列,且长期处于农产品产量、产值在全国占比低于农业化学投入品占比的状态,农业绿色转型十分迫切。要坚持以水定种、以水定产,积极推广节水抗旱优良品种,大力发展旱作农业、光照农业。对已形成的具有规模和效益优势的蔬菜产业,要加快推进节水节肥改造,推广使用生物质肥料和绿色杀虫技术,加强地膜回收和资源化再利用。要加快推进畜牧业规模化、标准化、清洁化养殖,积极推广绿色饲料,加强畜禽粪污无害化处理和资源化利用。围绕种养业产业链深度融合,探索循环农业发展模式,建设循环农业发展示范区、示范园和示范县,引领带动全省农业绿色发展。

三是培育农业知名品牌。品牌是农产品的综合信誉,是农产品标准化、优质化的重要标志。河北省农产品数量多,但布局分散,品牌影响力弱,产品区分度不高,农业的内在价值尚未得到充分挖掘。河北省要以提高农产品质量为核心,对标国际国内领先行业,制定更加严格的全链条标准体系,全面提高农产品品质。鼓励支持特色优势农产品申报"两品一标"农业品牌。加强产地管理,整合分散资源,集中打造农产品区域公用品牌,形成品牌合力。支持大型农业合作组织、农业产业化龙头企业注册申请国家知名商标和品牌。要切实加强农产品质量安全管理,健全完善从农田到餐桌的全过程管理体系,实现农产品全程可追溯,夯实农产品品牌根基。

(三)大力培育新型农业经营主体,着力构建现代农业经营体系

一是推进农业适度规模经营。河北省土地流转面积占家庭承包经营耕地面积的比重达到35.6%,落后人均耕地面积低于河北的山东近6个百分点,而如果按照土地流转面积和生产托管面积测算,山东土地经营规模化率更是超过60%。推进农业供给侧结构性改革、提高农业生产效率,规模经营是关键,要积极培育家庭农场、专业大户、农民合作社和农业龙头企业四类新型农业经营主体。鼓励和支持土地和生产经营向家庭农场和专业大户集中,

新增支农优惠政策和资金重点向其倾斜,在田间地头生产环节构建以规模农户为主体的农业生产格局。发挥农民合作社联合与服务功能,积极开展农业生产者的经营指导和社会化服务,提高农业综合发展水平。在精深加工环节、大型仓储环节培育发展农业产业化龙头企业,利用其资金、设备、技术等方面的优势,做大做强做精农业产业链,提高农业规模效益和附加值。

二是完善利益联结机制。农业生产受自然和市场双重影响十分显著,由于客观条件制约,一般农户抗风险能力较低,需要不同经营主体间形成紧密的联结机制,按照市场化方式共同分享农业产业链各环节的增值收益。要鼓励和支持一般农户与合作社、龙头企业等开展合作,采用契约型、股权型利益联结机制实现普通农户与龙头企业等大型农业经营主体的有效衔接,让农户更好融入现代农业和社会化大生产发展格局,通过分红、劳务报酬、收益分配等多种形式分享农业产业链下游环节增值收益,稳定增加农民收入,引导农民深度参与农业供给侧结构性改革。

(四)加强要素投入保障,完善农业供给侧结构性改革政策支持体系

一是加大人才支持力度。河北省从事农业生产的农民群体绝大多数仅有初中及以下文化水平。推进乡村产业振兴要着力培养和造就大批有文化、懂技术、会经营的新型职业农民。加大职业农民培训力度,结合区域特色主导产业,广泛开展农业实用技术和管理能力培训,大幅提高各种支农惠农政策信息的透明度,力争让每个有志于从事农业发展的农民都能熟练掌握和充分享受各项支农政策。鼓励农民工返乡创业,发展规模经营,发展农产品电商,领办农民专业合作组织,从事农业相关产业。支持城市优秀科技与管理人才入乡,加强科技推广,提高产业和经营组织管理水平。

二是强化资金支持。农业生产本身风险较高但收益偏低,生产资金大多不愿介入。推进农业供给侧结构性改革,转变传统的农业发展方式,全面提高物质装备和科技创新能力,需要资金支持。要切实提高财政支农资金使用效益,推进资金打捆使用,针对重点产业、重点园区、重点主体实施一揽

子、务实管用的资金支持政策,做到扶持一个、做大一个、做强一个。把财政资金用在"刀刃"上,用在农业产业发展最急需的领域,切忌"大水漫灌""撒芝麻盐"。要深化农村金融体制改革,创新农村金融产品,特别是针对农业供给侧结构性改革的金融产品,围绕特色产业发展需求制定金融产品供给清单,形成产业成长与金融支持的良性循环。

三是加强土地支持。"双循环"背景下,粮食安全、农产品自给率在国计民生、国家自立自强中的地位作用越发突出,国家开始加强耕地非农化、非粮化,对耕地的管理上升到史上最严格阶段。当前,河北省要在严格确保农用地数量同时,逐步优化耕地、林地、园地、草地比例结构,形成人与自然和谐共生的农业产业发展格局。针对耕地占比偏高、土地资源消耗较多的现实,河北省要在加强耕地数量保护的同时,通过测土配方施肥、轮作休耕、农田水利设施建设等多种方式涵养地力、提高耕地质量,增加高标准农田面积,依靠技术进步提高亩均产量和产值。要适度增加草地、林地等生态农业用地面积,利用北方农牧交错地带的天然地理优势,适度发展林果业和林下种养业,支持发展趋近自然的草食畜牧业,形成林草丰茂、绿色生态的农牧业良性发展格局。加大乡村各类闲置废弃建设用地农业复垦和生态修复力度,开展全域土地整治,深入挖掘农用地增长空间。加大农业供给侧结构性改革产业用地指标供给,将合理的农产品加工用地、物流用地等建设用地纳入年度土地利用规划,在年度建设用地指标上给予保障。

参考文献

国家统计局农村社会经济调查司编《中国农村统计年鉴(2020)》,中国统计出版社,2020。

中共中央、国务院:《中共中央国务院关于深入推进农业供给侧结构性改革加快培育农业农村发展新动能的若干意见》,人民出版社,2017。

B.13 河北省现代农业产业体系问题与对策研究

闫永路*

摘 要: 河北省现代农业产业体系存在要素约束、产业薄弱、服务单一等问题。构建河北省现代农业产业体系,应坚持走提升效率效益、提高产业竞争力和产品附加值、拓展产业链价值链和拓展农业多元化服务功能等路径。制定强农惠农政策体系、要素投入保障体系、智慧农业支撑体系、安全动态监测体系、系统化推进机制"硬"措施,加快构建现代农业产业体系。

关键词: 现代农业 产业体系 要素禀赋 河北省

一 引言

现代农业产业体系是集食物保障、原料供给、资源开发、生态保护、经济发展、文化传承、市场服务等于一体,各产业融合协调、衔接有效、有力竞争、高效产出的综合产业系统,是衡量区域农业整体素质和竞争力的主要标志。如何提高农业资源要素配置和农产品供给效率,是现代农业产业体系要解决的关键问题,即怎样通过优化调整农业产业结构,发挥资源比较优势,促进产业链延伸、价值链提升、服务功能多元化,达到现代农业经济效益、生态效益和社会效益的统一,实现粮经饲统筹、农牧渔结合、种养加一

---

* 闫永路,河北省社会科学院农村经济研究所副所长、副研究员,主要研究方向为农业农村经济。

体、一二三产业融合发展，进而形成完整的系统化的产业体系。河北省是农业大省，农业产业体系单一，水、土、劳动力等基础资源耗费较大，主要农产品产量大，但品质和价格偏低，农村依赖农业改变面貌，农民依赖农业增加收入，客观上要求全省加快建立现代农业产业体系。

二 河北省现代农业产业体系存在的主要问题

（一）要素禀赋约束突出，效率效益偏低

1. 水资源要素约束

在全国13个粮食主产区中，河北水资源条件排在末位，农业用水占全省用水总量的66.4%，水资源开发已经严重超过水资源总量，全省10个设区市128个县（区）地下水超采，形成了6.97万平方公里地下水超采区。同时，在缺乏农业区划和布局控制下，受比较利益诱导、市场利益驱动，农业水资源开发与农业特色产业错配严重，在干旱半干旱地区形成了规模较大的蔬菜种植基地，将商品薯等旱作种植作物发展成大水大肥作物。

2. 高标准基本农田资源约束

按照国务院统一部署，河北要用3年时间完成粮食生产功能区和重要农产品生产保护区（简称"两区"）划定任务，其中粮食生产功能区4500万亩、重要农产品生产保护区（棉花）300万亩，"两区"划定任务全部落实在省内已划定永久基本农田范围内，重点在86个粮食生产核心区、粮食生产潜力县和黑龙港流域传统植棉大县划定。据统计，截至2018年，全省累计完成高标准基本农田建设3544万亩，还需划定1134万亩才能确保完成任务，高标准基本农田约束突出。

3. 农业从业人员多

全省有1354.33万人从事第一产业，占总人口的17.90%，但第一产业增加值占全省地区生产总值的比重仅为9.27%，从业人员比重比增加值比重高8.63个百分点，过多的人力资源富集于第一产业，导致全省农业生产

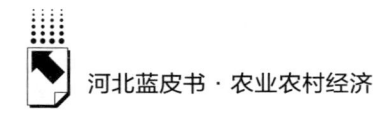

效率长期难以提升。

4. 科技、金融等新型要素资源投入不足

近年来河北不断加大农业科技投入，主要粮食作物品种5年左右进行一次更新换代，小麦、玉米等主要粮食作物优良品种覆盖率稳定在98%以上，良种在粮食增产中的贡献率达43%以上。但是，在农业节水、水肥一体化及农业科技服务体系方面还有较大短板，相当部分产粮食大县依然采用大水漫灌等灌溉方式，农户兼业和农业粗放经营还十分普遍，农业科技和金融等新型要素支撑不足。

（二）加工与物流产业较弱

1. 深加工名优品牌偏少

河北优势特色农产品十分丰富，晋州鸭梨、安国中药材等5个优势区入选中国特色农产品优势区，饶阳设施葡萄、巨鹿金银花、张北马铃薯种薯、晋州鸭梨等特色农产品种产规模居全国前列。全省特色农产品包括粮食、油料、薯类、蔬菜瓜果、中药材、食用菌、水果、干果、畜禽、水产等10大类，其中27种农产品被纳入特色农产品优势区。但全省缺少全国知名的区域性食品品牌，农业特色产业缺乏后续拉动效应。

2. 电商渠道开发不足

河北农产品电商销售额在全国31个省区市中仅排第17位，在全国50个农产品电商销售强县中，河北安国（滋补品）、沧县（枣制品）分别排全国第26位、第40位，与江苏、山东等省份的农产品电商大县相差甚远，与河北特色农产品众多的产业状况不匹配。现代农业产业链短，有增值带动能力的产品品牌较少。

（三）现代农业服务功能单一

河北山水林田湖草资源丰富，具有发展多功能性现代农业的先天优势条件。但是，河北现代农业过度追求生产功能，农业的多种服务功能不足，休闲农业和乡村旅游功能不发达。近年来，河北持续重视全域旅游对经济发展的拉动效应，建设和打造了一批生态村、旅游村、特色小镇和美丽乡村。但是，调研显示，河北休闲农业和乡村旅游总体上还处于服务参观、观摩示范阶段，特色农业和美丽乡村对接市场、服务群众、发展乡村旅游的能力和实力水平总体偏低，一些特色农业村、特色小镇、美丽乡村还没有与旅游经济真正融合起来，特色资源优势转化为产业经济优势和社会服务优势的能力有待进一步提升。

三　河北现代农业产业体系建设路径

构建现代农业产业体系，总的思路是破解资源要素约束，提高资源利用效率和效益，走特色农业和品牌农业之路，提高农业产业竞争力和农产品附加值，走一二三产融合发展之路，拓展现代农业产业链价值链，走都市农业之路，提升现代农业多种服务功能，构建科技化、绿色化、品牌化和质量化现代农业产业体系。

（一）提高资源利用效率效益

1. 提高农业资源利用效率

提高耕地资源利用效率。打破传统平整、成方连片、水电设施传统技术制约，建设一批适应数字农业、智慧农业、标准化农业、工厂化农业发展的百万亩高标准基本农田示范区，提高耕地资源支撑能力。建设高标准基本农田建管信息系统。加强高标准基本农田空间数据挖掘，提升信息技术对土地资源开发利用的决策支持能力。针对不同区域水土光热资源禀赋差异，精细化差异化配置农田基础设施。加强农村土地综合整治。大力推进农村居民点、农村道路、田间作业路综合整治，有效补充耕地资源。采取差别化基本农田奖补措施，提高各市加快建设高标准基本农田的积极性。加大基本农田建设奖励补助，优先配置承包经营、规模化流转水电设施，有效提高农村土地资源利用效率。

提高水资源利用效率。坚持多条腿走路、开源与节流并重，走科技节水之路。加强农业节水设施建设。推广使用低压滴灌技术系统、智能小型移动式喷灌机组等节水设备，提高水资源精准利用效率。推广高产耐旱农作物品种，从种质资源上由大水大肥作物转向高产耐旱作物，重点推广节水稳产品种。最大化利用好南水北调水资源，积极向国家申请南水北调补水配额和中央财政转移支付额度。加强农业用水计量计费改革。实施以水定产，将种植规模与用水量挂钩，超额用水应考虑采用市场调节手段收取一定限额的水资源使用费用。对节约使用用水配额的种植大户，给予节约用水奖励或补贴。

2. 促进现代农业减员增效

促进农业人口向城镇转移。据统计，全省经济的60%依赖县域经济承载，县城是转移农业农村人口最直接的空间载体。要适应农民到县城就业安家的实际需求，加快推进以县城为载体的城镇化，提高县城人口密度、承载力，减少农业农村人口。大力发展县域特色产业、农产品加工业等劳动密集型产业，保障农业转移人口在县城就业安居，推动产业与人口向县城聚集发展。加强县城公共服务设施、环境卫生设施、市政公用设施、产业配套设施提级扩能，加快补齐公共卫生防控救治、垃圾无害化资源化处理、污水集中收集处理、排水管网建设、老旧小区改造等承载短板，增强县城综合承载能力。

加快农业转移人口市民化。在保障农业转移人口城镇就业基础上，加快健全农业转移人口社会保障制度，提高城镇居住证含金量和公共服务水平，让农业转移人口真正融入城市。加快推进城镇户籍制度改革，逐步让农业转移人口享受与城镇居民同等的公共服务待遇。推进城乡基本公共服务均等化。城乡在公共教育、医疗卫生、社会服务等方面还存在明显差距，必须加大力度推进城乡基本公共服务均等化，全面提升农村教育、医疗卫生、社会保障、养老、文化体育等公共服务水平，逐步建立城乡统一、市民与农民公平享有的基本公共服务体系，让非农从业人员从农业农村中脱离出来，加快提高新型城镇化水平，进而实现现代农业减员增效，扩大农业从业人员人均资源经营规模，提高现代农业规模效益。

促进农业规模化经营。加快农村土地流转，促进农业规模化经营。推进农村土地"三权"分置改革，积极开展农村宅基地"三权"分置试点，加快农村集体经济股份化改造，培育农户承包权、土地经营权、集体收益分配权市场化机制，实现农村"三权"随人口转移进城，为农村土地流转创造有利条件。搭建县级农村土地流转信息平台，推进农村土地经营权契约化、市场化改革，不断满足主动放弃农地经营权市场需求，为促进农村土地经营权规模化流转搭建市场条件。加快农村集体经营性建设用地与城市建设用地同等入市，推动农村集体经营性建设用地与城市建设用地"同地、同价、同权"。完善集体经营性建设用地出让收益分配制度，将更多资金用于农村建设和现代农业发展。

（二）提高产业竞争力、产品附加值

1. 提高农业特色产业竞争力

河北已经形成了7大类24小类农业优势特色产业，培育了鸡泽辣椒、平泉食用菌、永清胡萝卜、崇礼彩椒、青县羊角脆甜瓜、清苑西瓜、玉田包尖白菜、平泉黄瓜等63个特色优势主导产业县，全省优势特色农产品单品化、规模化、周年化发展已具备较强基础。应着重优化生产力区域布局，提高农业特色产业竞争力。

优化主粮生产布局。统筹地下水超采综合治理、季节性休耕和稳定粮食生产的关系，培育太行山山前平原等水资源相对丰富的小麦生产优势区。采取季节性休耕等措施，调减黑龙港地下水漏斗区小麦种植规模，适当压减小麦面积。应对国家收储政策和玉米制乙醇市场变化，瞄准都市人群鲜食玉米消费市场缺口，加强冀东甜玉米、雄安糯玉米、石家庄甜玉米等都市周边布局。籽粒玉米布局应与山前平原、黑龙港流域等畜牧养殖集中区相结合，加强籽粒玉米、青饲玉米规模化发展。优化调整蔬菜布局。在提高用水效率的基础上，加快优化和调整全省蔬菜布局。大幅压减坝上蔬菜种植规模，促进坝上农业回归农牧传统。在衡水、石家庄、保定、邯郸、邢台等主要蔬菜种植区实施"以水定菜"，控制蔬菜种植规模总量和无序扩张。适当扩大冀东等水资源相对丰富地区的蔬菜供给规模，减轻冀中南地区种植压力。发展设

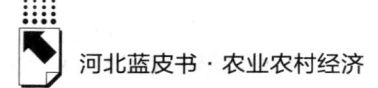

施蔬菜、节水蔬菜、高档蔬菜，减少耗水多、价值低的大路菜规模，促进蔬菜产业可持续发展与水资源保护协调发展。

优化中药材布局。加快燕山产业带、太行山产业带、冀中平原产区、冀南平原产区和坝上高原产区"两带三区"中药材集中布局，培育优势道地和药食同源中药材品种，加快中药材种植、加工规模化、标准化、专业化生产。优化特色畜牧产业布局。河北省畜牧养殖业空间分散、集中度不高，规模化、标准化养殖仍较少，张家口、承德、唐山、沧州、保定等环京津特色养殖带还未充分培育壮大，平原区生猪和蛋鸡养殖分散、规模偏小，燕山太行山等传统肉羊肉牛养殖基地呈弱化趋势。应立足优势特色畜牧品种，发挥传统养殖优势，推动养殖规模化、工厂化、标准化发展，围绕大型养殖基地，加快布局屠宰加工产业链条，弥补畜牧产品深加工链条不足。优化林果产品布局。加快建设燕山太行山浅山丘陵区苹果、核桃、红枣等优势果品基地，冀中平原沙地区鸭梨、雪花梨、丰水梨、威梨果品基地，桑洋河谷、冀东平原优质葡萄基地，冀北冀东地区仁用杏、板栗干果基地，以基地化建设构建全省特色果品产业带。优化水产品布局。发挥沿海滩涂资源和养殖传统优势，做强海水特色养殖，建设沿海高效渔业产业带，巩固提升河北水产特色优势。

2. 提高特色农产品附加值

提高名优特农产品的品牌价值和对现代农业的支撑能力，以品牌拓展市场，提高产品附加值。加强初级农产品品牌培育。围绕地理标识加强农产品基地建设，走"品牌＋基地＋名优特农产品"发展模式，提高"冀"字牌农产品知名度。加强农副产品精深加工品牌培育。瞄准京津冀都市群、城镇人群快消品，对接城市厨房，围绕蔬菜半成品、营养餐、面食、肉食、水产需求，培育精深加工龙头企业，壮大加工品牌。加强食品制造品牌培育。做强粮油、方便面、肉类、酒类、饮料、牛奶制造品牌，拓宽食品加工领域，围绕药食同源食品、保健食品、功能食品、快餐食品、特色小吃等品类，培育食品制造品牌。加强农产品品牌营销。借助现代信息网络平台，加强与龙头企业、社区电商合作，充分发挥农产品（食品）展销会、高速服务区展厅、城市展馆等展示展览载体功能,加强农产品品牌营销,推动"冀"字牌农产品、特色食品走出河北、走向全国。

(三)拓展现代农业产业链价值链

1. 夯实现代农业生产能力

加大新型生产要素供给,提高要素保障能力。除土地、水、人力等传统资源之外,全省应加大科技、金融、数据、政策等新型要素资源的支持力度,彻底扭转农业依赖传统资源发展的常规路径。加大农业科技要素供给。持续培育农业高新技术产业,围绕农业创新型企业,培育农业高新技术产业集群。加大农业金融要素供给。加大财政支农力度,保持财政支农资金比重不降低,扩大支农资金总体规模。提高涉农财政资金使用效率。破解"酱油资金不能买醋"困局,放宽县域整合使用涉农财政资金权限,提高资金使用效率和精准度。加大农业数据要素供给。加强与规模农业、科技农业、品牌农业、电商销售等产业链相关的大数据建设,用现代数据系统引领现代农业产业体系发展。加大支农政策要素供给。对现有政策进行系统梳理,找准现代农业产业体系建设的政策不足,加快弥补政策短板。

增强农业园区支撑能力。始终抓住园区建设不放松,实施农业园区工业化管理,提高农业园区对产业体系的支撑带动作用。加强园区资源整合。整合现代农业园区、农业科技园区、现代农业示范区资源,将"藏粮于地,藏粮于技"深度落实于园区,把园区打造成现代农业产业体系的"产中骨架"。提高园区经营管理水平。完善园区管理机构,推广市场化管理机制,实施工业园区管理模式,将农业园区管理实体化,提高园区管理效率。深化园区经营机制改革,推行农业园区管委会市场化改革,实现园区管理者、经营者与市场主体一体化,提高园区综合产出效率。完善园区扶持优惠政策,全面梳理土地、水利、农业农村、财税等部门的扶持政策,促进园区优惠政策集中打捆使用,打造一批超亿元、百亿元园区龙头,促进现代农业园区快速崛起。

2. 促进生产加工一体化发展

完善农业产业链条。围绕效率效益延伸产业链条，增强产业链带动能力。加强产前产业链培育。针对节水、育种、技术服务、生产物资、市场信息等短板，加大技术要素和生产物资供给，促进农业产前环节链条式发展。加强产中环节链条创新。以服务托管、过程监测、田间管理等服务创新，解放农业从业人力资源，提高现代农业劳动生产率。加强产后环节链条延伸。集中重点项目、实施重点工程，加强农副产品加工基地、食品制造基地建设，突出冷鲜、深加工、休闲食品、功能食品等市场热销产品，打造京津冀优质农产品深加工和名牌农副食品制造基地。促进线上线下两个市场协同发力。坚持传统农产品批发市场和网络电商并举，推进现代农产品物流基地向生产基地靠拢。

壮大农—工加工链条。发挥粮食、蔬菜、乳品、肉食、果品、农副产品等特色农产品优势，培育规模化加工龙头企业，增强产后产业链带动能力。实施农产品加工业"倍增计划"。提升深加工能力，优化功能类粮油品类，满足京津冀都市群对名优特品牌的消费需求。针对京津冀都市群和城乡不同市场，提高产地初加工率和半成品蔬菜加工率。对接休闲食品、功能食品加工链条，提高保鲜水果、休闲干果、药食两用果品加工比重。对畜牧肉类、乳类、禽肉、蛋类等优质畜牧产品，加强与食品制造业链条的对接，满足京津冀都市群对方便型肉蛋奶市场的需求。扶持龙头加工企业。壮大农产品加工和食品制造产业链，培育农产品加工品牌。加快培育特色产业集群和食品制造产业链。培育十大特色产业集群，构建乳业、面业、保健、饮品、酿酒等七个食品制造产业链条。

3. 完善农业社会化服务体系

培育多元化服务主体。发挥专业合作社、联合社、龙头企业、专业服务公司、集体经济组织等主体作用，推进公益性服务和经营性服务。发挥农技推广、农机服务、动物疫病防治、智慧农业、职业农民教育培训等公益性服务组织作用，增强对家庭农场和广大小农户的社会化服务能力。完善社会化服务网络。围绕产前、产中、产后各环节，拓展农业服务产业链，培育地市级龙头农资供应集团，建设现代农业物资超市，畅通农资购销渠道。瞄准产中环节需求，加快培育农业托管、技术咨询、病虫害防治、农机服务等专业化服务。瞄准产后环节需求，加强农产品市场信息、加工基地、电商、物流基地服务对接，促进现代农业服务业拓展延伸。推动服务多样化发展。因地制宜探索各类社会化服务模式，提供半托管、全托管、土地流转等服务。充分运用现代科技和信息化手段，加快生产组织方式创新、业态创新和模式创新。打造服务利益共同体。兼顾各类生产和服务主体利益，构建全链条利益共同体，使全产业链和各主体整体受益。

（四）拓展农业多元服务功能

1. 增强旅游服务功能

旅游服务功能是现代农业除生产功能之外最突出的经济功能。河北毗邻京津大都市圈，是京津冀城市群的重要组成部分，应按照河北城镇体系和空间布局，加强现代都市农业布局，强化现代农业采摘、休闲、农耕体验等服务功能。增强坝上、山区、沿海等现代农业旅游服务功能，将冀中南平原区美丽乡村、休闲农业与全域旅游密切结合，主动适应京津冀都市群、省会城市圈对休闲农业的深度需求，推出一批现代农业与休闲农业融合发展的专业村、示范基地，带动现代农业多功能向广度扩张、深度发展。

2. 增强生态服务功能

利用好山水林田湖草等各类农业资源，严格落实"一控两减三基本"目标，扎实推进农业用水总量控制、化肥农药使用量减少、畜禽粪便秸秆地膜资源化利用，将山区、坝上林草资源与生态保护深度结合，建设一批林果园区、草原牧区与生态建设协同发展的生态农业基地、示范园区，增强现代农业生态功能。统筹燕山太行山区生态林、商品林、果品园林建设，提高林地生态保护功能。加强坝上农牧区草场资源保护建设，调整蔬菜、粮食等非主导性发展方向，强化草原生态保护功能。针对冀中南平原区农业生态建设短板，加大耕地、道路、村庄生态林网建设，实施生态农业、生态村庄全覆盖，全面提升林草资源和耕地资源多种生态功能。

3. 增强文化服务功能

挖掘河北农牧文化、农耕文化、食品文化资源，保留一批传统农耕文化区，将精耕细作、传统食品、文化传承密切结合，培育一批传承燕赵农耕文明的现代农业文化示范区。挖掘县域历史资源和食品文化资源，将文化资源融入农业产业开发，拓展现代农业文化服务功能。

四 加快构建河北省现代农业产业体系的对策建议

（一）健全完善系统化强农惠农政策体系

一是加大财政支农扶持力度。完善耕地保护、农机购置、良种推广、农业油价、农业技术员、粮食保险等含金量高的补贴政策。二是加大新型经营主体支持力度。加强农业专业合作社、家庭农场、农产品仓储保鲜冷链设施、农业生产性社会化服务支持力度。将农业推广项目优先向新型经营主体倾斜，鼓励新型经营主体做大做强，带动规模经营进一步拓展。三是加强农业主导产业政策扶持。以特色产业集群、农业精品示范基地、现代农业产业园等为载体，建立产业扶持资金"直通车"，减少审批环节，提高资金使用效率。四是完善农产品精深加工和商贸物流财政税收支持政策。采取降低增值税税率、提高小规模纳税人免税标准、减免耕地占用税等优惠措施，促进农产品加工和商贸物流产业加快发展。五是加强部门政策衔接和政策稳定性、持续性。避免使用"运动式"政策，增强农业经营主体发展预期。

（二）健全完善多元化要素投入保障体系

一是持续加大科技人才和科技要素投入。抓住当前稳就业机遇，积极引进省外农业科技人才，弥补河北人才不足。围绕"四个农业"，加大农业生物技术、节水技术、病害防治技术和污染治理技术等推广应用，提高农业科技贡献率。二是拓宽现代农业产业体系投融资渠道。依托新型经营主体和农业园区，做大面向新型经营主体的担保业务、农业保险等金融业务。稳妥开展农村普惠金融改革试点，探索多形式、可持续的融资途径，保护新型农业经营主体投资生产的积极性。三是加大农业园区要素投入。集中土地、资金、人才、政策等优势要素，将园区经济打造成拓展现代农业产业体系的"四梁八柱"。四是加快水资源等短缺资源市场配置机制改革。试点实施水资源总量指标控制制度，经营主体在总量控制内结余的水资源指标，允许到公共产权交易中心跨县区交易，超过水资源总量控制指标的部分，按市场调节价格或阶梯水价购买。五是加强土地综合整治和土壤污染防治。增强环境安全与现代农业"一损俱损"的风险意识，着手建立土地综合整治长效机制。

（三）加快构建数字化智慧农业保障体系

一是加快农业农村通信设施建设，弥补城乡"数字鸿沟"。用数字技术深度整合农业生产环境、农产品产业链分析、农业社会化服务、农产品质量安全监管、农村资产资源、农村人居环境治理、新型职业农民服务等模块，实现农业技术专家与种养经营主体线上线下互动、App 动态监测。二是加强农业科技院校技术服务平台、远程技术支持系统建设。将试验分析、示范推广系统集成，促进产学研用深度对接，提高农业科研服务效率，提升智慧农业服务保障能力。三是加强优势农产品生产基地与仓储物流设施配套建设。促进仓储物流项目向生产基地靠拢，农产品加工项目向仓储物流基地靠拢，加强在地化、区域化物流企业与全国化物流龙头对接，在蔬菜、果品、肉类、海鲜等优势特色农产品集中区建设冷链物流系统，降低物流成本和物流损耗，提高物流效率。

（四）健全完善现代农业动态监测（控）体系

一是加强农业生产安全监测。严格落实《农产品质量安全法》《食品安全法》《农产品质量安全监测管理办法》，加强违法违禁农药、兽用抗生素、食物添加剂的生产使用，守住农产品和食品第一道安全关口。二是加强农产品市场流通环节质量监控。加强蔬菜、水果、畜禽产品、水产品等大宗鲜活农产品安全抽检,在全省蔬菜基地、畜禽基地、水产基地、物流基地、农产品批发市场、农贸市场和超市等农产品重点流通场地,配齐安全检测设备、人员,确保农产品流通环节质量安全。三是加强农业生态环境安全监测。针对地下水污染、重金属污染、污染物、外来物种等重点生态环境问题,加强生态环境监测评估,确保农业生产生态环境安全。四是建立现代农业产业体系统计监测制度。适应数字化、数据化、动态化社会发展形势需要,构建完善现代农业产业指标监测体系,为精准施策、优化奖补、强化考核提供依据。

(五)健全完善现代农业产业体系推进机制

一是建立现代农业产业体系考核激励机制。针对现代农业园区、农业科技园区、现代农业示范区、优势农产品产业集群、精品食品制造产业链条等重点载体和培育对象,设定合理的考核指标,纳入现代农业产业体系建设考核方案,建立激励机制,提高市县现代农业发展积极性。二是完善考核制度。将涉农资金投入、产业体系考核指标纳入国民经济和社会发展五年规划,同期考核、同期评估,发挥考核评估作用,明确奖励和奖补标准,激发工作积极性。三是完善农业安全生产责任制度。对安全生产责任事故、安全抽检不达标的园区、基地实施一票否决制,取消各级各类奖补资格。四是建立完善农业生态动态评估机制。对水、土、种质资源、敏感环境指标实施定期监测和第三方评估,建立通报考核制度,确保农业生态安全落到实处。

参考文献

《决胜全面建设小康社会夺取新时代中国特色社会主义伟大胜利——在中国共产党第十九次全国代表大会上的报告》,中国政府网,2017年10月18日,http://www.gov.cn/zhuanti/2017-10/27/content_5234876.htm。

《国家统计局:改革开放40年全国居民恩格尔系数下降34.6个百分点》,中国经济网,2018年8月31日,http://www.ce.cn/xwzx/gnsz/gdxw/201808/31/t20180831_30175361.shtml。

韩长赋：《构建三大体系　推进农业现代化——学习习近平总书记安徽小岗村重要讲话体会》，《人民日报》2016年5月18日。

张克俊：《现代农业产业体系的主要特征、根本动力与构建思路》，《华中农业大学学报》（社会科学版）2011年第5期。

魏丽莉、侯宇琦：《中国现代农业发展的路径突破——产业链整合与产业体系优化》，《兰州大学学报》（社会科学版）2018年第6期。

《河北省人民政府关于建立粮食生产功能区和重要农产品生产保护区的实施意见》（冀政字〔2017〕41号）。

B.14
河北省绿色农业发展现状与对策研究

耿卫新*

摘　要： 在碳达峰和乡村振兴战略的新时代背景下，我国农业发展面临资源短缺、环境污染和优质农产品供应不足的困境，而消费者对健康安全的农产品的需求日益增长，因此在绿色发展理念的指导下，推动绿色农业可持续发展既是农业发展的必然趋势，也是破解新时代社会主要矛盾的重要途径之一。本报告以河北省作为研究区域，深入分析河北省绿色农业发展的现状及特点，研究发现河北省绿色农业发展存在生产资源总量不足且质量有待提高、技术研发和普及力度欠缺以及带头创新型企业少的问题，并据此分析结果从资源利用、宣传推广、企业培养和政府职责的角度出发，提出适合河北省绿色农业发展的对策建议，以期为河北省发展绿色农业提供理论依据。

关键词： 绿色农业　节水农业　河北省

农业在我国国民经济中占有基础性地位，自改革开放以来，我国农业走高投入促进高增长的路线，实现了跨越式发展，但与此同时，粗放经营的方式并未从根本上发生改变，生态环境也亮起了"红灯"。一方面，我国农业生产仍存在面源污染的问题，对化肥和农药的过度依赖，严重损害了土壤质

---

* 耿卫新，河北省社会科学院农村经济研究所副所长、副研究员，主要研究方向为农村经济、农村能源。

量，且污染了饮用水和地下水，破坏了整个农业生产的生态基础，影响了农业的可持续发展；另一方面，消费者对健康安全的农产品的需求日益增长，但化肥农药的过度使用却导致农产品品质日趋下降，优质安全的农产品供应不充分，国际竞争力相对不足，不能满足人民日益增长的美好生活需要。因此，推动农业绿色发展已成为破解我国新时代社会主要矛盾的重要途径之一。

绿色农业是指充分采用高新绿色农业技术，包括先进的工业装备和绿色管理理念，通过倡导农产品标准化的方式，以实现农产品安全、资源安全及农业综合效益协调发展为目标，形成现代化的农业生产体系，确保国民经济良性发展。绿色农业发展问题也一直是党和国家关注的重心，党的十八大以来，国家高度重视经济社会的绿色发展，并做出多项战略部署推动农业绿色发展。党的十八届五中全会提出了绿色发展理念，并出台了一系列政策鼓励资源的集约与高效利用，为农业实现绿色转型发展提供了宏观上的政策支持；党的十九大报告中正式提出乡村振兴战略，坚持农业农村优先发展，加快推进农业农村现代化进程，旨在解决农村发展不充分的问题；2021年中央一号文件提出加快农业农村现代化建设，促进农业高质高效发展，到2025年实现农村生产生活方式绿色转型取得积极进展、化肥农药使用量持续减少、农村生态环境得到明显改善的目标；国务院印发的《2030年前碳达峰行动方案》中特别提出要推进农业农村减排固碳，实现农产品的有效供给，促进农业农村绿色发展，为农业现代化增添新动能。在此社会背景下，实现农业的绿色发展是实现乡村振兴战略、保障人民群众舌尖上的安全的必然选择。

一 河北省绿色农业发展现状

河北省是我国的农业大省，近几年，河北省凭借自身的区位优势及得天独厚的自然条件，充分发挥自身资源禀赋，利用外界环境的优势，因地制宜地发展现代绿色农业，在农业及农村发展过程中展现出较强活力，当前，发展绿色农业已成为河北省农业发展的重要目标。

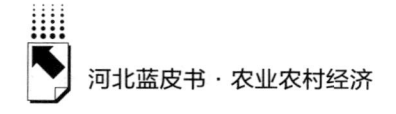

（一）发展节水农业，减少水资源浪费

水资源是农业生产过程中不可替代的生态要素，但河北省水资源面临严重短缺的困境，为实现农业的可持续发展，河北省着力推广节水农业，从地下水超采综合治理、喷灌方式节水及品种节水等多个角度入手，实现每一滴水的效益最大化。

2014年，河北省开始开展地下水超采综合治理试点，根据省政府计划，2021年农业压采旨在实现新增节水2.72亿立方米的目标，以保证2020年及2021年两年累计节水总额达到3.75亿立方米。同时积极开展地下水超采综合治理联动监督检查，修改完善并宣传《河北省节约用水条例》，增强农民及各农业生产部门在农业生产过程中的节水意识，并调整修改水资源税农业用水限额和超限额用水税额。在喷灌技术方面，河北省重点推广滴灌、喷灌及微灌等多种形式的灌溉技术，实现了灌溉方式从粗放型向精准型转变。另外，为保障节水技术在基层落实，河北省推广滴灌节水技术，扩大节水规模，先后于无极县和邯郸肥乡区组织召开河北省小麦玉米浅埋滴灌节水技术现场观摩培训会，编印技术问答手册，并通过远程直播的方式召开春季麦田机械化镇压现场演示会，累计培训人次达2.23万。在灌溉方式上重点推广季节性休耕，实现一季休耕一季雨养，2014~2017年累计发展季节性休耕200万亩，每亩减少灌水180立方米，实现了用地与养地相结合。

（二）化肥及农药减量有序推进，连续4年实现负增长

化肥和农药能够有效防止农产品被病虫侵袭，在保障农产品质量和安全方面发挥了重要作用，是农业生产过程中不可或缺的生产资料，然而化肥和农药的过量使用也对生态环境造成了一定程度的破坏。

自2015年起，河北省开始推广化肥农药使用量零增长活动，鼓励机械施肥标准化，对玉米、小麦和马铃薯等不同农产品分别制定了机械施肥规范，实现施肥精量化，减少肥料损失。同时，各地区建立了专业化的施肥服务组织，为不同需求的人群提供精准服务：针对规模经营农户，相关机构入

户测土并送肥上门；对前来咨询的农户，进行面对面指导，开具配方；对购肥农民，提供智能配肥及售后跟踪服务，并举办全省化肥减量增效技术培训班，实现了由配方施肥向施配方肥的转变。

2021年河北省下发《2021年化肥减量增效工作方案》及《2021年绿色种养循环农业试点实施方案》，同时推广水肥一体的喷灌技术，旨在落实农业农村部下达河北省14个化肥减量增效示范县的任务。截至2021年，河北省化肥、农药使用量已实现连续4年负增长；同时，在逐步减少化肥及农药使用量的过程中，河北省加大对农作物病虫害的监测防控，2021年共发布病虫情报超过200期，通过召开调度会、发放宣传图及增加监测点等方式，有效防止部分虫害入侵，并在全省68个县启动建设136个全程绿色防控示范区，形成一批可复制、可推广、轻简易行的全程绿色防控技术模式，重点关注化肥减量增效工作和绿色种养循环农业试点项目的落实，力争实现全省化肥减量2万吨，测土配方施肥技术覆盖率达到95%，主要粮食作物化肥利用率达到40%以上的目标，构建绿色种养循环长效机制。

（三）农业废弃物再利用，提升可持续发展水平

农业生产过程中不可避免地会产生废弃物，具体包括农作物秸秆、农药废弃物、地膜及畜禽粪便等，不及时有效地处理容易污染环境并造成资源的浪费。

近年来，河北省利用先进技术，遵循生态学原理，着力加强秸秆的回收、储运与再利用，重点提升秸秆饲料化、肥料化、基料化、燃料化和原料化利用水平。2020年河北省畜禽粪污、秸秆资源化利用率分别达77%、95%，均高于全国平均水平。各地也出台了多种政策措施提高农业废弃物的利用率，例如河北省三河市出台了奖励政策，对收获期间不焚烧秸秆的居民给予一定数额的奖励，在此基础上对主动采用物理方法破碎秸秆的农户予以额外奖励，若农户采用新型收割机且由指定企业将秸秆运走，则对其给予更高的奖励。该市还开发了天然气试点工程，以禽畜粪便及农作物秸秆作为原料，通过发酵产生沼气，且沼渣和沼液能够再利用制成固态及液态的有机

肥，真正实现生态能源的循环利用，不仅有效解决了农业废弃物处置的问题，改善了生态环境，而且提供了新型清洁能源，生产了有机肥料，形成了新的生态循环。河北省部分企业还研发了畜禽养殖粪污处理配套建设设施，同时创建了1个国家级和15个省级农业可持续发展试验示范区，大幅度提高了农业可持续发展水平，着重加大了畜禽粪污综合利用技术的推广力度。此外，河北省还重点关注农药包装类废弃物的处理工作，着重推进14个试点县项目实施，完成"河北省农药包装废弃物回收监测平台"建设。①

（四）大力发展质量农业，加快现代化种植业发展

为满足人民群众对健康安全的绿色产品日益增长的需求，提升绿色优质农产品供给能力，提升农产品的市场竞争力和经济效益，河北省进行农产品供给侧改革，打造了20个特色农业精品示范基地，提升产品质量及特色。

为实现地区产品差异化及个性化，河北省进行特色产业集群建设，遵循"做强产业集群、做优示范园区、做精高端产品"的原则，实现特色产业集群规模扩大、结构优化及链条延伸。2021年上半年，河北省共新增种植业8个集群，总面积为160.6万亩，新增高效基地47万亩，发挥太行山连翘产业带、邢台百里酸枣产业带和承德皇家御路错季蔬菜产业带的集聚效应，实现晋州鸭梨、平泉食用菌、涿鹿葡萄等示范园区的引领作用，提升固安原味番茄、内丘富岗苹果、辛集黄冠梨等高端精品溢价能力，并进一步改善蔬菜净菜加工、水果智能分选、食用菌冷藏烘干和中药材饮片等产后加工能力。为提升农产品生产质量和效率，河北省坚持强优势、补短板、破卡点的原则，不断创新工作举措，推动现代化种植业发展，共安排省级农作物新品种示范点21个，筛选适宜各地种植的优良新品种，保证主要农作物良种覆盖率保持在98%以上。同时，组建了节水小麦、鲜食玉米、高油酸花生、马铃薯、食用菌、中药材等12个特色作物种业联盟，结合农作物产供需形势分析及种子市场的监测，重点推进品种试验审定及种业市场监管工作。

---

① 中共河北省委关于中央一号文件贯彻落实情况的报告。

为推广农业现代化种植，发挥农机化作用，河北省在65个县持续打造106个"智慧农场"，在赵县、成安启动建设小麦、玉米无人农场，在沧州中捷产业园区举办苜蓿生产机械化田间日活动，展演了近50种苜蓿先进生产装备，颁发农机鉴定证书425张，并在2021年夏粮收获中调度小麦联合收割机等200万台，小麦机收率达到99.7%，全省小麦机收平均损失率控制在1.08%，约减少小麦损失2.9亿斤，投入农机深松耕机具2000多台套，完成深松耕作业200多万亩，实现机械化耕种。

综上所述，河北省立足于绿色农业发展新形势，依据实际情况，从推广节水农业、减少化肥及农药使用量、实现农业废弃物再利用及推广现代化种植等方面入手，寻找快速提升绿色农业竞争力水平的有效策略，以现代示范园区为主要抓手，由点到面，系统化、科学化地推动河北省绿色农业特色化及规模化发展，提升了河北省绿色农业竞争力。

三 河北省绿色农业发展的优势

河北省充分发挥自身资源禀赋优势，根据自身的特点，在政府及相关部门的政策支持、资金支持及技术支持下，农业生产条件不断改善，绿色农业经济效益大幅度增长。

（一）资源丰富，地理位置优越

河北省地处华北平原，自然资源丰富，可耕地面积位居全国第四，生态环境良好。作为农业大省，一方面，由于地处阶梯交界位置，地区间气候差异较大，可种植绿色农作物种类较多，种植范围较广泛，具备生产多样绿色食品的优越自然条件；另一方面，河北省具备相对成熟的耕作技术及丰富的种植经验，能够生产价值高的绿色农产品，同时满足劳动密集型和技术密集型农业的生产要求，因而具有享誉国内外的特色农产品。如河北省保定市依据自身的地理位置和气候条件，立足于京津冀一体化发展，创新绿色农业发展模式，建立了标准化、规范化的生产园区，并提出发展绿色现代农业的目标，扩大绿色农业发展规模；河北省廊坊市积极推进绿色农业发展，绿色农产品销售市场扩展至北京及天津地区，同时利用电子商务及互联网销售渠道，将产品销售至江苏、云南、广东甚至福建等地区。河北省一大批特色绿色产品在国内乃至国际市场上脱颖而出，如"泊头鸭梨"成功走进美国、澳大利亚超市，定州市"中洲绿"牌无公害蔬菜进入北京市场等。

（二）政策支持，标准体系不断完善

早在2003年，河北省就提出了《关于推进无公害食品行动计划加快绿色食品发展的意见》，明确了绿色农业发展的目标，并将推进绿色农业发展作为一项基本工作，为绿色农业发展提供了政策上的外部支持和方向指引；于2016年正式发布了《河北省农业可持续发展规划（2016—2030年）》，指出要按照"一环四区一带"进行规划布局，根据地理位置及气候等自然条件及人文条件，划分出专门的粮食生产功能区、重要农产品生产保护区和特色农产品优势区，从宏观上为绿色农业发展进行产业布局；随后河北省全面推行绿色产业标准化生产，从农产品育种、栽培、采收、贮存及加工等不同环节入手，共制定并实施省级地方标准743项及市级农业地方标准1239项，促进河北省绿色农产品标准化生产水平的提升。在一系列的政策支持下，2021年河北省在确保完成国家下达的粮食生产任务的前提下，重点根据京津冀市场需求，以现代都市型农业和特色高效农业为导向，集中力量打造12个产业集群100个示范园区和100个高端精品，并建成了全国最大的越夏香菇基地、优质梨基地、酸枣仁基地和高端奶业基地，农业发展的目标和举措逐渐完善。

（三）技术支持，发展绿色科技农业

实施绿色科技兴农战略的根本途径是推广应用绿色农业科学技术，进而实现提升产量和品质、优化生产结构并提高农业效益的最终目标。长期以来，河北省一直高度重视农业技术的发展，以发展科技农业为目标，培养了大批农业生产技术型人才。截至2021年，河北省已经建立19个省级创新团

队横向协作机制,创建省级创新驿站224个,全面推行科技特派员制度,实现科技服务到村到户到项目,确保科研人员能够深入农村田间地头,了解真实的农业环境和农民需求。一方面,河北省高度重视农业相关的科研力量培养,充分利用良好的区位优势,与周边城市如北京和天津进行技术交流,从而为绿色农业的发展提供支撑;另一方面,河北省注重龙头企业与相关科研单位的合作,旨在推动实验基地的建设从而实现较好的推广示范作用,并为农户提供技术方面的指导支持。

四 河北省绿色农业发展存在的问题

近年来,河北省绿色农业得到了快速发展,而随着新时代可持续发展理念的不断深化以及产业结构和农业结构深化改革的不断推进,河北省绿色农业也不可避免地面临新的发展形势和新的挑战。

(一)生产资源要素需加强保护

农业生产中最基本的要素是耕地资源和水资源,两者的数量和质量直接影响农产品的产量和生产质量,因此耕地资源和水资源的保护是新时代绿色农业发展的核心问题,一旦失去这两个基本生产要素,农业绿色发展也将无从谈起。

1. 耕地资源

在农作物总播种面积方面,随着我国工业化和城镇化进程的加快,越来越多的耕地被用于道路、建筑及工业园区等城镇基础设施建设,农作物总播种面积持续下降。2015~2020年,河北省农作物总播种面积由8739.8千公顷减少至8089.4千公顷(见表1)。从耕地面积的动态变化来看,2015~2020年,河北省农作物总播种面积呈现持续下降趋势,导致耕地面积减少的因素包括建设占用及自然灾害等,而耕地面积的减少量呈现递减趋势,这与国家的土地整治、退耕还林及农业结构调整等因素密不可分,有效遏制了农作物总播种面积快速递减的总体趋势。

表1 2015～2020年河北省农作物总播种面积变化情况

单位：千公顷

年份	农作物总播种面积	农作物总播种面积变化
2015	8739.8	
2016	8467.5	-272.3
2017	8381.6	-85.9
2018	8197.1	-184.5
2019	8132.7	-64.4
2020	8089.4	-43.3

资料来源：历年《中国农村统计年鉴》主要农作物播种面积。

从耕地质量来看，《2019年全国耕地质量等级情况公报》中将耕地划分为10个等级，1～10等耕地质量由好至差。按照全国耕地划分标准，1～3等为高等地，该类耕地基础地力较高，最好按照用养结合的方式进行农业生产；4～6等为中等地，该类耕地农田基础设施较好，无较为明显的障碍因素，是实现粮食增产的重要突破口；7～10等为低等地，该类耕地具有较明显的生产障碍，短时间内难以得到根本改善。

根据调查结果，9个区域的高等地、中等地及低等地所占比例见表2。

表2 2019年我国9个区域耕地质量构成

单位：%

区域	高等地	中等地	低等地
东北区	52.01	40.08	7.90
内蒙古及长城沿线区	12.76	38.79	48.45
黄淮海区	40.15	49.22	10.64
黄土高原区	13.16	32.08	54.76
长江中下游区	27.27	54.56	18.17
西南区	22.12	56.21	21.67
华南区	25.33	40.13	34.54
甘新区	22.36	54.55	23.08
青藏区	1.65	32.56	65.79

资料来源：根据《2019年全国耕地质量等别更新评价》主要数据计算得出。

河北省东部属于黄淮海区,西部属于黄土高原区,河北省东部所在区域内高等地及中等地占比较高,在全国范围内略落后于东北区,但是河北省西部所在区域内高等地所占比例仅高于青藏区和内蒙古及长城沿线区,而且低等地所占比例较高。这与城镇化和工业化进程中占用耕地大多为高等耕地有关,而通过土地整治等措施补充的耕地土地生产率极低,同时,土地污染也是影响土地质量的重要因素之一。

2. 水资源

总体来看,我国是水资源短缺的国家,而且越来越多的水资源被配置到工业、城镇以及非农产业。水资源禀赋是影响农业生产用水的主要因素。河北省农业用水在使用量上存在资源性缺水和工程性缺水并存的问题,在水质上存在"水多、水少、水脏、水混"的问题。2011~2020年,河北省农业用水由140.5亿米^3/年减少至107.7亿米^3/年,总体呈现下降趋势(见表3)。

表3 2011~2020年河北省农业用水变化情况

单位:亿米^3

年份	农业用水	农业用水变化量
2011	140.5	—
2012	142.9	2.4
2013	137.6	-5.3
2014	139.2	1.6
2015	135.3	-3.9
2016	128.0	-7.3
2017	126.1	-1.9
2018	121.1	-5.0
2019	114.3	-6.8
2020	107.7	-6.6

资料来源:国家统计局网站,https://data.stats.gov.cn。

总体来说,河北省绿色农业发展在土地资源和水资源方面仍面临资源总数以及资源质量逐步下降的问题。经济的过快发展导致部分农业生产厂商只关注产量和经济效益的提高,而忽视了将两者相结合以实现持续共生发展。一方面是由于对绿色农业知识缺少系统、深度的了解,另一方面是绿色农业知识仅停留在相关科研或者知识型人才层面,未触达农业种植人员,受众面有待扩大。因此,如何实现资源的可持续发展,保护并尽可能可持续利用水土资源仍然是河北省在推动绿色农业发展过程中面临的核心问题。

(二)技术研发及普及力度欠缺

农业技术的发展对于提高农业生产效率具有重要意义。但是从研发的角度来说,农业技术研发的过程需要投入大量的人力、物力和财力,而且一项新技术从开始研制到正式投入使用需要的时间较长、失败率高、需要多次反复实验确认且见效慢。因此,农业技术研发是一个长期且规模较大的投入过程,部分企业缺乏对绿色农业技术研发、实施及进一步推广的制度制定,导致其在技术研发或者实施过程中遇到瓶颈时缺乏有效及时的技术改进措施,这在一定程度上制约了当地农业技术研究的进度和成效,也不利于企业的扩大再生产。而相关政府部门也缺乏对农业技术研发和技术人才引进的资金和政策支持,这不利于推动绿色农业技术研发快速发展及完善基础设施建设。

另外,从技术推广普及的角度来看,城镇化进程不断加快,而农业经济的投入产出比却相对较低。农产品生产投入的时间多、精力大,但农产品的价格普遍偏低。农民的收入不足且投入产出的周期长,导致大量年轻人和有想法、有技术的农民选择脱离农业劳动,转而成为城市农民工,愿意留在农村进行农业技术创新实践的人越来越少。而在农村实际劳动的农民往往年龄较大,知识层次较低,出于劳动习惯和劳动观念的束缚,该类人群大多不愿或者不能较快地接受新鲜事物,对新技术的推广抱有抵触情绪。再加上农业生产的整体利益偏低,没有与引进新技术相配套的保险体系,因此农民倾向于维持现状,不愿意冒险尝试新技术,对于引进高新技术产业缺乏动力,使得一些先进技术在研发成功后无法在生产实践中落地。

（三）龙头企业少，品牌影响力不够强

河北省农产品质量效益和竞争力有待提升。从国际市场上来看，农产品市场竞争日益激烈，对农产品质量和安全的要求日益严格，农产品特色化和差异化也成为脱颖而出的必要条件。河北省虽然大力推广特色产业集群，但是龙头企业较少，尚未在普通农户心中形成典范。龙头企业是推进农业产业化发展的主体与核心，在农产品销售的过程中仍发挥着重要作用。绿色农产品龙头企业少导致产品在生产、加工和包装等环节还未达到市场所制定的绿色农产品标准，因此，还需培养绿色农产品龙头企业，充分发挥其对当地整体绿色农业的带动作用。同时，与国际市场上的农产品相比，河北省农产品的主要差距在质量方面，尤其是食品安全方面仍需进一步加强。

从国内市场上来看，河北省绿色农业发展与部分省份相比存在差距。河北省当前面临的主要问题是农产品单品规模化、集约化程度不足，农产品加工业发展相对滞后，未建立有影响力的品牌，而且由于部分市县未成立集群专班，缺乏专业的基层技术人员，未发掘盘活农村资产资源及增强发展动能的创新性途径。2020年《绿色食品统计年报》显示，与其他省区市相比，河北省绿色农业企业数及绿色产品认证数排名较靠后，而绿色农业企业数和绿色产品认证数可以反映该地区绿色农业发展的总体形势，绿色发展理念是否植根于产业发展全过程以及政府对绿色农业企业发展的支持程度，绿色农业企业数占比越高表明该地区涉农企业的发展结构越优化。从地区绿色农业企业数来看，2020年全国共8075家企业通过认证，河北省为137家，排第21名，从全国看排名中后；从绿色产品认证数量来看，山东地区产品数约为河北省的5倍（见表4），河北省拥有绿色产品认证数量相对较少，待开拓的绿色食品市场发掘潜力较大，是今后绿色农业发展的主导方向。

表4 我国部分省区市绿色农业企业与绿色产品认证数量

单位：家，个

地区	单位数	排名	地区	产品数	排名
安徽	861	1	山东	1584	1
山东	669	2	安徽	1465	2
江苏	590	3	黑龙江	1299	3
湖南	541	4	江苏	1223	4
黑龙江	483	5	重庆	1202	5
浙江	449	6	湖南	1159	6
重庆	437	7	湖北	778	7
河南	370	8	浙江	620	8
上海	318	9	云南	618	9
湖北	298	10	四川	616	10
山西	296	11	河南	610	11
甘肃	296	12	内蒙古	600	12
四川	267	13	甘肃	548	13
江西	255	14	上海	533	14
内蒙古	243	15	江西	525	15
广西	234	16	山西	489	16
辽宁	193	17	吉林	426	17
福建	189	18	河北	356	18
云南	189	19	辽宁	331	19
吉林	158	20	广西	323	20
河北	137	21	福建	322	21
广东	123	22	新疆	272	22
陕西	120	23	广东	207	23
贵州	92	24	陕西	171	24
新疆	82	25	青海	167	25
青海	54	26	贵州	138	26
宁夏	49	27	宁夏	113	27
天津	23	28	天津	65	28
海南	22	29	北京	43	29
西藏	21	30	海南	31	30
北京	16	31	西藏	29	31
总计	8075		总计	16863	

资料来源：中国绿色食品发展中心2020年《绿色食品统计年报》。

五 推动河北省绿色农业发展的对策和建议

面对新时代绿色农业发展的新形势、新任务,河北省应继续以提供优质安全的农产品为出发点,加快推动绿色农业发展。

(一)保障耕地数量,减少耕地污染

耕地资源是发展绿色农业和保障国家粮食安全的基本要素,保障耕地数量与提升耕地质量是实现农产品优质生产的基本途径。首先,河北省应严格遵守耕地保护制度,在工业化和城镇化进程的推动下,耕地面积递减趋势短时间内无法逆转,河北省必须严守耕地红线,通过建立严格有效的督察机制,及时发现耕地违规占用的问题,保障耕地资源安全。同时积极改善耕地土壤质量,一方面对中等和低等田地进行专业化改造,从而提高耕地质量;另一方面治理耕地土壤污染问题,大范围推广测土配方施肥技术,提高化肥的利用率并减少由施肥导致的面源污染,并且扩大轮作休耕试点,健全耕地休养生息制度,避免土地被过度使用,及时恢复耕地活力。

(二)节约优先,保障水资源可持续利用

水资源的总量是有限的,在农业生产的过程中应节约优先。当前河北省农业用水仍具有较大的节水潜力,可以创新农业用水机制,大力推广农业节水项目。根据河北省各地区的生产特点和雨水丰沛程度,确定可以推广农业节水的重点区域,同时着力开发节水技术;在此基础上减少水源污染,严格执行水资源管理制度的相关要求,对违法污染水源的企业加大处罚力度,切实加大水域环境的监测与环保执法力度,切实杜绝工业企业对水资源的污染。另外,在水资源总量有限的情况下,尽量实现每一滴水的高效利用,建立符合生态循环的机制,实现水资源的可持续利用。

（三）加大宣传，提升全民发展绿色农业的认识

广泛利用人民群众使用较多的媒体宣传发展绿色农业的方式和重要意义。一方面，通过加强对农民这一群体的宣传，提高其对高新技术和设备的接受程度，从农产品的生产、加工和流通环节入手，做好农民种植培训工作，提高农民对农药的鉴别和合理使用能力，使其能够合理使用农药，从生产源头保证产品健康；另一方面，通过加强对有机食品生产者、加工商、经营者的宣传，提高他们对绿色食品的认识水平和管理能力，增强生产者市场竞争意识。此外，通过对消费者的培训，提升其辨别绿色农产品与普通农产品的能力，并拓展绿色农产品的销售市场。

（四）培养带头创新型农业企业，提升品牌影响力

政府应对优势明显且具有发展潜力的科技创新型农产品企业进行资金和政策方面的支持，扩大龙头企业的生产规模和影响力，使更多的企业能够达到国家、省重点设立的龙头企业标准。鼓励并引导龙头企业按照现代企业制度进行运作和经营，增强其对行业中其他中小公司的影响力和带动力。同时，对于中小型科技创新型企业，鼓励其向"专、新、特、精"的方向发展，与其他企业能够形成优势互补，建立具有活力的农业产业群体，加快科技与农业融合。同时，根据河北省各地区的地域特色，打造具有影响力的农业品牌，走特色化和创新化道路，不能将目光只聚焦于种植面积和投资规模等硬性指标，还应关注绿色农业产业特征。

（五）发挥政府职能，健全完善农业标准体系

发展绿色农业既离不开市场自发的配置作用，也需要政府予以支持和引导。首先，政府可以通过税收优惠及奖励等方式加大对发展绿色农业的财政补贴，鼓励企业积极参与绿色生产，并完善单个农户引入高新技术产业的收入保险体系，引导其敢于尝试并投入成本以引进新技术进行绿色生产；其次，要在绿色农业生产过程中在资源要素层面、产业层面和农业废弃物资源

化利用层面逐步建立与完善生态补偿机制，为农业绿色发展提供良好的制度环境；最后，要健全并完善农业标准化体系，加快推进农业标准化生产，制定相关方案并完善河北省农业标准体系架构。指导生产单位制定相配套的生产技术操作规程，推动农业标准化生产落实，同时加大宣传培训力度，加强标准转化应用，打牢推行标准化使用基础。

参考文献

张丹：《河北省绿色农业发展方案分析》，《乡村科技》2017年第15期。

赵梦琳、王梦：《河北省绿色农业与科技深度融合发展实证研究——以河北民兴农业股份有限公司为例》，《现代商贸工业》2018年第33期。

卢秀茹等：《基于DPSIR模型的绿色农业发展水平评价及优化研究——以河北省为例》，《河北科技大学学报》（社会科学版）2021年第3期。

李焦生等：《加速科技成果转化 助力农业绿色发展——以河北省农林科学院植物保护研究所成果转化示范基地为例》，《农业科技管理》2021年第2期。

严立冬：《绿色农业发展与财政支持》，《农业经济问题》2003年第10期。

刘荣家、叶兵、张迪：《绿色农业及绿色经济发展的思考——基于秦皇岛地区农场的调研》，《湖北农业科学》2017年第13期。

孟涵等：《农业绿色发展水平评价及影响因素——以河北省为例》，《农业展望》2020年第10期。

于法稳：《新时代农业绿色发展动因、核心及对策研究》，《中国农村经济》2018年第5期。

金书秦、牛坤玉、刘洋：《以碳达峰为契机 打造农业农村绿色发展升级版》，《经济参考报》2021年11月9日，第7版。

《河北绿色食品产业发展势头强劲》，中国投资咨询网，2018年4月26日，http://www.ocn.com.cn/to，2018-04-26。

B.15
河北省农业数字化发展的实现路径研究*

段小平 张胜棉**

摘　要： 加快农业数字化是实施数字乡村建设的核心与基础。2021年中央一号文件明确提出，实施数字乡村建设发展工程。本报告在阐述河北省农业产业数字化发展重要性的基础上，分析了河北省发展数字农业的物质基础，阐释了河北省数字农业发展的不同模式，提出了河北省加快数字农业发展的对策建议。

关键词： 数字化　农业　河北省

农业数字化，是我国由农业大国迈向农业强国的必经之路，也是推动河北省农业高质量发展的关键所在。《河北省智慧农业示范建设专项行动计划（2020—2025年）》明确提出，大力推进"互联网+"现代农业创新发展，加速农业数字化进程。

一　充分认识农业数字化建设的重要意义

（一）农业数字化是破解资源环境压力的重要举措

长期以来，为保障粮食、蔬菜等农产品生产供给，我国农业生产中大量

---

* 本报告系河北省社会科学院现代服务经济创新团队个人项目"河北省数字农业发展问题研究"的阶段性成果。
** 段小平，河北省社会科学院财贸经济研究所副所长、副研究员，主要研究方向为农业农村经济、区域经济；张胜棉，中海油气电集团有限责任公司河北销售分公司高级会计师，主要研究方向为企业数字化、财务数字化。

施用化肥、农药,粗放的农业生产方式使土壤污染、地下水位下降、水土流失、农产品质量安全等问题持续增多,农业发展面临的资源环境压力越来越大。河北省作为农业大省、产粮大省,农业发展所面临的资源环境压力更加突出,在全省9000多万亩耕地中,中低产田占1/3,多数耕地长期处于超负荷状态。由于土地长期大量使用单一化肥、深松深耕作业不够,部分地方的农地土壤养分结构失调、物理性状变差,土壤有机质含量降低,土层板结、蓄水保墒能力下降。同时,全省地下水超采总面积达到6.97万平方公里,农业生产的可持续性面临严峻挑战。面对日益严峻的资源、环境约束与挑战,迫切需要转变农业生产方式,需要大力发展数字农业,运用现代信息技术对农业生产全过程进行精准控制、监测、预测,通过农作物生产过程精准控制和化肥、农药、水资源精准施用,实现农药、化肥、灌溉水与农作物生产全过程的合理匹配,降低农药、化肥施用总量,减少水资源消耗总量,降低农业发展对资源环境造成的损害,推动农产品生产与资源环境可承载能力相协调,破解农业发展面临的资源环境压力。

(二)农业数字化是提升农业发展质量效益的客观要求

传统的农业大多采用粗放的生产方式,靠天吃饭、经验种植,农作物平均产量低,生产面临的不确定性大,品质不稳定,难以适应现代农业发展要求。数字农业将现代通信技术、卫星遥感技术、地理信息系统、全球定位系统、互联网技术、自动化技术等新一代信息技术手段与农学、生态学、植物生理学、土壤学等有机结合,通过农业生产环境实时监测对农作物生长、病虫害信息、土壤墒情、环境温湿度、病虫害以及相应的环境进行信息数据收集,生成动态空间信息系统,模拟农业生产过程,形成稳定性高、标准化的农业生产数据模型,有效提高资源利用效率、土地产出率和劳动生产率,提高农业生产效率和农产品质量,推动农业从粗放增长转向精明增长、高质量增长。同时,通过物联网、传感器、智能装备等新兴技术参与农业生产全过程,传统的人工播种、除草、喷药、施肥、灌溉、收割等过程将实现智能装备代替人力,将极大地减少劳动力的投入,降低劳动投入强度,提升农业规模化、机械化、绿色化、智能化发展水平，实现农作物质量和产量双丰收。通过机器算法还可以有效缩短农业研发进程，帮助更好、更快培育植物基因，开发更多的优质农产品，降低自然和人为因素带来的不确定性，化解"靠天吃饭"带来的不确定性和风险。

（三）加快农业数字化是深化农业供给侧结构性改革的题中之义

当前，我国农业面临的主要矛盾已经从总量不足转变为结构性矛盾。特别是随着城镇化、工业化快速发展，城乡居民收入水平提高、消费升级，"小生产、大市场"格局下的农业生产与市场需求的结构性矛盾日益突出。一方面，农民费时费力生产出来的农产品卖不上好价钱；另一方面，城市居民需要的高质量、高品质的农产品供给不足。农产品阶段性供给不足与农产品普遍性"卖难"并存，"蒜你狠""姜你军"周期性重演，猪肉价格暴涨暴跌……迫切需要运用数字农业技术深化农业供给侧结构性改革，用数字化、信息化手段，从生产端着手，优化区域结构、产品结构、产业结构，加快农业从"生产什么卖什么"向"市场需要什么生产什么"转变，提高绿色优质农产品供给能力，带动农业市场化生产、规模化经营、品牌化营销，推动农产品从低水平供需平衡向高水平供需平衡跃升。

（四）农业数字化是实施乡村振兴战略和数字乡村建设的重要内容

乡村振兴战略是新时代"三农"工作总抓手，数字乡村是乡村振兴的战略方向，也是建设数字中国的重要内容。《中共中央 国务院关于实施乡村振兴战略的意见》明确提出实施数字乡村战略。中共中央办公厅、国务院办公厅《数字乡村发展战略纲要》将数字农业作为数字乡村建设的重要内容，要求立足新时代国情农情，加快云计算、大数据、物联网、人工智能在农业生产经营管理中的运用，促进新一代信息技术与种植业、种业、畜牧业、渔业、农产品加工业全面深度融合应用，带动农业农村现代化发展。农业农村部、中央网信办《数字农业农村发展规划（2019—2025年）》将数字农业作为推动乡村振兴的发力点,提出加快运用数字技术赋能现代农业,充分释放数字经济强大动力,为新时期农业升级赋能,加快推动乡村产业兴旺,激活乡村振兴内生动能,加快实现农业农村现代化。总之,发展数字农业已经成为加快乡村振兴、建设数字乡村、推动农业农村现代化的题中应有之义,也成了培育农业农村发展新动能的重要抓手。

二 河北省农业数字化发展的现实基础

（一）我国城乡信息基础设施日益完善,为农业数字化建设提供了重要基础

党中央、国务院高度重视信息基础设施的建设。党的十八大以来,成立了中央网络安全和信息化领导小组,实施"宽带中国"战略、"互联网+"行动等重大决策,持续加大城乡信息基础设施和网络建设力度。2020年,我国已建成全球规模最大的光纤和移动宽带网络,第四代移动通信网络（4G）覆盖城乡,第五代移动通信网络（5G）研发应用全球领先,建成5G基站115万个以上,占全球的70%以上,全国所有地级市城区、超过97%的县城城区和40%的乡镇镇区实现5G网络覆盖;全国行政村、脱贫村通光纤和4G的比例均超99%,实现了全球领先的农村网络覆盖,农村城市"同网同速"。与此同时,计算机、手机等电子产品快速普及,互联网用户规模持续增长,2020年,全国网民规模达到9.89亿人,互联网普及率达到70.4%,移动互联网用户总数超过16亿,互联网用户、宽带接入用户规模居全球第一。其中,农村网民规模达到3.09亿,农村地区互联网普及率为55.9%,宽带网络已经成为农民得心应手的"新农具"和跨越数字鸿沟的"新桥梁"。

（二）现代信息技术装备日益成熟,为农业数字化提供了重要技术储备

从国际看,智能农机装备、自动导航设备、图像识别技术、计算机总线

技术、光照温度传感器设备、自动监测设备、远程监控装置、遥感信息系统等技术装备日益成熟，发达国家纷纷将云计算、数据挖掘、智能农机等装备技术应用到农业生产经营管理中，农业大数据、农业物联网、云计算等技术在农业增产增效、节本降耗、品质提升中的作用日益明显。数字农业的发展，不仅解决了农业劳动力日益紧缺问题，还实现了农业生产高度规模化、集约化、工厂化，提高了农业生产对自然环境风险的应对能力。

从国内看，我国北斗导航卫星系统覆盖全球，"三网融合"稳步推进，手机、无人机、智能化农业机械、新一代信息技术在农业产业体系、生产体系、农产品供销等领域的应用日渐增多，为数字农业的加快发展提供了重要契机。同时，随着5G建设发展进程加快，我国移动网络单位流量平均资费稳步下降。据全球移动通信系统协会监测，我国移动通信用户月均支出是5.94美元，低于全球11.36美元的平均水平。广泛覆盖的网络、日益成熟的数字农业装备、城乡一体的通信网络、较为低廉的通信价格，为数字农业发展提供了重要条件。

（三）农业规模化经营程度提升，为农业数字化发展提供了必要条件

长期以来，我国农村土地家庭承包经营带来的土地规模细碎化，造成土地经营者引入现代物质技术装备既没有经济实力，也缺乏相应的规模效应。但随着城镇化、工业化发展，农村劳动力大量向城市、工业领域转移就业，农村土地流转规模逐步扩大。河北省委、省政府积极引导农村土地向家庭农场、专业大户、农民专业合作社等新型农业经营主体流转，发展农业适度规模经营。2010~2018年，河北省土地流转面积从727万亩增长到2983万亩，土地流转率从8.6%提高到35.7%，土地流转面积增加2256万亩，土地流转率提高了27.1个百分点。家庭农场、农民专业合作社、龙头企业等各类新型农业经营主体快速发展。到2020年，河北省注册的家庭农场达到4.9万家，农民合作社达到11.5万家，农业生产社会化服务组织达到3万多家，农业龙头企业达到2843家。农业规模经营程度的提高和大量有投资实力的新型农业经营主体介入农业,极大地解决了数字农业发展面临的经营主体实力不强,引入现代信息装备技术后规模效应不明显、成本收益不匹配的问题,为农业数字化提供了重要条件。

(四)国家对新基建和数字乡村建设的高度重视,为农业数字化发展提供了重要契机

数字农业是未来农业发展的重要方向。党和国家高度重视数字农业发展。2016年中央一号文件首次提出发展智慧农业。我国相继出台《促进大数据发展行动纲要》《数字乡村发展战略纲要》《"互联网+"现代农业三年行动实施方案》《关于推进农业农村大数据发展的实施意见》等一系列文件,数字农业迎来前所未有的发展契机。2019年,农业农村部发布的《数字农业农村发展规划(2019—2025年)》,明确部署了新时期我国数字农业农村建设的总体思路、发展目标,提出了未来数字农业发展的重点任务和保障措施,描绘了数字农业发展的宏伟蓝图。2020年,《中共中央 国务院关于抓好"三农"领域重点工作确保如期实现全面小康的意见》提出建设农业农村大数据中心,加快现代信息技术在农业领域的应用。发展数字农业成为建设数字中国的重要组成部分,为农业数字化发展提供了难得的政策契机。

(五)河北省三级数字农业顶层设计的框架基本形成

河北省委、省政府高度重视农业数字化建设,将发展数字农业作为推动农业转型升级的突破口。2017年,河北省农业厅、省农工办联合印发《河北省农业信息化工作推进方案》,提出将加快新一代信息技术向农业生产、经营、管理、服务领域的推广应用,每年创建10个以上较大规模的农业物联网应用典型,培育一批农业电子商务市场主体,探索大数据建设运营新模式,健全省级农业大数据中心,形成4000个以上益农信息社,开展新型农业生产经营主体互联网应用培训2万人次以上。2019年以后,河北省先后出台《"互联网+"现代农业三年行动实施方案》《河北省农业农村信息化

发展"十三五"规划》《河北省智慧农业示范建设专项行动计划（2020—2025年)》等一系列文件，大力发展数字农业。目前，河北省已建成"1+4+N"智慧农业云平台，形成"数字土壤""农业科技云""综合信息服务""智慧农机大数据平台"等数据管理体系，省市县三级数字化管理框架基本搭建，线上线下融合的现代农业加快推进，培育形成一批数字乡村建设典型，农村电子商务快速发展，全省农业数字化建设取得初步成效。

三　河北省农业数字化发展的典型模式

（一）智慧种植模式

该模式突出表现为现代信息技术与大田农业、设施农业的结合。通过大数据、云计算、人工智能等信息技术应用，将天气、土壤、降水、温度等数据上传到云端，实现农作物种植种类及作物生长的光照、水分等情况的实时监测和调节，农民借此优化生产，实现增产。通过云平台进行大数据计算，将信息发送到智能化农业机械，推动精准作业。目前，全省1万多台套中大型农机，通过智慧农机决策管理信息平台实现了耕、种、管、收全生命周期农机作业动态管控。衡水饶阳将数字技术应用到设施蔬菜种植中，另如廊坊永清县新苑阳光现代农业园区、邢台南和县农业嘉年华、保定高碑店冀康现代农业园区的植物工厂等。基本原理是通过多种智能传感器以及人工干预技术，对温度、湿度、光照、二氧化碳浓度等进行实时监测和调节，使蔬菜长时间保持在适宜生长的状态，"因菜制宜"配置植物生长所需的营养液，促进蔬菜快速生长，且营养价值远高于普通蔬菜。植物工厂生长出来的蔬菜绿色、无公害，满足了当前消费者注重高品质生活的要求。同时植物工厂开展农业科普、休闲采摘、农耕教育、农事展示等活动。

（二）智慧养殖模式

该模式的突出特点是"信息技术+养殖"，主要是新一代信息技术、人工智能、大数据等在养殖环节的应用，推动形成信息化集成，形成集温湿度控制、精准饲喂、防疫防病、良种繁育、废物处理于一体的科学养殖模式。典型的如沧州南皮县、衡水安平县、张家口赤城县通过高清摄像头监测猪场情况，记录猪的体重情况和日常行为，观察生猪进食情况、行为特征、体温变化等，在猪场设置传感器，感知猪场温度、湿度、氨气含量变化信息，对可能出现的生猪异常情况，如进食减少、不愿活动等进行及时反馈，防止出现疫病等。通过数据观察，记录生猪生长情况，精选良种，提升饲料利用效率。通过"农管宝"平台，农户通过上网就可以完成订苗、订饲料、订疫苗、死淘申报、物料转退、回收上市、结算等一系列操作。2020年，河北省136家牧场利用NB-IOT技术实现了"小牧童"实时管理监测。

（三）农产品质量安全追溯模式

该模式将互联网技术与农业生产有机结合，在农产品生产全过程设置视频监控、农作物传感器，建立农产品可追溯二维码，通过扫码即可获取农产品从田间到手中的全部流通信息，确保消费者购买到安全放心的农产品。河北省农产品质量安全监管追溯平台包括质量追溯、投入品监管、检验检测、"二品一标"、执法记录、应急管理、信息发布等八个系统，建立了农产品生产经营主体和农资生产企业信用档案，并对农产品生产主体开展农产品电子追溯管理。2020年，河北省已经有9.96万家农资企业和农业经营主体、3185万家农产品生产主体纳入平台。其中，廊坊康达畜禽公司利用平台实现了冰鲜三黄鸡鸡雏、饲料、养殖、屠宰、销售等关键信息点全程可追溯；保定唐县振宏肉羊采取检疫卡环与二维追溯码，实现羊肉胴体市场流通可追溯；廊坊顺斋瓜菜合作社对关键控制点进行数据采集，建立蔬菜等农产品全过程追溯档案，其产品顺利进入北京大型连锁超市，将数据平台信息产业化、效益化。数字技术在农产品安全领域的应用，不仅有效降低了政府的监管成本，还有效保障了农产品的生产安全，提高了消费者忠诚度和优质农产品品牌溢价水平。

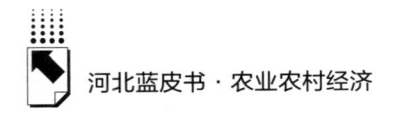

（四）农村电商与直播销售模式

互联网突破时空限制，消除信息障碍，创新商业模式，不断促进农业经营网络化发展，带动农村电商、直播带货等一批农业新业态不断涌现，赋予农业农村新的发展活力。农村电商突破了传统交易模式下农民、经纪人、批发商、零售商和消费者环节多、效率低、费用高的弊端，简化了流通环节，畅通了流通渠道，消除了城市与农村、生产者农民与消费者市民之间的鸿沟，降低了商品价格，拉动了消费。如邢台南和与阿里巴巴搭建电商交易平台，举办宠物嘉年华直播节，举办电商销售、直播大赛、明星直播、商家直播，全区从事宠物食品相关销售电商及销售商达8300家，形成淘宝村5个，年销售额超10亿元，邢台南和成为全国最大的线上线下一体化宠物食品销售基地。

四 加快河北省农业数字化的实现路径

把握数字经济和信息技术发展趋势，聚焦智慧种植、智慧畜牧、智慧水产、智慧种业、智慧新业态、智慧监管六大核心，实施数字农业重大工程，提高数字农业关键技术装备应用水平，提升农业数字化生产能力，让广大农民共享数字经济发展红利，为建设现代化经济强省、美丽河北提供重要支撑。

（一）加大数字农业基础设施建设

编制河北省数字农业中长期发展规划，强化省级、市级层面数字农业项目谋划，制定数字农业发展的年度计划，形成数字农业发展的顶层设计。加强农村数字基础设施建设。超前布局一批5G网络、IPv6的下一代互联网，提升农村信息基础设施建设水平，提升农业数字化系统集成与配合能力。加快全省高标准农田、粮食生产功能区、永久基本农田、耕地和农用地"一张图"管理。利用北斗导航系统、地理遥测系统、地面传感器系统、空中无人机观测等多种手段，采集农业信息数据，形成农业信息基础数据库。

（二）加强农业资源数据平台建设

建设农业自然资源基础数据库，形成全省耕地面积、空间、质量、权属等立体化信息数据。建设河北省种业大数据平台，为打好种业翻身仗提供基础资源。建立农村集体资产资源数据库，全面录入农村集体资产清产核资成果、集体经济组织登记赋码成果、集体资产财务管理数据。建立农业生产主体数据库，形成集家庭承包经营主体身份、拥有土地面积、农药化肥投入品使用等多种信息于一体的基础数据库。

（三）实施农业数字化工程

实施数字种植工程。加快种植业数字化改造，推动自动驾驶、GPS卫星定位系统应用，扩大自动喷滴灌、智能农机装备等设备应用，推广适应山区特色的数字化装备。实施数字畜牧工程。以畜牧养殖大县为重点，推动畜牧养殖场数字化、智能化改造，加强二维码、RFID等技术和装备集成应用，强化各环节信息互联互通。实施数字渔业工程。加快渔业智慧化、数字化改造，引进水体环境实时监控、自动精准投喂、网箱自动控制等智能化系统和装备。实施数字种业工程。推动智能数据挖掘分析、智能育种等技术和装备集成应用，提高育种效率，加快由"经验育种"向"精确育种"转变。实施农村电商工程。建议加强与电商平台对接，推动形成线上线下相融合的特色农产品经营模式。实施数字农业融合工程。以大数据推动农业新产业新业态的集成应用，发展体验农业、众筹农业、定制（订单）农业、共享农业、云农场等"互联网+农业"新业态新模式。

（四）大力培育数字农业经营主体

培育数字农业示范企业。制定实施龙头企业上云赋智行动方案，推动农产品生产全过程数字化、智能化。培育数字农民专业合作社。利用现代信息手段，提升农民合作社内部运作、财务管理、经营管理信息化水平。培育数字农业社会化服务组织。支持农业社会化服务组织购置智能农机设备、大数据采集设备、设施农业装备、农业大数据分析软件。为农户提供数字化农业服务。培育数字化新型职业农民。实施数字化新型职业农民培育行动，分层分类开展数字农业、智慧农业技能培训，引导带动更多农民参与到数字农业发展中。

（五）培育数字农业创新团队

培育数字农业高新技术企业。引进一批智慧农机、农业机器人、农业大数据、传感器、集成电路、农业数据软件技术生产研发企业，打造具有核心技术的数字农业领军企业、专精特新企业。培养数字农业创新人才团队。鼓励采用星期日工程师、兼职专家、临时聘用等多样化的形式，吸引农业大数据、动植物生长模型技术等领域的高端人才。开展核心装备技术攻关。建议制定数字农业创新科研攻关专项计划，建立数字农业技术装备研发联盟，推动数字农业技术装备能力大提升、大跨越。推动农业大数据应用落地。支持高等院校设立数字农业技术专业，扩大数字农业科技人才队伍。引导农户通过手机App、小程序等获取种养技术、市场信息，解决农民关心的种养难题。

（六）健全农业数字化政策

建立数字农业多元投入机制。加大财政对数字农业基础设施、数字农业装备等的支持力度。采取财政贴息、产业基金、PPP、政府购买服务、采购直接补贴等多种方式，扶持数字农业发展。完善农业数字化政策体系。推行支持数字农业发展的土地政策、能源政策、金融政策、政府采购政策等。强化农业大数据整合利用。加强数据资源整合，推动实现农业生产、农产品流通、行业监管等大数据平台整合与数据资源共建共享，打通"数字孤岛"。加快完善省市县三级农业农村信息化服务平台，构建一体化、全流程数字农业信息服务体系。提升数字农业监管能力。建立线上线下相结合的农业政务管理平台，提升农业生产、市场预警、应急处理、灾害预报、资产资源管理等宏观调控能力。加大农业投入品安全监管，提升农业可追溯能力。完善数字农业相关法规制度。加强对数字农业发展的相关法律法规研究，制定完善农业大数据应用管理、农业数据保密、无人机管理等方面的法律法规。强化数字农业安全保障。全面加强网络安全保障体系建设，提高农业数据安全管理和规范运行能力，防范数据安全风险隐患。

参考文献

河北省农业农村厅：《河北省智慧农业示范建设专项行动计划（2020—2025年）》。
农业农村部：《数字农业农村发展规划（2019—2025年）》。

B.16
河北省农村一二三产业融合高质量发展研究[*]

赵然芬[**]

摘　要： 推进农村产业融合发展是实现农业提质增效、农村繁荣美丽、农民增收富裕的重要抓手。河北实施农村产业融合发展以来，取得了突出成效，融合产业规模不断扩大，融合发展质量快速提升，融合程度纵深推进。但也存在着问题和不足，尤其是与先进省份相比、与高质量发展要求相比、与乡村振兴战略目标相比，还存在不少紧约束和较大改进空间。推进河北农村产业融合高质量发展，还需要做好以下几方面工作。一是做好顶层设计，推进农村三产融合稳定发展；二是强化政府扶持，推进农村产业融合高质量发展；三是积极创新，多方面发力化解要素约束。

关键词： 农村产业融合　高质量发展　河北

推进农村一二三产业融合发展，最早正式见于2015年中央一号文件中。它是以习近平同志为核心的党中央，着眼于中国经济新常态，在成本"双重挤压"、资源环境硬约束加剧及城镇化深入发展背景下，为了实现农业提质增效、农民收入增加而提出的一项农业发展决策。实施农村一二

---

[*] 本报告系2021年度河北省社会科学发展重点课题"河北省农村一二三产业融合高质量发展研究"（20210101038）成果。
[**] 赵然芬，河北省社会科学院农村经济研究所副研究员，主要研究方向为农业社会化服务体系、新型农业经营主体、农村三产融合等。

三产业融合发展决策以来,河北以打造农村产业融合发展示范园为抓手,坚持政府主导、市场主体原则,坚持创新、协调、绿色、开放、共享发展理念,坚持创新驱动发展,引领带动各地推动农村三产融合发展,取得了显著成效,各地亮点纷呈,走出了一条发展方式绿色、产业结构合理、创新驱动有力的乡村产业发展道路,有力推动了河北农业农村现代化建设和农民富裕富足。

一 科学认识农村一二三产业融合发展

农村一二三产业融合发展内涵的精准界定是对其进行经济学理论分析的前提和基础,也是政府部门出台政策、制定举措、指导实践的出发点和根本,更是基层推进产业融合发展工作的基本遵循。

(一)农村一二三产业融合概念的界定

农村产业融合概念源承于日本东京大学今村奈良臣教授所提的农业六次产业化(或称"第六产业""六次产业")理论,国内诸多学者从多个视角对其进行了深入探讨,但至今尚未形成统一定论。2015年,国务院办公厅出台《关于推进农村一二三产业融合发展的指导意见》,明确了推进农村一二三产业融合发展的总体要求和主要工作内容。以此为基础,借鉴国内外相关学术理论,结合河北发展实践,课题组对农村一二三产业融合概念做了如下界定。

农村一二三产业融合是一种农村产业发展模式。它是在城乡融合发展的大背景下,以农业为基础,通过创新应用制度、机制、技术、商业模式等,实现农业内部细分产业之间、农业与加工业、农业与旅游休闲康养教育科普业、农业与加工业以及旅游科普教育业等交叉、重组、整合、联动、协同发展,进而实现农业产业链延伸、价值链拓展和农业农民收益增加,是推进城乡要素汇聚农业农村、繁荣农村经济、推进乡村振兴的重要实践。

（二）河北农村一二三产业融合发展阶段判定

从国内外融合模式动态变动角度来看，农村一二三产业融合发展大体经历了三个阶段。

1. 第一阶段：产业要素融合为主的初级阶段

农村产业融合发展起步阶段，由于单一市场主体，如农业龙头企业、农民专业合作社等无法掌握紧缺自然资源和市场资源，受降低生产成本、保障原材料品质、提高市场话语权等现实需求驱动，农业产业链上下游经营主体开始自发组织业务合作，向上下游拓展经营范围，并基于长期合作需要创新培育新型商业模式和业态，通过技术、资金、品牌、市场等多要素共享方式，捆绑不同参与主体利益，打破产业边界，构建统一利益共同体。如"龙头企业＋基地"、"龙头企业＋农户"、"龙头企业＋合作社"、"龙头企业＋合作社＋农户"、农业合作社下拓农产品加工业务等模式。通过要素融合共享，经营主体的经营范围趋向多元化，产业边界模糊，农村产业融合发展进入初级阶段。

2. 第二阶段：产业链部分融合快速发展的中级阶段

现代农业生产技术、农业现代化机械、互联网物联网技术和设备等的推广和提升，以及城乡居民生活消费需求的升级迭代等，大大促进了农业分工的细化、深化和农业多功能开发，循环农业、套种农业、农产品精深加工业、互联网农业、电商农业、休闲农业等多种新型业态和模式快速发展。各融合经营主体通过农业产业链的分段融合，实现了农业生产成本的降低、生产效率的提高和价值空间的拓展，各类新业态新商业模式快速发展，农村产业融合发展进入中级阶段。

3. 第三阶段：全产业链深入融合发展的高级阶段

随着农村产业融合发展和乡村建设推进力度的加大，农产品仓储保险冷链物流设施、农村生产生活基础设施和公共服务设施等日益完善，农业全产业链融合发展向纵深推进。产业链由部分环节融合为主向多环节融合、跨环节融合、产加销游全产业链融合并重转变，农业生产由产中向产前、产后多渠道、多模式延伸。田园综合体、特色小镇、产业化联合体等全产业链融合组织模式日益增多；融合产业集聚式发展渐成趋势，产业集群数量和规模实现双增长；农户分享融合发展成果的方式由出售农产品获得经营收入为主转向经营收入、工资收入、股金收入等多种方式并存。受制度推动、技术进步、商业创新、城乡要素加速流动等驱动，企业边界加速扩张，产业融合纵深全面推进，农业农民参与更大范围社会分工并分享更多发展成果，农村产业融合发展进入高级阶段。

河北落实中央及河北省委、省政府文件精神，加快推进农村一二三产业融合发展工作，农村产业融合发展从自发推进产业化为主的初级阶段向中级阶段和高级阶段快速迈进。从当前融合产业形态来看，河北已步入农村产业融合发展的高级阶段，总体呈现初级融合模式锐减、中级融合模式滞缓发展、高级融合模式快速推进的多阶段模式共同发展态势，且高级阶段融合业态越来越占据主导地位。

二 河北农村一二三产业融合发展取得显著成效

农村一二三产业融合发展提出并实施以来，河北聚力农业产业链延长、农业功能拓展、价值链提升和利益链完善，聚焦农村一二三产业融合发展示范园和示范点打造以及科技示范园区建设，农村产业融合发展取得了突出成效。

（一）农村一二三产业融合发展规模持续增大

5年来，河北以培育壮大融合主体为抓手，大力推进农村产业融合发展，其经济体量和发展实力显著增强。一是重要农产品保障程度稳步提升。全省粮食产量连续9年保持在700亿斤以上；蔬菜、肉类、禽蛋、牛奶、水果等"菜篮子"产品产量，2020年分别达到5198.2万吨、415.8万吨、389.7万吨、483.4万吨、1031.4万吨，均位列全国前六。二是特色农业发展取得新突破。按照连片开发、规模经营、龙头带动、融合发展的理念，建成12个国家级、95个省级特色农产品优势区，饶阳设施果菜、平泉香菇、巨鹿金银花等生产规模均居全国第一，平泉香菇、巨鹿金银花、安国中药材等成为全国价格形成中心。三是农产品加工业发展迈上新台阶。以"粮头食尾""农头工尾"为抓手，大力推进主食加工业和农产品加工产业集群发展。截至2020年，培育打造了32个全国知名农产品加工产业集群、75个区域性优势产业集群，年产值达到4500余亿元，占到全省农产品加工业总产值的64.29%。培育了12家全国主食加工业示范企业、4家全国中央厨房典型企业，2020年，营业收入超亿元的主食加工企业达到67家，超50亿元的企业有3家。四是休闲农业发展跨入新征程。大力推进"碎片式"旅游项目连点成片，发展全域旅游，结合河北特色农业生产，规划设计了37条"春观花"、40条"夏纳凉"、30条"秋采摘"和14条"冬农趣"旅游线路；创办了涵盖7大主题25条乡村旅游精品线路、80个旅游扶贫村、109个乡村旅游点、82道乡村美食的"大美燕赵·冀忆乡情"2020河北乡村旅游乐享季活动，打造了一批生态休闲农业示范区。2020年全省休闲农业接待游客4988.55万人次，营业收入达到61.9亿元。

（二）农村一二三产业融合发展质量快速提升

随着农村产业融合发展的全面推进，其发展重点由数量扩张向量质并举转变，农村一二三产业融合发展主体、产业等的现代化水平快速提升。一是融合发展主体日益规范。近年来，河北广泛开展新型农业经营主体示范创建活动。到2020年底，国家级农业产业化重点龙头企业达到21家，省级重点龙头企业达到964家；农民专业合作社中，国家示范社有396家，省级示范社有1388家，21个县（市、区）先后被列入全国农民合作社高质量发展整县推进试点。二是融合产业现代化建设持续推进。积极推进品牌化建设，5年来，共注册蔬菜、乳品等特色优势农产品品牌6.7万个，培育平泉香菇、馆陶黄瓜等国家级区域公用品牌13个、省级以上公用品牌85个、市级以上公用品牌200多个。强化科技支撑，围绕小麦、蔬菜、奶牛等特色优势产业发展，组建成立了37个院士工作站、19个省级现代农业产业技术体系创新团队、8个农业重点实验室和科学观测站与160个农业创新驿站,推广新技术、新成果、新品种980个。大力推进绿色发展,2020年实施农业节水项目533万亩,节水8.3亿立方米,减施化肥农药0.05万吨,畜禽粪污资源化利用率提高到79%,"两品一标"优质农产品认证总数达到1210个。三是融合产业价值空间不断拓展。产业融合发展,既通过内置农业为产业链生产环节实现产业链交易成本的降低,又通过延长产业链实现农业生产收益的增加,不仅增拓了融合全产业链的价值空间,而且提升了土地产出效率。2020年,河北省级现代农业园区亩均农业产值达到2.23万元,远高于全省594.48元的亩均农业产值,园区农民人均可支配收入普遍高出周边20%~50%。

(三)农村一二三产业融合程度纵深推进

在河北"继续开展农业大招商、大力发展农产品产地初加工、推进农产品精深加工向集群集中"等一系列举措推动下,河北农村一二三产业融合发展向纵深加快推进。一是多产业、多业态深度融合发展。农产品生产、加工环节分工的细化深化、农业功能开发的多元化,以及各融合主体利益联结机制的多样化等,加速了融合产业业态从"农业产业化""种养结合""休闲农业"等为主向产加销游一条龙、农村旅游休闲度假康养科普教育一体化转变,融合模式也由单纯的产业融合为主向产业融合、产城融合、产业和经营主体融合、产业和要素融合等多种模式并存转变。二是农村产业参与融合发展的比例持续攀升。相关扶持政策的细化完善和力度的加大,以及融合产业经济效益的凸显等有力推进了河北农村产业融合深入发展。2020年,河北农村创新创业人员超过50多万人,产业化经营率提升到67.1%,农副产品加工增值率达到了90.7%,农副产品商品率达到85.8%。三是农村产业融合发展高水平推进。2021年,农业农村部批准创建了50个国家现代农业产业园、50个优势特色产业集群和298个农业产业强镇,河北2家现代农业产业园、2个优势特色产业集群、12个农业产业强镇入选,入选数量在全国各省区市中均位列前茅。

三 河北农村产业融合高质量发展面临的主要问题

近几年,河北农村三产融合发展取得了显著成效,但也存在一些问题和不足。尤其是与先进省份相比、与高质量发展要求相比、与乡村振兴战略目标相比,还存在不少紧约束和较大改进空间。

(一)融合产业实现高质量发展存在三大要素"制约"

地、钱、人制约在各省农村产业融合发展中不同程度地普遍存在,河北亦不例外。

一是融合产业发展的非农用地约束日益严重。发展农村融合产业,尤其是设施农业、休闲农业等需要一定规模的建设用地和配套设施用地。但在国家对粮食安全、耕地红线、生态底线、资源上线等日益重视,非粮化、非农化限制日益严格的发展背景下,一些农业大县,尤其是基本农田占比较高的农业县和休闲农业发展较快的县,建设用地和配套设施用地配给指标偏少,直接限制了设施农业等高效农业、农产品加工和乡村旅游休闲等产业的发展空间。而且,随着农村产业融合发展速度和规模的提升,现行土地供应模式下,土地约束将可预见地日益严重。

二是资金结构性短缺普遍存在。在各级政府部门和金融机构的共同推动下,农村产业融合发展主体"融资难"问题极大缓解。但受农业季节性生产方式、融合发展主体自身经济实力不强、金融机构信贷体制机制不适配、财政奖补资金门槛高条框多使用灵活性差、产业风险高收益低难以吸引工商资本加入等因素制约,农村产业融合发展主体存在一定程度的结构性资金短缺。主要表现为重大设施建设的大规模投入资金短缺、季节性生产资金短缺等,导致其扩大再生产、延拓产业链价值链等受限。

三是高素质人才和劳动力制约日益凸显。河北农村产业融合发展普遍面临专业人才和高素质劳动力短缺困扰。农村产业融合发展,既牵涉农村三次产业的独立发展,又关涉相关产业的耦合协调互促,其高质量发展需要大量的各类专业技术人才、综合性经营人才和高素质劳动力,甚至某些高精尖端人才。然而,受农业就业环境、薪酬待遇、人才引留用机制等方面的限制,农村融合产业对专业技术人才和高素质劳动力普遍"引不进""留不住",部分地区甚至面临较为严重的智力约束。

(二)融合产业实现高质量发展存在两大战略性"不足"

作为实现乡村振兴战略目标的重要实践,与外省相比,河北农村融合产业在战略定位和政策扶持方面还存在两大不足。

一是产业"特"性不足。发展特色产业是推进农村一二三产业融合发展、促进农民增收的一项重要举措,"特""优""精"是其发展胜出的"法宝"。纵观河北特色农业发展,尽管很多县市成效突出,部分品种甚至拥有了全国定价权,但"特"色不特、"优"势不优在很多县市存在。多数县的特色种养业至少在三四种以上,有的甚至多达五六种,更甚者有七八种之多。县级对特色产业发展缺乏长远精准的规划、定位、思路和扶持举措,主要依靠市场主导推进,各种特色产业自发均衡发展,"拳头"产品不突出甚或没有。再加上各地资源禀赋环境类似,各县特色产业同质化严重,"特"色不特、"优"势不优。

二是施策"精"度不足。一方面,农村三产融合发展扶持政策不能精准惠及融合产业主体。受融合产业边界不明晰和基层认识不到位等影响,部分融合发展扶持举措在基层执行过程中,也惠及了不少非融合产业主体,尤其是非融合发展的农产品加工企业,不仅导致政策资源被分流摊薄,而且变相加剧了相同产业融合发展主体的发展难度,政策效应大打折扣。另一方面,当前统计监测体系不能精准评价融合产业发展。河北省对农村一二三产业融合发展的统计监测评价尚处于起步阶段,部分县市只是明确了示范园的地理范围,对示范园面积、经营主体数量等做了粗浅统计,而统计监测评价指标体系,如示范园的经济体量、增长速度、发展质量等,既未建立也没开展相关统计工作。无法根据经济运行数据科学评价及精准施策,与外省相比还存在很大的差距。

（三）融合产业实现高质量发展存在三大提升型瓶颈

高质量发展包括两层含义，一是投入产出的高效率，二是产业发展的高层级。作为实现农业增效农民增收农村繁荣的重要手段，河北农村一二三产业融合要实现高质量发展目标，尚存在三大瓶颈。

一是融合产业带动农户瓶颈。带动农户参与产业融合发展并使之增收是实施农村产业融合发展策略的根本目标。然而在实践中，由于河北农业龙头企业大多经济体量较小，[1] 生产加工销售能力有限，难以带动更多农户参与融合产业发展。同时，现行利益联结机制中，农户尤其是小农户分享产业链收益和发展红利的比例和金额都很小，激励引导作用不突出，导致融合产业对农户的带动效用较弱，参与产业融合发展的农户占比甚至呈下降趋势。

二是融合产业高效发展瓶颈。一方面，河北融合产业产出效率提升存在瓶颈。融合产业中，包括农产品生产、加工、销售等各环节在内的细分产业发展，仍多采用传统模式以量取胜，高端化、精细化、品牌化发展不足，导致多数融合产业大而不强、专而不精、优而不名，经济产出效率难以快速提升。另一方面，资源统筹利用效率提升存在瓶颈。在较大范围内统筹利用配置资源是产业现代化发展的一个重要标志。受行政体制、政绩、意识等影响，河北融合产业多以县域为单元统筹配置资源要素，既易造成资源短缺与浪费并存，又易导致产业产出效率低下和发展空间受限。突出表现在休闲农业等农业功能开发业态领域。河北省各县依托自然特色农业资源禀赋开发了采摘、休闲、康养、教研、科普等多种新型业态和模式，虽然也以全域旅游的模式对各项目进行了整合，但由于项目游娱憩开发精度不高、深度不够、黏性不强，且不能在更大范围内（如相邻县域）统筹资源和消费，导致农业休闲产业经济效益低，拉动地方经济作用不强，资源经济产出效率有待提升。

---

[1] 2019 年，河北省销售额在 1 亿元以下的龙头经营组织占 74.55%。

三是融合产业高层级发展瓶颈。产业集群是融合产业发展的高级形态。虽然安国中药、南和宠物饲料、昌黎葡萄酒等产业集群发展取得显著成效，但总体来看，河北特色产业集群还存在以下不足。第一，产业链条短，全产业链拓展仅限于产加销游一体化，产前拓展、产中产后分工细化深化都还很欠缺，相关配套产业还很不健全。第二，产业链现代化水平低，初级农产品、初加工和粗加工产品、单一农业功能开发项目等仍占较大比例，融合产业高端和高质量供给不足，自主创新能力不强，产业链上下游、产供销衔接不顺畅，产业链、供应链、价值链、要素链、创新链等协同发展的体制机制尚未完善。

四 推进河北农村产业融合高质量发展的对策与建议

农村一二三产业融合发展是一项新生事物，尽管取得了突出成效，但发展理念、路径、模式、经验等还处于探索完善阶段，还需要政府做好规划、引导、扶持、助力等工作。

（一）做好顶层设计，推进农村三产融合稳定发展

农村一二三产业融合发展是实现乡村振兴的重要抓手，也是实现第二个百年奋斗目标的重要依托。农村一二三产业融合发展经过了前期以市场自发推动为主的粗放扩张后，在繁盛农村经济的同时造成了大量要素资源的浪费和低效率，急需政府发挥引领主导作用，指导地方明确方向推进其高质量发展，为实现乡村振兴和第二个百年奋斗目标做出贡献。

1. 高标准、高质量规划河北农村一二三产业融合发展

全面推进河北农村一二三产业融合高质量发展"十四五"时期（2021～2025）和远景目标省级规划（2021～2035）编制工作，围绕农村融合产业体系、生产体系、经营体系、要素体系、市场体系、收入分配体系、城乡区域发展体系等构建完善，结合国民经济发展规划、乡村振兴规划、国土空间利用规划以及科技、融资、人才等其他相关规划，坚持长周期规划与短周期

建设相结合、统筹全局发展和重点领域建设相结合、引领发展方向和指导具体实践相结合，明确农村一二三产业融合发展目标和政策导向、实施路径和推进机制、监测标准和评价体系等。强化规划引领和刚性管控，确保河北省农村一二三产业融合发展高质量、高水平、高效率推进。

2. 多部门协同稳定农村三产融合发展政策预期

农村一二三产业融合发展涉及农业、土地、科技、财政、环保等十多个部门，各个部门在制定政策时如果过于强调本部门政策要求，容易忽视农村三产融合发展的实际需要，导致部门间政策"打架"现象频发，常见的有用地难、融资难以及环评难等问题。建议成立由发改委牵头，农业、土地等相关部门参加的农村一二三产业融合发展联合工作小组，探索在相关政策制定、法规实施、行政执法等方面的多部门协同推进机制。同时尽量保持政策的稳定性，尽快明确农村一二三产业融合发展负面清单，加快完善由政策前后矛盾引起的经营主体正当损失的政府合理补偿机制，尽量避免政策"打架"和伤害融合主体经营积极性的现象和事件发生。

3. 科学评价推进基层农村三产融合，因地制宜发展

农村一二三产业融合发展的模式、业态和类型有很多种，而且不同模式对资源禀赋的要求不同。在实际发展中，各地应根据自身实际因地制宜选择合适的模式、业态和类型，而不是"一刀切"地发展所有的融合模式、业态和类型。建议省级部门加快研究制定出台科学合理的农村一二三产业融合发展的统计核算体系、经济评价体系、发展监测体系、绩效考核体系等，以指导基层农村一二三产业融合精准高效发展。

（二）强化政府扶持，推进农村产业融合高质量发展

农村产业融合发展中，存在很多依靠单个经营主体解决不了、解决不好、解决规模不经济的问题和约束，这些已经对河北农村产业融合发展形成了明显制约。推进农村产业融合高质量发展，要重视发挥政府扶持作用，着重解决重大、关键性、具有区域性普遍意义的制约和难题。

1. 强化政府服务，着力化解制约融合发展的关键因素

对融合主体发展中存在的共性问题，且依靠单个企业或县级层面没有能力解决的、解决结果不好的或解决起来规模不经济的问题，如人才引进、用地指标限制、育种和机械等"卡脖子"技术攻关、区域公用品牌宣传推广等，由县级或省级政府相关部门出面统筹解决。如针对高端人才稀缺问题，借鉴浙江经验，每年由各县根据融合主体需要汇总需要引进的人才数量、专业等，由省级统一出面协调对接，同时做好人才引留用培各项配套服务。

2. 实施短板提升行动，强化融合发展的设施和服务支撑

以县域为单元，盘点农村三产融合发展中的设施"洼地"和服务短板，根据融合主体诉求的迫切程度和受众范围，逐步有序开展补短板、强弱项建设行动。当前尤其要加快仓储保鲜冷链物流设施、特色烘干设备、数字设备，以及排污、供气、供暖、供汽等农村生活服务设施等的建设步伐。加大特色产业社会化服务建设力度，围绕河北省果蔬、畜牧、水产等主导特色产业，强化政府扶持和服务主体培育，以健全有力的社会化服务推动特色产业规模化发展。

3. 培强融合经营主体，推动农村融合产业高层次发展

首先，实施融合发展主体提升行动，强化对农业龙头企业等新型农业经营主体负责人的教育培训，在增强业务指导的同时增强其规范发展、融合发展、诚信发展、开放发展意识，使其开阔视野，提升发展层级。针对新型农业经营主体发展中的共性问题，创新施策，强化管理服务，推动普遍性约束的解决和融合主体发展能力的全面提升。其次，筛选发展实力强、潜力大、行业前景好的优势行业的优质经营主体，通过精准施策、靶向扶持，推进其做大做强做精做专，培育打造一批领军龙头企业。最后，以省为范围，遴选3~5个具有全国性规模、质量、效率、技术、资源、特色等优势的中草药等融合产业的领军型龙头企业，集中政策、科技、资本、智力等优势资源，全力打造"航母级"级龙头企业，推进河北省农村产业深度融合发展。

4.科学布局，推动优势融合产业集群式发展

借鉴工业集聚区发展模式，选取在全国范围内比较优势强、带动范围广、特色明显的农业产业，围绕产前、产中、产后、加工、销售、旅游等全产业链条生产，通过培育打造"航母级"融合产业"链主"、做专做精做强各类融合主体、做大做优特色优势产业等手段，集中优势要素和政策资源延链、补链、强链、锻链，强力打造一批"全链条、全循环、高质量、高效益、高标准"的农产品融合产业集群。

（三）积极创新，多方面发力化解要素约束

地、钱、人要素约束既是河北省农村经济发展过程中的普遍性老问题，也随着经济的发展呈现新特征。化解其制约，要在遵循既有发展思路的基础上，大胆创新，积极探索新思路、新观念和新方法。

1.实施两方面的策略，化解用地难题

从开拓增量和做优存量两方面着手，一方面要充分挖掘城乡耕地增加挂钩政策潜力，努力开拓增量；另一方面要全力创新用地方式，在集约化利用存量土地上做文章。具体来说，要着力做好以下几个方面。一是挖掘政策潜力，着力开拓土地指标增量。积极有序推进村庄撤并和"空心村"治理、加大以县城为核心的城镇化建设力度，推动有条件的农户进城上楼。严格落实"一户一宅"制度，探索完善农户宅基地有偿退出机制，对无人居住的危房和废弃宅基地进行清理，优先用于发展农村产业融合项目，如乡村旅游、农产品冷链和仓储、初加工等。二是盘活闲置建设用地。一方面，政府通过收取高额建设用地闲置费、依法收储等方式，推动"供而未用"建设用地投入使用；另一方面，鼓励停产半停产企业通过出租转让闲置厂房或"土地入股"等方式，推动闲置建设用地再利用。三是挖潜建设"边角料"用地。加大城镇、现代产业园、村庄内及周边"边角料"建设用地的整合力度，通过"点状供地"方式满足符合条件的农村公共公益设施、新产业新业态、乡村文旅设施、现代农业产业园及其他一二三产业融合发展的零星分散项目用地需要。

2. 加大财政投入，纾解资金短缺难题

一是加大财政资金支持力度。把农村三产融合发展财政扶持资金列入财政长期预算计划，以每年不低于5%的增速增加扶持资金。以财政资金为主导，在省、市、县三级设立农村三产融合发展产业基金，积极吸引社会资本加入，为三产融合发展提供资金支持。二是加大直接融资力度。积极鼓励推动符合条件的特色农业企业在新三板、创业板等股票交易市场上市，政府做好相应培育、指导、鼓励和服务等工作。借鉴四川、江苏等地经验，加大政府攻关和辅导力度，引导基层发改部门和农业产业化龙头企业通过发行专项债券纾解融资难题。三是强化政府金融中介服务。加大政府担保力度，通过增设担保机构、增加担保资金总额、降低担保费用等方式加大担保力度，为融合发展主体借贷金融资金提供担保。发挥县级发改、涉农部门信息优势，推进金融机构创新信贷模式，为优质融合发展主体提供金融服务。

3. 发力引才育才，化解人才短缺难题

配优配强河北农村产业融合发展人才支撑，要坚持政府引才和企业引智并重，走自主培养和人才引进并举的发展道路。一是加强人才引进。对关系全省或地方农村产业融合发展的高端人才，如行业领军人才、科技领军人才、科技创业人才、高技能人才等，由同级政府出面，按照"使用弹性、管理软性、服务个性"原则，出台相关扶持举措，引导示范园综合采用揭榜挂帅、智力兼职、人才租赁、人才合作、因人施策等柔性用才机制，用"好"才，纳"高端"智力为其所用。二是全面实施人才下乡。依托示范园，在各级政府部门、企事业单位选派与融合产业发展相关的农业科技、营销、广宣、管理等专业技术人员担任科技特派员，为示范园发展提供服务。发挥政府桥梁作用，引导融合产业经营主体与高校、企业等加强合作，引进农业科技研发、技术推广、新业态开发、项目管理、营销策划等高素质农业人才。三是加强本土人才培育。大力培育以大学生创客和新型农业经营主体为主力的新型职业农民队伍，采取线下多频次集中教学培训、线上无限次教学提升、实地观摩、在线平台答疑解惑、跟踪辅导等多种举措，持续推进新

农人素质大提升。深入实施千万农民素质提升工程，加强农民学校平台建设，结合地方融合产业发展，重点开展新型职业农民培育和农村创业人才培养。

参考文献

刘威、肖开红：《乡村振兴视域下农村三产融合模式演化路径——基于中鹤集团的案例》，《农业经济与管理》2019年第1期。

贺卫华：《以业态融合推动农业高质量发展》，《河南日报》2020年8月12日。

B.17 科技驱动河北山区农业现代化的路径与对策研究

陈建伟 杜新军*

摘 要： 推动河北山区现代农业建设是贯彻落实国家战略的重要内容，对河北现代化建设和区域生态安全具有重要的战略意义。河北山区作为一类特殊的生态经济区域，具有自然资源丰富、经济要素短缺、生产经营分散、生态环境脆弱、整体发展落后等基本特征。山区现代农业应是资源节约型农业、生态优良型农业、优质高效型农业、科技型农业和多功能农业。针对河北山区现代农业建设存在的观念、资金、科技和制度制约，河北开展了科技驱动山区现代农业建设实践，组建了山区专家团队，建设了科技示范基地，创新了科技服务山区新模式，推动了新技术新成果进山，促进了山区优势特色产业发展，带动了农民增收，取得了显著成效。下一步应转变思想观念、提高创新水平、实施生态开发，以创新推动山区现代农业建设。

关键词： 农业现代化 科技创新 河北山区

党的十九届五中全会审议通过的《中共中央关于制定国民经济和社会发展第十四个五年规划和二〇三五年远景目标的建议》，对全面建设社会主

---

* 陈建伟，河北省社会科学院农村经济研究所研究员，主要研究方向为技术经济和区域发展；杜新军，河北省烟草公司石家庄公司新华分公司。

义现代化国家作出总体部署,强调坚持创新在我国现代化建设全局中的核心地位,把科技自立自强作为国家发展的战略支撑。《中共中央 国务院关于全面推进乡村振兴加快农业农村现代化的意见》指出,全面建设社会主义现代化国家,实现中华民族伟大复兴,最艰巨最繁重的任务依然在农村,最广泛最深厚的基础依然在农村。推进农业现代化,应强化现代农业科技和物质装备支撑。河北省是一个多山省份,山区面积占全省总面积的65%,山区人口占全省总人口的35%,且80%的国家脱贫县在山区,山区不仅是河北乡村振兴和农业农村现代化建设的难点区域,也是保障京津冀生态安全的重点区域。习近平总书记对河北水源涵养功能区和生态环境支撑区建设作出重要批示指示,对河北山区发展提出了新要求。分析山区现代农业的特征、制约因素和山区发展实践,探索科技驱动山区现代农业建设路径,不仅对改造山区传统农业,推进山区农业现代化具有重要意义,而且对区域生态安全和经济社会的科学发展具有重要的战略意义。

一 山区农业现代化的特征及意义

从一般意义上说,现代农业是相对于传统农业而言的,是按照农业生产力发展水平,对农业最新发展现状的一种表述。在世界农业发展史上,人们根据农业生产力的发展水平把农业划分为原始农业、传统农业和现代农业三个基本发展形态。现代农业是相对于原始农业和传统农业而言,是农业生产力发展水平最高的农业发展形态,处于世界农业发展的领先水平。随着世界经济的快速发展、生活水平的不断提高,人们对农产品的消费需求发生了质的改变,由一般追求吃饱穿暖,转变为吃得要营养、方便、快捷、安全,穿得要舒适、美观、健康、环保。此外,还在文化、环境等方面对农业提出新的更高的要求。因此,现代农业不仅仅承担着供给农产品的基础功能,还承担着社会、文化、生态等多方面的功能。

山区作为一类特殊的生态经济区域,具有自然资源丰富、经济要素短缺、生产经营分散、生态环境脆弱、整体发展落后等基本特征。这决定了山区现代农业建设的特殊性和重要性。一是资源节约型农业。虽然山区具有丰富的森林、矿产、旅游、山场等资源，有较平原区丰富的水资源，但受人类开发影响，山区资源整体趋向递减。因此，山区现代农业要按照可持续和科学发展要求，发展资源节约型农业。二是生态优良型农业。河北山区处于华北平原和黄土高原的交错区域，属于典型的生态脆弱区。但是，该区域是华北平原，特别是京津等大城市的生态屏障，也是华北平原和京津的重要水源地和阻挡西北寒流侵袭的重要屏障。因此，河北山区现代农业要按照生态经济规律，把生态功能放在首位，发展生态优良型农业。三是优质高效型农业。河北山区特色资源丰富，生态环境条件相对较好，具有发展优质特色农业的资源优势和生态条件。而且农业是大部分山区农民的主要收入来源，承担着山区农民增收致富的战略任务。因此，河北山区现代农业要立足生态优良的基础条件，发展优质高效型农业。四是科技型农业。要解决山区资源与市场、生态与发展、人口与资源等矛盾，实现山区农业功能和可持续发展，必须依靠科学技术的开发、推广和应用。因此，河北山区现代农业建设必须以科技为支撑，发展科技型农业。五是多功能综合型农业。河北山区除了具有丰富的农业资源外，还有生态旅游、红色旅游、农耕文化等多种优势资源，具有发挥农业生态、休闲、文化、社会功能的条件，这也符合当前城市人群的消费需求。因此，河北山区现代农业建设要按照统筹兼顾、综合开发原则，发展集产品生产、生态旅游、休闲观光、科普教育于一体的符合绿色消费的多功能综合型农业。

推动河北山区农业现代化建设应从国家战略高度深刻认识其重要意义。一是践行"绿水青山就是金山银山"理念的需要。习近平总书记提出的"两山"理念深刻地揭示了生态系统的生态价值和经济价值的双重属性，反映了人与自然之间物质变换的客观规律。党的十九大报告明确提出"必须树立和践行绿水青山就是金山银山的理念"，为人民创造良好的生产生活环境，推动形成人与自然和谐发展的现代化建设新局面。2017年10月，"增强绿水青山就是金山银山的意识"写进了《中国共产党章程》。推进河北省山区现代化，探索将山区绿水青山转变成金山银山的路径，增强山区绿色持续发展的科技支撑,对山区生态建设和产业振兴具有重要意义。二是确保京津冀生态安全的需要。河北太行山、燕山、坝上地区呈扇形环抱首都,是京津冀地区的重要生态屏障、水源地和绿色农副产品主要供应基地。经过多年发展,"两山一坝"地区生态环境逐步改善,经济基础逐步壮大,但和省内平原地区相比,发展依然较为落后,坝上高原防风固沙、燕山水源涵养、生物多样性维护、太行山水土保持等生态环境建设刻不容缓。习近平总书记到河北省张家口市考察时作出"要加强生态建设,树立生态优先意识,建成首都水源涵养功能区和生态环境支撑区,探索一条经济欠发达地区生态兴市、生态强市的路子"的重要指示。推进河北山区农业现代化,探索提升山区生态支撑能力和绿色产业发展能力途径,对确保京津冀生态安全具有重要战略意义。三是实现巩固拓展脱贫攻坚成果同乡村振兴有效衔接的重要举措。实现巩固拓展脱贫攻坚成果同乡村振兴有效衔接,是脱贫攻坚与乡村振兴交会和过渡时期的一项重大战略任务。做好二者的有机衔接和协同推进,既有利于巩固脱贫攻坚成果,培育长效脱贫机制,又有利于促进农业农村优先发展,推动乡村全面振兴。河北山区是脱贫人口相对集中区域,虽然脱贫攻坚取得了伟大胜利,但必须认识到山区产业基础还很弱,山区农民增收致富能力还不强。推进山区农业现代化,突破制约山区产业发展的瓶颈,对实现山区巩固拓展脱贫攻坚成果同乡村振兴有效衔接具有重要意义。

二 山区现代农业建设的制约因素分析

山区现代农业建设是一个复杂的系统,很难用几个量化的指标来概括,一些非量化因素也对山区现代农业建设具有重要影响,甚至起决定性的作用。在实地调研基础上,分析了山区现代农业建设的关键制约因素。

(一)观念制约

观念是行为主体自觉形成的、渗透着一定需要和情感意向的价值观和关于客观现实的看法。观念影响人的经济行为,即行为主体在进行经济活动时都受到一定的利益驱动与观念制约。我国经济社会发展实践也反复证明，如果没有与经济发展相适应的思想观念，就不会有符合经济发展方向的行动；如果观念问题不解决，即使有好的体制、政策环境和发展机遇，也很难实现较快发展。由于山区地理环境闭塞，信息不发达，人们的思想观念与现代农业建设不相适应。一是自给自足的自然经济意识较浓，商品意识、市场意识、竞争意识淡薄，不利于商品化、专业化现代农业发展。二是安于现状的心理状态，削弱了现代农业建设的动力。三是封闭保守的乡土观不利于先进的管理经营和科学技术推广。"金窝银窝不如家乡穷窝""祖辈都是这样过来的"等口头语足可以证明。

（二）资金制约

现代农业建设离不开资金投入。现代农业的典型美国农业就是建立在大量资金投入基础上的资本集约型农业。从区域角度分析，山区基础设施条件较差，对资金的吸引力明显小于平原地区；从产业角度分析，农业比较效益较低，风险较大，山区农业的风险更大，对资金的吸引力明显低于二、三产业。因此，在市场经济规律作用下，市场资金对山区农业投入较少。此外，政府对山区农业的专项资金投入也偏少。资金投入不足，致使山区基础设施条件差，机械化、水利化水平低，现代农业建设难度较大。

（三）科技制约

科技是推动现代农业建设的基本动力，也是决定现代农业建设成败的关键。当前，科技水平制约山区现代农业建设。一是山区农业科技水平仍然落后，新成果、新技术推广转化较慢，极大地制约了山区现代农业建设。高新技术成果没能在山区推广应用，在一些方面，山区农业科技发展基本处于停滞状态。二是大量高素质人才走出大山，走向城市，人才外流严重，扎根山区一线的科技人员非常短缺，严重制约山区现代农业建设。三是农民科技素质较低，接受新技术的能力较差，制约现代农业建设。据对太行山区 300 户农户的调查，从事农业生产的全部劳动力中，初中及以上文化程度的仅占

20.1%。农民科技素质较低,科技意识淡薄,对新技术新技能的接受能力差,阻碍了农业高新技术在山区现代农业建设中的推广应用。

(四)制度制约

有效的制度安排可以激发经济行为人采取主动的经济行为。对山区现代农业建设来说,主要存在以下制度制约。一是现行的土地经营制度在一定程度上制约农业最主要的生产资料的优化配置,限制农业的规模化生产和农业生产率的提高。二是农民组织制度制约农民组织化程度提高,造成了农民在经济社会生活中的弱势地位,进而对现代农业建设产生不利影响。三是农业产业化经营制度制约现代产业体系建设。具体表现为农业产业化龙头企业数量少、规模小、带动能力弱,而且产业化龙头企业与农户之间缺乏有效的利益联结机制,影响现代农业产业体系建设。

总体来看,传统思想观念影响现代农业建设的热情,资金短缺使现代农业建设缺乏必要的物质条件支撑,科技落后使现代农业建设缺乏动力,低效的制度安排使现代农业建设缺乏活力。

三 科技驱动河北山区现代农业建设实践

为贯彻落实习近平新时代中国特色社会主义思想,践行"绿水青山就是金山银山"的发展理念,面对经济社会生态建设新形势、新任务和新要求,针对河北省山区发展存在的创新能力弱、发展动力不足、生态脆弱等问题,河北省谋划实施了河北省山区"一县一业一基地一团队"科技示范工程(以下简称"河北山区'四个一'科技示范工程")。河北山区"四个一"科技示范工程的"一县"是指河北省山区县;"一业"是指对山区生态环境和县域经济具有重要支撑作用的县域特色主导产业;"一基地"是指龙头企业与专家团队密切合作创建的能引领带动产业发展和农民致富的产学研合作科技示范基地;"一团队"是指长期从事山区开发工作并在山区产业技术创新开发、示范推广过程中取得突出贡献的团队。河北山区

"四个一"科技示范工程践行"绿水青山就是金山银山"的发展理念,弘扬"太行新愚公"精神,以推动山区绿色高质量发展为总目标,通过打造区域特色鲜明、产学研结合紧密、产业链条完整、引领带动作用显著的科技示范基地,聚集省内外优势创新资源,培育长期服务山区的创新团队,布局产业创新链,培强培优山区特色优势产业,依靠科技推动山区农业农村现代化。

(一)组建了覆盖全产业链的高水平专家团队

河北省聚焦山区特色优势产业,统筹全省高校、科研院所等优势科研资源,组建了一批覆盖产业链主要环节的山区创新专家团队,实现了山区人才链与产业链的对接。目前,共组建专家团队60支,组织专家1356名,涉及河北农大、河北省农林科学院、河北师大等所有涉农高校和科研院所,首席专家有省管优秀专家、国务院政府特殊津贴专家,也有行业领军人才。有3支团队获得李保国志愿服务省级先锋队称号,1支团队获得国家林业和草原科技创新团队称号。如,兴隆山楂产业科技示范基地组建了由河北省山区创业个人突出贡献奖、河北省现代农业突出贡献领军人物、兴隆县人民政府顾问、河北省山楂产业技术联盟常务副理事长、河北省燕山特色产业技术研究院院长、河北科技师范学院常学东教授任首席专家,尹伟伦院士任顾问,由23位长期扎根山区的专家组成的专家团队,专家团队涵盖了山楂育种栽培、贮藏加工、功能成分、综合利用、园区规划、休闲旅游、农业经济、营销品牌等全产业链主要环节。此外,依托河北山区"四个一"科技示范工程,由当地技术人员组建了5支科技服务团队,共364人。

(二)打造了引领带动山区发展的科技示范基地

立足山区资源禀赋和产业优势,依托科技型企业,以专家团队为支撑,打造了怀来葡萄、临城核桃、迁西板栗等引领带动产业绿色高端融合发展的科技示范基地90个,覆盖了山区不同生态类型区,成为山区新成果的展示窗口和产业发展新模式的样板。2021年,基地产值达76.0亿元。如,怀来葡萄产业科技示范基地依托河北省葡萄产业技术研究院、河北省葡萄学会、河北省葡萄联盟等平台，建立科技示范基地5740亩，重点培育了怀来县城投农业开发有限公司、中粮长城桑干酒庄、丰禾苗木、贵族酒庄等龙头企业4家，其中省级龙头企业1家、市级龙头企业2家、高新技术企业1家、科技型中小企业2家。通过科技示范基地的引领示范作用，培育丰禾、三道湾、暖泉等知名品牌10个，提升了桑洋河谷、官厅湖畔、沙城产区品牌影响力，怀来葡萄产业产值年均增长8%以上。临城核桃产业科技示范基地，建设了绿岭培训中心，提升党建氛围，增设党建长廊、习语步道、主题教育馆，打造了核桃小镇，核桃小镇获得"2020年全国森林康养基地建设试点单位""河北省科普示范基地""邢台市中小学生研学旅行实践教育营地"等称号。科技示范基地培育龙头企业2家，其中国家级1家、市级1家，高新技术企业2家，科技型中小企业3家，带动临城县发展薄皮核桃2000亩，实现产值2.4亿元。

（三）推动了新技术新成果进山转化

针对山区优势特色产业全产业链的科技需求和发展短板，研发引进先进适用关键技术，集成配套产业技术体系，制定技术标准和产品标准，推动山区特色产业标准化、链条化、集群化发展。2021年，引进示范新品种新技术208项，研发新技术新产品199项，申请专利143件，其中发明专利68件，授权专利83件，集成技术137套，制定标准97项，形成技术规范142项，极大地提升了山区创新能力和科技水平。如，卢龙甘薯产业科技示范基地吸引了中国农业科学院作物科学研究所、河北科技师范学院、河北省农林科学院、北京化工大学环渤海生物产业研究院、中科院上海辰山植物科学研究中心、中国环境科学院、广东农科院作物研究所等单位来基地创新和转化成果，合作开展了甘薯脱毒种苗生产、标准化种植技术、粉丝加工保鲜、粉浆水处理、甘薯新产品研发等项目，引进淀粉型与鲜食型品种7个、茎叶菜用型品种6个，示范推广了脱毒"卢选一号"甘薯，增产16%~45%；示范了甘薯专用肥，施肥成本降低10%；示范了鲜食型

"烟薯25"大垄覆膜微滴灌水肥一体化技术,比覆膜栽培增产25%;开发了酸辣粉丝、甘薯粉糊等新产品,完成了国内淀粉加工能力最大生产线,实现了粉浆水还田利用,解决了淀粉加工废水污染问题。迁西板栗产业科技示范基地聘请了北京林业大学尹伟伦院士和中国农业科学研究院王汉中院士为顾问,组建了涵盖板栗的资源育种、栽培管理、病虫害防治、食品加工、天然产物提取等板栗全产业链条关键环节的专家团队,引进杂交板栗新品种硕丰,示范了板栗"内腐病"和"小叶病"综合防治技术、"轮替更新"和"抓大放小"修剪技术和板栗花综合利用技术,制定了《栗谷立体套作技术规程》,进一步提升了迁西板栗的科技含量和竞争力。"迁西板栗"商标成为中国板栗产业唯一一枚地理标志驰名商标,板栗系列产品覆盖国内180多个大中城市。2021年,板栗产量达到7.2万吨,销售额达9.1亿元,板栗深加工产品销售额达2.3亿元,带动三产实现产值3.6亿元,板栗产业产值近17.0亿元。"迁西板栗"商标作为全国板栗行业中第一个中国驰名商标和最具竞争力的地理标志商标,获得"消费者最喜爱的绿色商标""全国果菜产业百强地标品牌""消费者最喜爱的中国农产品区域公用品牌"等诸多荣誉。据浙江大学CARD中国农业品牌研究中心公布的2020年中国农产品区域公用品牌价值评估结果,"迁西板栗"品牌价值为26.4亿元。

(四)促进了山区优势特色产业发展

依靠科技创新提高产品技术内涵,提升产品品牌价值,打造知名品牌,推动了山区特色产业标准化、链条化、集群化发展。2021年,入驻基地的龙头企业达到1082个,其中省级农业产业化龙头企业71个、高新技术企业82个;培育品牌157个,其中驰名品牌11个、著名品牌27个、地标产品33个。发展壮大了怀来葡萄、阜平食用菌、临城核桃、张北燕麦、燕山板栗、太行山苹果等一批全省知名特色优势产业。如,怀来葡萄产业科技示范基地培育品牌10个,其中驰名商标1个、著名商标1个、地方商标8个。结合湿地公园建设,推动一二三产业融合发展,开发建设了丰禾

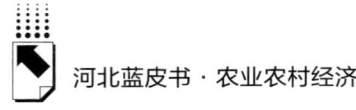

苗木、城投农业葡萄观光旅游采摘园示范基地，打造了桑干酒庄观光、品酒、吃住、购物一体化观光示范基地，不断提升沙城产区区域公共品牌，培育妫水缘、怀葡庄园、葡乐庄园、怀来红、哥萨城、哥萨城庄园、北纬40、红怀运来等品牌，形成了品牌系列，有力地推动了区域葡萄产业发展。张北燕麦产业科技示范基地聚集了河北西麦食品有限公司、张家口市宏昊食品开发有限公司、金维他食品有限公司、张北源丰农业开发有限公司、张北宝龙燕麦食品有限公司、张北县燕绿食品有限公司等燕麦加工龙头企业，培育了"西麦有机燕麦片""莜康""金维他""燕绿""燕健""谷为纤"等国家和地方名优品牌，形成了集种植、加工、销售于一体，一二三产业全覆盖的完整燕麦产业链条。

燕山板栗产业科技示范基地依托承德神栗食品股份有限公司，探索形成了"龙头企业＋科技＋合作社＋基地"的产业发展模式，完善了公司与栗农利益联结机制，农民以股份分红或租赁的方式参与到基地建设中来，同时引导农民加入专业合作社，让农民享受到了生产技术指导，实现了信息共享、资源共用，实现农民抱团闯市场、农产品就地加工销售，大幅降低了市场风险，提高了经济效益。科技示范基地立足国家地理标志保护产品和生态原产地保护产品优势，加强品牌建设，推动板栗产业向特色化、高端化方向发展。板栗产品先后通过了HACCP、ISO9001、英国BRC、美国FDA、中绿华夏、伊斯兰清真、犹太洁食等多项权威认证。科技示范基地积极拓展销售渠道，采取线下带线上、内销促外销方式，让神栗食品走向全世界。公司在全国各省、市建立了销售网点，搭建了中国板栗交易网电子商务平台，建立了神栗食品官方旗舰店，通过阿里巴巴国际站、食品商务网国际站等B2B电子商务平台进行宣传和推广，并通过参加国内外知名食品展会，举办全国糖炒板栗行业发展研讨会等形式，全方位向国内外商户推介"神栗牌"宽城板栗产品。同时，积极拓展电视购物、高铁、航空等特殊渠道经销商；充分利用Facebook、谷歌、百度关键词、阿里巴巴诚信通平台、网易严选、京东京造、小米有品、淘宝心选等媒介，对产品进行精准有效推广。在国内外市场赢得了"中国板栗在河北，河北板栗在宽城"的美誉。科技示范基地注重文化内涵挖掘,"河北宽城传统板栗栽培系统"2014年被农业部认定为"中国重要农业文化遗产"。

(五)带动了山区农民增收致富

针对山区产业带动弱、技术信息不畅、增收途径少等问题,以科技示范基地为平台,充分发挥专家团队科技服务作用,引导广大山区农民参与示范基地和特色产业发展,通过科技助推产业发展,巩固脱贫攻坚成果,带动农民增收致富,走向富裕。2021年,示范基地培训农民5.2万人次,带动61.2万名农民参与基地建设,主动融入县域优势特色产业发展,增收6.3亿元。

阜平食用菌产业科技示范基地通过培训、技术指导、网络授课等方式累计培训菇农790人次,培养技术骨干10人。基地龙头企业嘉鑫公司2021年生产菌种200万袋、香菇菌棒2600万棒,直接带动18个园区622户农种植香菇,其中建档立卡贫困户368户,户均增收6万元。2020年,王立安教授所带领的"河北师范大学食用菌科技扶贫志愿服务队"被省教育厅确定为"李保国志愿服务省级先锋队"。

平泉抗寒苹果产业科技示范基地创造了"短周期、高效益、省力化"的抗寒苹果创新栽培模式,形成了平泉林果产业"一业生四金"扶贫模式,为冀北寒地及类似地区农业产业发展和农民致富找到了路径,带动平泉实施了贫困人口人均百株果工程,辐射带动承德、张家口、内蒙古、新疆等地积极复制发展林果产业10万余亩,丰产期产值将达到10亿元左右。"一业生四金"模式的推广应用实现了农户、集体、企业多方共赢,同时还探索出了合作社统一管理,全村全民一起参与的扶贫带贫模式,以及应用比较多的扶贫园区苗木入股、扶贫资金入股、政银企户保分红等多种扶贫模式,被国务院扶贫开发领导小组办公室评为中国企业精准扶贫分领域(产业类)案例。

(六)创新了科技服务山区新模式

充分发挥"互联网+"的互联互通、专家团队的技术支撑、科技示范基地的承接载体、新型经营主体的示范带动等作用，探索建立山区科技创新与服务新机制，推动科技与产业、企业、新型经营主体等深度融合，努力实现专家服务、成果示范应用和产销的"零距离"对接。

临城核桃产业科技示范基地创新了"外出观摩＋现场指导＋长期跟进"的高效技术进山模式，依托核心示范基地——河北绿岭果业有限公司核桃示范基地的技术和基地示范优势，免费接送山区核桃种植大户技术人员、果农到基地观摩，专家和技术人员现场讲解核桃管理技术要点，使新技术让果农看得见、摸得着；在核桃管理的各个关键时期，技术人员均到现场进行指导，长期跟进，便于果农掌握各时期的技术要点。创新团队开通了微信公众号，还开通了快手、抖音推荐给种植户，每个月给种植户发送核桃树当月的管理要点，种植户还可通过微信群随时进行咨询，技术专家随时解答。该模式极大地提高了果农的认识和技术水平，促进了新技术在山区的快速传播。2021年组织大型技术培训4次，累计受训310人次。

兴隆山楂产业科技示范基地探索形成了"团队＋平台＋产业联盟＋政府"联合推动的科技服务模式。中共兴隆县委、兴隆县人民政府印发了《兴隆县支持山楂产业振兴的若干意见》等一系列文件，对兴隆山楂产业振兴大力支持，每年拨付专项经费，用于支持科技创新工作。同时成立了兴隆县主管科技的副县长为组长，发改局主要负责领导、首席专家、合作单位负责人为副组长，农业农村、财政、国土、扶贫等单位主要负责人为成员的"兴隆山楂产业'四个一'科技示范基地"领导小组，负责确定基地的方向和重大问题决策。兴隆县发改局（科技局）专门安排领导负责日常对接基地。该基地整合了河北省山楂产业技术创新联盟、河北省山楂产业技术研究院、河北省燕山特色产业技术研究院、河北省"星创天地"等4个现有省级山楂研发平台资源，建立了全面开放、共享共用的资源利用机制，协力推动基地建设和兴隆产业发展。

四 科技驱动河北山区现代农业建设的路径

山区现代农业建设，不仅依赖优越的资源条件，而且有赖于正确的路径选择。河北省山区具有丰富的农业资源和人力资源，但也面临观念、资金、科技和制度等制约，特别是存在生态保护与资源开发之间的矛盾。要解决这一矛盾必须转变发展观念，充分发挥科技创新的能动作用。

（一）转变思想观念，增强发展活力

推动河北山区现代农业建设，必须转变思想观念，传统的思想观念不变，就不能适应多变的发展环境，山区现代农业永远不可能建成。一是要打破求稳抵变、安于现状、小进即满、小富即安的传统思想禁锢，树立开放、求新求异、永不满足、永不服输的思想观念，强化市场意识，充分利用市场机制，发挥山区资源优势，推进山区现代农业发展。二是要抛弃传统的农业观念，树立大食品，甚至包括二、三产业的具有食品、休闲、生态、文化、社会等功能的大农业观念。在产业布局上，要突破乡村等行政区划的制约，立足资源优势谋划现代农业产业。在产业链条上，要突破农业就是农产品生产的传统观念，树立包括产前、产中、产后的现代产业观念，推进产加销、农工商贸一体化发展。三是转变政府的行政观念，树立政府是营造发展环境主体，企业是市场竞争主体，民众是创造财富主体的观念，摆正政府在山区现代农业建设中的地位和作用，强化政府服务意识。

（二）提高创新水平，增强发展能力

科技是现代农业的主要特征，没有现代科技成果的不断开发和应用，就谈不上现代农业。一是依托山区"四个一"科技示范工程，统筹京津冀区域相关科研机构和高校，围绕山区优势产业，采取产学研结合方式，组建创新团队，开展技术创新与集成示范。二是聚焦山区优势特色产业，创新机制体制，探索科技要素进山机制，积极引导各类科技资源向山区优势特色产业聚集，向特色产业龙头聚集。三是建立和完善以科研院所为主导、企业为主体、市场为导向、产学研紧密结合的技术创新推广体系。采用点面结合、典型带动和整体推进相结合的方式，充分发挥研发中心、技术传播站、农民技术协会等科技组织的作用，利用现代信息和网络技术，形成逐级扩散的技术传播体系，加快先进适用技术的扩散和推广。四是加强宣传引导。立足环京津的区位优势，整合京津冀科技、人才、资金资源，打造环京津山区生态涵养科技示范样板、特色产业绿色发展示范样板，发挥样板的示范引导作用。及时总结宣传山区经济技术开发中形成的突破性关键技术、示范样板和新模式，积极引导和鼓励各类科技人员、管理人员、企业家、基层创业带头人等社会力量进山创业开发，努力在山区营造大众创业、万众创新的良好社会氛围。

（三）实施生态开发，促进科学发展

生态环境改善是山区现代农业建设成功的关键，山区现代农业建设要把环境保护和生态建设放在更加突出的位置。一是科学规划，合理划分建设单元。山区具有不同的资源特点，承担着不同的生态经济功能。通过科学规划，合理划分建设单元，分类控制区域现代农业建设。二是立足资源优势，发展生态产业。充分发挥山区自然资源丰富、地貌类型奇特、动植物资源丰富多样、自然风光秀美、人文历史资源独特等优势，采取旱作雨养农业、生态经济沟、林牧结合等生态开发模式，发展生态旅游业、绿色食品产业、生态畜牧业等生态产业，实现山区生态环境保护和现代农业建设互促互动，提高山区农业的社会、经济和生态效益。三是完善相关法律法规。研究制定专门针对山区现代农业建设与资源开发的法律法规，使山区建设做到有法可依。坚持依法行政，严格执法，大力保护和管理山区生态资产、矿产资源和特色动植物资源。建立健全山区生态状况评价、监测、考核体系与制度，加强对山区资源的监督和监测。加强法制宣传与教育，增强山区基层干部及广大群众的法律意识，营造良好的执法环境。

参考文献

路燕、赵博、田云峰:《加快农业科技创新赋能农业高质量发展》,《农业科技管理》2021年第2期。

孔祥智:《推进农业农村现代化,实现城乡融合发展》,《智慧中国》2021年第5期。

卢东宁、孙文:《乡村振兴战略视阈下陕北地区农业现代化路径分析》,《辽宁农业科学》2019年第3期。

卢良恕、王前忠、苟红旗:《我国山区农业的特点、潜力与发展战略》,《中国农学通报》1990年第2期。

王友华、严英:《对山区现代农业建设的思考》,《现代农业科技》2008年第8期。

B.18
新时代河北省农村集体经济发展面临的挑战与对策研究

李军 刘晨*

摘　要： 全面打赢脱贫攻坚战、全面建成小康社会之后，河北省农村地区进入全面推进乡村振兴的新时代。经济发展始终是关乎民生的关键问题，对乡村振兴而言，实现农村集体经济的整体性高质量发展，既是题中应有之义又是重要现实路径。农村集体经济是促进农村经济发展的重要驱动力，发展好农村集体经济有利于保障农民的经济收益、推进基层组织建设，进而加快乡村振兴步伐。当前，河北省发展农村集体经济尚面临一些现实挑战，主要包括集体经济发展水平低、管理经营能力薄弱、发展规划不到位、政策的落实力度不够等。针对这些问题，本报告提出了鼓励扶持农村集体经济、营造稳定的发展环境、强化组织的监督管理体系、积极充实人才队伍、科学制定农村集体经济的长远规划、探索未来发展的新模式，明确落实相关政策、不断健全法律体系等相关对策建议。

关键词： 农村　集体经济　河北

我国作为一个农业大国，历来高度重视"三农"发展，实施了一系列促进农村发展的政策措施，河北省积极贯彻落实相应的政策要求，农村集体

---

* 李军，河北省社会科学院农村经济研究所研究员，主要研究方向为农村经济理论与实践研究；刘晨，燕山大学公共管理学院硕士研究生，主要研究方向为公共管理与公共政策。

经济也在此背景下不断发展。党的十九大报告提出实施乡村振兴战略,深化农村集体产权制度改革,保障农民财产权益,壮大集体经济,凸显出发展农村集体经济是广大农民实现经济效益的现实需要,是落实乡村振兴战略的必然要求。

一 发展农村集体经济的重要时代意义

农村集体经济也称作农村集体所有制经济,是所归属的一个农村组织里的所有生产资料由组织内成员共同享有,主要从事农业生产经营活动,进行共同劳作来共享收益的一种共同发展的经济组织形态。坚持好农村集体经济的发展模式,更能够调动农民参与的积极性和创造性,逐步提高农民的生活质量,巩固好党的基层组织领导地位,对于推动农业农村现代化建设、促进农村经济社会发展、加快实现城乡融合发展、完善乡村治理结构、提升基层公共服务水平,从而实现农村的可持续发展具有重要意义。①

(一)发展农村集体经济能够有效实现农民的经济利益

发展好农村集体经济,是推动农村产业发展和农民经济效益增加的重要手段。在过去,农民往往以个体为单位进行农业经济活动,这种形式更多的是依赖农户的单独经济模式,而仅仅依靠个体自发型的经济模式是不能适应新时代农村经济发展的,这种形式无法在社会主义市场经济竞争的浪潮中站稳脚跟,发展农村集体经济是符合新时代农村发展进程的合理选择。② 农村集体经济更多讲求要发动农民群体的力量,增强农民生产的主动性积极性,激发农民内在的发展动力,使其共同参与各种农业生产活动。无论是传统的种植业、养殖业,还是乡村旅游、新型农业等,农村集体经济将会搭建一座

---

① 刘义圣、陈昌健、张梦玉:《我国农村集体经济未来发展的隐忧和改革路径》,《经济问题》2019年第11期。
② 孔健:《探讨乡村振兴战略背景下如何壮大农村集体经济》,《中国集体经济》2021年第29期。

连接农村集体经济组织和农民的利益桥梁，把各种资源要素整合，以自身优势来汇集人才、科技、资金等，从而更好地加快农村产业发展，带动农民利益增收和逐步实现致富。这种形式将农民有效地组织起来，通过集体经济的发展为农民带来多种利益实现方式，从而提高农民收入水平和生活质量。因此，发展好农村集体经济是保障农村广大人民群众实现经济利益的重要路径，是稳步提升农村生产水平和促进农村持续健康发展的有效手段，是引领广大人民群众实现共同富裕的正确航标。

（二）发展农村集体经济利于巩固党的领导及推动基层组织不断完善

发展好农村集体经济将会为农村基层组织发展带来一定的经济基础，这是聚集农民群众力量和开展农村基础设施建设的物质需要，可以说，发展农村集体经济不仅仅是在经济形式上的突破，更是直接体现在广大农村的物质基础得到了直接的保障。当农村集体经济发展壮大时，党的基层组织在农村才会具有信服力和话语权，才会真正受到人民群众的拥护支持，从而有效地组织开展各项工作。相反，当农村集体经济贫弱时，党在农村基层的各种工作将会受到一定的阻碍，基层组织将不具有为群众提供各种生产服务的客观能力，进而难以解决民众的实际问题，基层党组织的整体实力会受到一定的削弱，不利于党的基层领导和基层组织各项建设的开展。[①] 坚持发展壮大农村集体经济，会为农村集体组织提供开展组织建设的资金保障，为更好地开展服务群众、帮扶低收入人群和改善基础设施等工作提供有力的物质支持，有助于党巩固在农村基层的政权基础和政治领导，从而在基层当中更好地凝聚人心、增强社会号召力和赢得民众的信任感，有助于提升基层组织的战斗力。

（三）发展农村集体经济有助于推动乡村实现全面振兴

集体经济是构成我国社会主义基本经济制度的重要部分，是我国社会主

---

① 李越：《发展壮大村级集体经济的意义及举措》，《现代农村科技》2021年第4期。

义制度在农村的经济基础,发展农村集体经济是我国实现农业现代化、实现城乡一体化的必然要求,是建设社会主义新农村、实现广大农民群众根本利益的基本保证,是中国共产党在农村执政的经济基础,是解决"三农"问题的根本途径,是实施乡村振兴战略的有力抓手和经济制度保障。[①] 具体而言,首先,农村集体经济的发展有利于乡村产业兴旺。集体经济组织通过积极引导农民合法参与、以优惠政策吸引外来相关产业,可进一步推动乡村产业结构合理化。其次,农村集体经济的发展有利于乡村生态文明建设。村集体通过统一组织规划,明确生态治理的相应工作,集中处理各种污染难题,进而营造绿色文明的乡村环境。最后,农村集体经济的发展利于促进共同富裕。通过集体经济组织,使农民共同参与农村生产建设和农业生产活动,依托集体经济发展学习新技术、新方法和新思想,以机械化、信息化等手段进行农业生产,同时因地制宜发展特色农业,有助于大大提高农民的生产能力,提升农民的整体收入水平,使其逐步增收致富,最终实现共同富裕。

二 河北省发展农村集体经济的现状

(一)农村集体经济发展概况

河北农村集体经济发展取得了较为显著的成效,截至2021年底,全省农村集体经济收入超过5万元的村庄占比已经超过70%。目前,河北省村级集体经济收入的主要来源包括以下几个方面,一是资源性收入,主要是利用土地、林地、坑塘等自然资源的发包租赁来增加集体收入;二是资产性收入,主要是通过对村级闲置资产如村办小学、闲置厂房、商铺等的租赁创收;三是开发性收入,主要是城郊村、城中村通过房地产开发、集体资产入股等方式使村集体增加收入;四是其他渠道收入,如征地补偿款收入等。

---

① 龚云:《坚定不移发展壮大农村集体经济》,《中共杭州市委党校学报》2019年第1期。

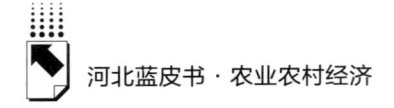

（二）农村集体经济发展模式

全省各地积极结合自身资源、产业、文化等优势，适时适地发展壮大集体经济，涌现出一些具有典型性的模式。

涞水县南峪村发展特色农村集体经济模式。该村从本地实际情况出发，以村民入股的方式成立农民专业合作社，对全村土地等资源进行统一化管理和经营，充分利用野三坡景区的区位条件，积极推进乡村旅游和村庄民宿发展建设，不仅推动了当地经济发展，而且为其他地区发展农村集体经济提供了有益经验。

晋州市周家庄乡发展集体化模式。其通过带头人的先锋模范带头，建设作风严谨、相互团结的领导队伍，确立乡队两级管理体制，规范"三包一奖"制度，优化、改进、完善原有体制，紧抓乡镇企业建设等举措，强化集体化发展理念，巩固集体经济，积累集体财产，产生了一定的经济效益及社会影响。

定兴县金台陈村发展特色文化产业模式。该村在农村基层组织领导下，通过土地流转服务，将土地与旅游项目开发相结合，在增加集体经济收入的同时提高村民居住环境的质量。此外，深入发掘当地的历史文化资源，发展乡村非物质文化遗产项目，摸索出一条"村+企业"集体经济发展的新道路，金台陈村的集体经济发展是新时代下乡村振兴战略的重要实践，对于其他有资源优势的农村发展农村集体经济有重要的借鉴意义。

通过上述成功发展模式，可以看到河北省发展农村集体经济取得了一定成效，不仅利于发展壮大当地农村经济，也利于为其他地区发展农村集体经济提供有益的借鉴经验。

（三）农村集体产权制度改革案例

全省农村积极推进农村集体产权制度改革，推进集体经济发展壮大，各地也涌现了许多成熟的改革案例。

1. 石家庄市"三村"先行，以区域推进实现整体突破

石家庄市坚持"三村（试点村、示范村、贫困村）先行、区域（行唐

县、井陉矿区、栾城区楼底镇全域）推进、整体突破"的工作思路，全力推进农村集体产权制度改革。一是各级领导部署，坚持高位推动。市委、市政府主要领导担任领导小组组长（双组长），并多次专门听取汇报，提出明确的工作要求；市委、市政府分管领导也都深入改革一线调研、指导和督查。二是层层制发配套文件，做好制度设计。及时出台《关于稳步推进农村集体产权制度改革的指导意见》、《石家庄市农村集体产权制度改革整市试点实施方案》和《石家庄市农村集体资产清产核资工作指导意见》，对全市改革工作进行了全面部署。三是创造多重保障条件，助推工作落实。市级召开由市、县、乡三级有关领导参加的农村集体产权制度改革工作观摩动员会议，市委分管领导对全市的改革工作进行动员部署，各县（市、区）、乡（镇）也都相继召开动员部署会推动工作。

2. 邯郸市坚持股份量化与组织建设同步推进

邯郸市作为全国农村集体产权制度改革整市试点单位，市领导高度重视，多次提出指导意见，各县（市、区）均成立了高规格的农村集体产权制度改革工作领导小组，有力推进农村集体产权制度改革各项工作。一是准确清产核资。按照分步推进、试点先行、全面推开的思路，以馆陶县为试点，积极推广12步工作法的成功经验，大力推进村集体清产核资工作。二是依法界定成员。统筹考虑户籍关系、农村土地承包关系、对村集体贡献等因素，协调平衡各方利益，指导各县（市、区）制定指导意见，因地制宜研究具体的村集体成员认定办法。三是同步推进股份量化和集体经济组织建设。按照股份量化和集体经济组织组建同步推进的原则，对具备条件的村，将工作重点及时转移到股份量化和集体经济组织的组建上来，在股权设置、股权管理上积极探索，履行法定程序，建立新型集体经济组织。

3. 承德平泉市创新"四步走"产权制度改革模式

平泉市是第二批全国农村集体产权制度改革试点县，该市坚持以明晰好、管理好、保护好、运用好农村集体资产产权为主线，按照规范运作、股份改造、集体管理、规模经营"四步走"的工作思路，推进农村集体产权制度改革扎实有序开展。一是抓统筹强力推进。成立了市委书记任组长、市长任副组长、分管领导担任召集人、23个相关部门同志为成员的农村集体产权制度改革领导小组,构建了市、乡镇、村"三级书记"抓改革的责任体系。二是抓关键确保落实。牢牢把握目标任务、时间节点、质量要求等关键内容,突出落实好清产核资摸家底、清人分类定身份、清股颁证分收益、赋权活股转思路四个方面重点改革任务。三是抓创新发展保实效。创新农村土地资源经营模式,指导25个村建立土地股份合作社,并按照"保底收益+股份分红"模式,通过资源入股的方法,真正把"死资源"变为"活资产";创新涉农资金滚动使用模式,探索实践财政资金股权化路径,把财政全额投资形成的资产交由市农业运营公司统筹管理,由农业主体经营使用,由村集体负责监管并获得收益。

三 河北省发展农村集体经济面临的主要挑战

虽然河北省在发展农村集体经济方面有许多先进经验,但由于多方面原因,在发展过程中仍面临诸多挑战,如何有效地回应这些挑战,便成为乡村振兴时代必须破解的问题。当前,农村集体经济发展面临的主要挑战集中体现在如下四个方面。

(一)集体经济发展水平低,不平衡现象明显

由于河北省的部分农村地区集体经济发展路径单一、规模较小及发展缺乏持久性,难以产出持续稳定的经营收入,整体经济发展水平偏低,农村集体经济基础薄弱,地区的整体发展也趋向落后。发展集体经济的水平低,会影响河北农村经济的持续健康稳定发展,不利于发展壮大集体经济和实现乡村振兴。实践表明,集体经济发展水平低的农村,面临的常常是背负巨大村级债务的窘境,往往关注更多的是如何处理债务,而不是集体经济发展,久而久之,农村集体经济组织的经济收入会逐渐减少,难以进行相关建设,无法承担起服务主体责任。特别值得关注的是,农村集体经

济收入较低的"空壳村"数量依旧不少,这种情况也是地区发展不平衡的体现。①

(二)管理经营能力薄弱,人才匮乏

河北部分农村集体经济组织的管理水平偏低,存在如管理团队的整体素质不高、管理模式未能与时俱进以及管理观念较为滞后等问题。农村集体经济组织的管理水平,离不开管理队伍的专业知识和专业素养,也离不开随机应变的经营思维,同样离不开群众的必要监督。一些村组织干部自身的文化素质不高,管理思想较为保守固化,缺少科学的发展观念,开拓创新的能力和敢于试错的勇气不够。如一些村干部思维僵化,在发展集体经济方面安于现状,不去思考如何将经济做大做强,存在"等、靠、要"的消极思想,不思进取、墨守成规。这些情况表明,农村集体经济组织的管理能力存在诸多问题,如何进行正确的科学的管理,将会是农村集体经济发展过程中需要思考的重要问题。② 发展农村集体经济需要科学统筹的领导管理组织,需要各种技术型人才、管理型人才,也需要专业的农民队伍。因此解决好农村集体经济发展的人才问题,将会是发展壮大河北省农村集体经济的一大挑战。

(三)集体经济发展的规划不到位,缺少支撑力

在河北农村集体经济组织当中,有些村干部往往只关注当下农村集体经济的发展情况,而在未来规划上有所欠缺。只依赖自身丰富的资源,是不能够真正带动农村经济发展的,必须进行科学规范的系统性规划。农村集体经济的发展离不开农村产业的协调配合,但从实际的发展情况来看,盲目跟风成为大多数农村集体经济组织的突出问题。比如在农业种植方面,热衷于发展市场热销和能带来巨大利润的农作物,往往会导致市场上这类产品趋向饱

---

① 梁昊:《中国农村集体经济发展:问题及对策》,《财政研究》2016年第3期。
② 高建华:《新时代发展壮大农村集体经济研究》,硕士学位论文,辽宁大学,2020。

和，无形中减少农民的利润，不利于农村集体经济的可持续发展。此外，农村集体经济组织的整体能力偏弱，组织管理人员大多未接受过专业的培训学习，缺乏产业经营管理的先进理念，对于农村长远建设发展的把握不够，不能作出科学合理的决策，从而容易出现对集体经济发展的规划不到位的状况。

（四）政策的落实力度不够，法律制度不够完善

发展农村集体经济本身离不开国家相关政策的指导扶持，也离不开国家出台相应的法律法规加以规范保障。国家对于农村集体经济能否健康持续发展非常重视与关心，颁布实施了许多具有指导建设性、科学合理性的政策措施，在集体经济发展中逐渐推广相关的法律法规。这些做法不仅为河北发展农村集体经济保驾护航，也为集体经济提供了一个规范稳定的发展空间。但在河北省的农村发展中，惠农政策、财政拨款及法律法规的实际效果不太明显，究其原因，一方面是政策落实力度不够和法律不够完善，另一方面是对发展集体经济的具体性和规范性指导不足。农村集体经济的发展缺乏保障性的法律法规，尽管法律明确了农村集体经济组织的地位，但未对其产权归属和独立法人地位作出清晰的界定，使得集体经济在市场竞争中缺乏法律保护。此外由于多方面原因，政策制定完之后，落实不到位，未能产生既定效果，如财政补贴资金散布在多个部门，容易出现挪用资金、贪污和应用效率低下等问题。政策大多只是原则性的指示，而缺乏对资金补助的合理使用，缺少对农村产业发展的具体设计，也缺少对发展集体经济的长期规划。[①] 无论是政策措施的落实不够，还是法律法规的完善不足，都会严重制约农村集体经济的长远发展。

四 推进河北农村集体经济发展壮大的对策建议

发展农村集体经济是关乎农民利益和农村农业发展的重要举措，要牢

---

① 张晶、赵艺葳、解晓悦：《农村集体经济发展面临的困境与对策研究》，《中国集体经济》2020年第30期。

牢坚持好发展集体经济是贯彻乡村振兴战略的重要方式和具体要求。面对农村经济发展过程中的诸多挑战，河北省应科学合理地制定有针对性的对策，如鼓励帮扶集体经济、强化监督管理、积极引进人才、进行规划设计、探索发展新模式、落实政策和完善法律体系等，推动集体经济更好更快地可持续发展。

（一）鼓励扶持集体经济，营造稳定的发展环境

发展壮大农村集体经济，是河北加快乡村振兴和促进城乡融合的重要手段，是破除农村发展阻碍的有力帮手，也是带领农民致富的重要保证。而作为农村发展的引导者，河北省的各级政府和广大领导干部需要强化认识，积极对农村集体经济的发展加以鼓励和扶持。一是要逐步增加财政资金的投入，给予农村集体经济发展的重要经济支持，对资金要制定出合理有效的管理方法，资金利用要更加透明化，并对各个环节进行监督管理，既要保证财政资金得到规范化使用，也要避免资金被偷挪或贪污。此外，要对经济发展落后的农村加大资金项目的扶持。[①] 二是要积极引导宣传发展的新思想、新理念，营造农村集体经济发展的稳定环境。其一，要深化村干部集体对发展农村集体经济的思想认识，开展多种形式的培训学习，使其破除以往固化保守的落后观念，增强发展的使命感和责任感，要时时刻刻将发展农村集体经济扛在肩上。其二，要加强对农民群体的思想教育，使其摆脱过时的传统观念，增强村民发展集体经济的凝聚力、集体观念和主人公意识。在帮助扶持过程中，各级政府组织要以"授之以渔"的观念，来切实提高农民发展集体经济和增收致富的能力。三是要大力推进组织宣传工作，对农村集体经济发展的典例模范和先进经验进行推广，农村集体经济组织要引导农民去学习借鉴，结合实情发展本地的集体经济，通过示范来提高农民积极性，助推农村集体经济不断发展壮大。

---

① 杨洋：《农村集体经济振兴的蕴含价值、现实困境与实现路径》，《农村经济》2020年第9期。

（二）强化监督管理，积极充实人才队伍

加快推进农村集体经济组织的建设，是河北农村集体经济有效发展的重要保障。强化集体组织的监督管理，是保证集体组织高效率运转的必要手段。农村组织作为引导村民共同发展集体经济的领头羊，首先应发挥好自身的带头引领作用，做好基层农村组织的管理工作，完善农村集体经济组织的管理制度，加大对组织监督管理的力度。一是从农村集体经济组织内部出发，需要监督好每位基层组织管理者的工作，建立明晰的监督检查机制，树立清廉奉公的工作作风，对贪污腐败、徇私枉法要严厉处理，进一步提高集体组织的内部管理能力。二是农村集体经济的发展信息要公开化、透明化，做好组织的财务公开，规范资金的使用和集体财产的管理，提升各级政府财政资金的使用率，把每一分都用在"刀刃"上。三是要坚持民主监督管理制度，充分发挥村民当家做主的主人翁意识，让村民作为农村集体经济组织中的一员，合理行使其权利，对集体组织进行民主化的监督管理，切实维护组织和自身的合法权益。此外，农村集体经济要想发展得好，离不开人才的支持。建设人才队伍是发展壮大农村集体经济的关键，也是乡村振兴、经济发展的重要基础。要坚持以人为本，重视人才的选拔培养工作，在集体组织中培养德才兼备、善于与群众沟通的村干部和领导，充分发挥村干部的标杆作用，要有为人民服务的意识和敢于拓展创新的勇气，踏踏实实地带领村民发展壮大农村集体经济。要对集体组织中部分具有较高教育水平的村民、致富能手等进行培训，发挥人才的引领作用，带动农村集体经济组织整体素质的提升。要通过优惠性政策和资金激励举措，吸引优秀人才积极投身农村集体经济建设，建设复合型的高素质、高质量的人才队伍。①

（三）科学制定农村集体经济发展的长远规划，探索未来发展的新模式

农村集体经济的发展需要具有科学合理性和明确统筹性的长远规划。河

---

① 吕小瑞：《发展新型农村集体经济的思考》，《沈阳干部学刊》2019年第2期。

北农村的发展规划必须考虑本地的地理区位、物产资源及产业结构等多方面的因素，河北省各级政府还应贯彻好国家出台的相关政策措施的具体要求，从实际情况出发制定符合自身发展的规划。一是发展农村集体经济要杜绝单一形式的发展模式，要遵循多途径多渠道的发展方式，积极鼓励农村集体经济组织与投资者的合作式经营、农村之间合作共建和村民相互联合的生产经营等多样化的形式。二是无论是当前还是未来的发展都将牢牢坚持因地制宜的原则，俗话说"靠山吃山、靠水吃水"，农村集体经济的发展就是要立足自身的优势，找准方向，进行科学规划建设，形成独具特色的经济发展模式，农村集体经济组织要发挥好带头引导作用，动员村民发展新型农业、农村旅游等新产业，加快农村产业升级提速。[①] 农村集体经济的未来发展既要兼顾好质量和效率，也要保证特色和可持续性。新模式的推出是与因地制宜的原则密切相连的，同时新模式的发展要植根于农村农业、发挥好集体的优势、凸显本地的特色，让农村集体经济的发展更有奔头，让乡村振兴的目标更早实现。

（四）明确落实相关政策，不断健全法律体系

农村集体经济的发展，需要政府相关政策措施和法律法规的保障。而制定和实施合理有效的优惠政策和健全完善的法律体系，是强化农村集体经济发展的重要举措。在农村基层组织中，河北省各级村干部对政策要坚持贯彻落实、对法律要严格遵守维护，发挥好带头示范作用，让政府的政策能够给农户带来切实的优惠，让相关的法律法规可以为农民提供贴心的保障。在政策实施中，河北省各级政府应适当进行政策倾斜，更好助力发展落后的村庄，营造宽松的发展环境，鼓励推进新型农村集体经济的发展。同时要对政策的落实情况进行审查监督管理，对其中未落实政策方针、盲目追求政策优惠而不结合实情的地区进行约束，对受政策影响而逐步发展出自身特色的地区进行经验推广。当前农村集体经济发展领域的相关法律法规较为缺乏，政

---

① 张伟、刘辉：《农村集体经济发展存在的问题及对策——以江西省分宜县为例》，《江苏农业科学》2020年第21期。

府在出台政策措施的同时，应制定规范农村集体经济发展的法律法规，让基层组织管理者有法可依、让农村集体经济组织有法保障、让农民群体有法可循。树立明确规范的法治风尚，利于有效维护农村集体组织的合法利益，保障乡村振兴各项目标的顺利推进。

参考文献

河北省农业农村厅：《农村集体产权制度改革案例评析》，2019年4月。

B.19 易地扶贫搬迁社区产业开发与社区建设协同发展研究

魏宣利*

摘　要： 扎实有效落实易地扶贫搬迁后续扶持工作，使搬迁群众能够融入新环境、适应新生活，实现"能发展、可致富"是河北省"十四五"持续巩固拓展脱贫攻坚成果重点工作之一。推动易地扶贫搬迁社区产业开发与社区建设协同发展，是扎实有效落实易地扶贫搬迁后续扶持工作的关键，直接关系到移民搬迁之后"搬得出、稳得住、逐步能致富"发展目标的实现。本报告立足河北省"十三五"易地扶贫搬迁工作成效及后续帮扶工作进展，在系统调研分析河北省易地扶贫搬迁集中安置社区和产业园区运转现状及面临的问题的基础上，提出易地扶贫搬迁后续帮扶工作重点由"两区同建"向"两区同治"转换的发展思路，并从构筑移民社区与产业园区协同发展新格局，促成新型治理关系、治理结构与治理秩序等方面提出了若干对策建议。

关键词： 易地扶贫搬迁　产业开发　社区建设

易地扶贫搬迁作为精准扶贫、精准脱贫"五个一批"中最重要的一批政策，既是一项政治任务，又是一项基础性民生工程。为确保实现"搬得出、稳得住、逐步能致富"的发展目标，2019年6月11部门联合出台《关

---

* 魏宣利，河北省社会科学院农村经济研究所研究员，主要研究方向为"三农"问题。

于进一步加大易地扶贫搬迁后续扶持工作力度的指导意见》，之后国家发展改革委联合国务院扶贫办等12个部门印发了《关于印发2020年易地扶贫搬迁后续扶持若干政策措施的通知》。结合河北省实际，着力推动易地扶贫搬迁工作重心由"两区同建"向"两区同治"的转换，实现搬迁社区建设与产业开发协同发展，对于扎实推动各项扶持政策有效落地，确保搬迁群众能够融入新环境、适应新生活，实现"能发展、可致富"意义重大。

一 易地扶贫搬迁的政策发展历程

易地扶贫是指政府主导、群众自愿参与，将居住在自然条件恶劣地区即"一方水土养不起一方人"地区的农村贫困人口搬迁安置到生存与发展条件较好的地区，并通过改善安置区的生产生活条件、调整经济结构和拓展增收渠道，帮助搬迁人口逐步脱贫致富的一种扶贫方式。

自"六五"时期易地扶贫搬迁制度在局部地区探索实施以来，到"十三五"末，历经探索、试点、推广、全面推进四个阶段，易地扶贫搬迁制度不断完善。经过实践检验，易地扶贫搬迁是最彻底、最有效的脱贫途径之一。

（一）探索阶段

以《关于成立三西（河西、定西、西海固）地区农业建设领导小组的通知》为标志，1982年，中央对自然生态环境极端恶劣、农民异常贫困的甘肃定西和宁夏西海固，首次尝试通过易地搬迁方式解决"定西、西海固"区域集中连片特困地区的贫困问题。按照"兴河西、河套产粮之利，济定西、西海固缺粮之贫，使其逐步发展林、草，逐步变生态环境的恶性循环为良性循环"的指导思想和开发思路，通过重点建设和发展河西、河套地区的农业，有组织有计划地实施定西、西海固易地扶贫开发计划。据统计，从1982年启动至"七五"末，定西、西海固两地区共移民32.1万人，其中集中安置18万人，有效地改变了这一地区的贫困状况，探索出一条通过易地搬迁解决贫困问题的有效路径，为后续易地扶贫搬迁政策的出台提供了实践依据。

（二）试点阶段

进入21世纪，针对我国西部生态环境较恶劣的地区，为打破贫困加剧和环境破坏的恶性循环，根据《中国农村扶贫开发纲要（2011—2020年）》有关精神，结合西部大开发战略，国家计委出台《关于易地扶贫搬迁试点工程的实施意见》，首次从中央层面明确提出以易地搬迁解决集中连片地区贫困问题。初期易地扶贫搬迁试点工程在内蒙古自治区、贵州省、云南省、宁夏回族自治区展开，随后全国17个省、自治区、直辖市依次加入移民扶贫的行列；2001～2015年，中央累计向开展易地扶贫搬迁的地区补助投资363亿元，支持地方搬迁贫困群众680多万人。

2012年河北省列入全国易地扶贫搬迁试点工程实施范围，首批试点在燕山太行山连片特困地区的张北、丰宁、滦平、赤城、沽源等5个国家扶贫开发工作重点县实施，共计搬迁缺乏基本生存条件的贫困人口1722户5000人。自2012年起到2015年底，河北省先后在张家口、承德、保定、秦皇岛、石家庄、邢台、邯郸7市的张北、阜平、涞源等20个燕山太行山片区县和国家扶贫开发工作重点县，组织实施易地扶贫搬迁项目113项，累计投入各类资金20.13亿元，搬迁安置贫困人口5.56万人，并使其实现稳定脱贫。

（三）全面推进阶段

进入"十三五"，《中共中央 国务院关于打赢脱贫攻坚战的决定》印发，中国扶贫开发事业进入了新阶段。为解决1000万贫困群众的待搬迁问题，2016年国家发展改革委员会出台《全国"十三五"易地扶贫搬迁规划》，新一轮易地扶贫搬迁工作在脱贫攻坚中全面展开。该规划明确，搬迁对象主要是"一方水土养不起一方人"地区经扶贫开发建档立卡信息系统核实的建档立卡贫困人口，约981万人。迁出区域范围涉及22个省的约1400个县。搬迁人口中集中安置人口占搬迁人口总规模的76.4%，其中依托中心村或交通条件较好的行政村就近集中安置的占39%，在周边县、乡镇或行政村规划建设移民新村集中安置的占15%，在县城、小城镇或工业园区附近建设安置区集中安置的占37%，依托乡村旅游区安置的占5%，其他集中安置方式占4%。

"十三五"时期，河北省搬迁总规模为30.2万人，其中建档立卡贫困人口13.6万人，同步搬迁人口16.6万人，主要分布在燕山和太行山深山区、坝上高寒地区和漳河河道行洪区，涉及石家庄、承德、张家口、秦皇岛、保定、邢台、邯郸等7市35县。搬迁人口中集中安置人口24.7万人，占搬迁人口总数的81.79%，共建成330个易地扶贫搬迁集中安置区，其中县镇集中安置区39个、移民新村291个。

（四）巩固提升阶段

在2020年如期打赢脱贫攻坚战、如期全面建成小康社会后，易地扶贫搬迁已进入以做好后续扶持为主的阶段。2021年2月，习近平总书记在赴贵州看望慰问各族干部群众时指出，"要强化易地搬迁后续扶持，多渠道促进就业，加强配套基础设施和公共服务，搞好社会管理，确保搬迁群众稳得住、有就业、逐步能致富"。2021年4月，国家发展改革委、国家乡村振兴局等20个部门印发《关于切实做好易地扶贫搬迁后续扶持工作巩固拓展脱贫攻坚成果的指导意见》，明确指出要结合乡村振兴和新型城镇化战略，聚焦原集中连片特困地区、原深度贫困地区、乡村振兴重点帮扶县的大中型安置点，按照分区分类、精准施策的原则做好后续帮扶，紧紧扭住就业这个牛鼻子，多渠道促进就业、强化社会管理、促进社会融入，实现搬迁群众"稳得住、有就业、逐步能致富"。2021年9月，河北省25个部门联合印发《关于切实做好易地扶贫搬迁后续扶持工作巩固拓展脱贫攻坚成果的贯彻实施意见》，就进一步做好易地扶贫搬迁后续扶持工作、持续巩固易地搬迁脱贫成果提出21项重点任务，确保搬迁群众"稳得住、有就业、逐步能致富"。

二 不同时期集中安置区产业开发与社会治理协同推进路径演变

（一）"搬迁是手段，脱贫是目的"核心理念一脉相承

从始于1982年为解决"两西"地区深度贫困问题的农业大开发政策到"十三五"精准脱贫易地扶贫搬迁政策，我国的扶贫政策自始至终遵循"挪穷窝"与"换穷业"同步的原则，将"搬迁是手段，脱贫是目的"的理念贯穿于安置区选址、安置模式选择、安置房及配套设施建设、后续产业发展和就业扶持全过程。

（二）始终遵循群众意愿，把安居乐业作为工作推进的中心

易地扶贫搬迁政策在组织实施过程中，自始至终强调群众自愿，各级政府及驻村帮扶工作队充分尊重群众意愿，并做好易地搬迁宣传工作，鼓励和倡导贫困群众发扬自力更生精神，通过自己的辛勤劳动，建设新家园、创造新生活。

（三）"两区同建"，由先解决移民生产问题向生产、生活、生态同步推进转变

探索阶段和试点阶段的易地扶贫搬迁遵循"先开发后搬迁"原则，从着力提升安置区农业生产能力入手，注重提高安置地的人口承载能力，把重点放在与搬迁人口今后发展密切相关的项目建设上。"十三五"易地扶贫搬迁以"两区同建"为切入点，同步解决搬迁人口的生产、生活和生态问题，易地扶贫搬迁安置区建设是一项系统工程，不仅要同步推进搬迁群众就业创业、安置住房建设、基础设施和公共服务设施建设，还要及时关注社区治理、文化传承等诸多方面。

（四）扶贫产业的合理化和高级化是支撑移民社区"稳得住"的关键

产业转型升级是区域经济增长和高质量发展的重要支撑，也是推动国家和社会治理现代化的核心力量。细数各阶段易地扶贫搬迁工作实施的成效，可以发现扶贫产业结构的合理化和高级化程度直接决定扶贫产业带动就业能力的强弱、绿色集约发展水平，影响移民生计资本和生计策略。扶贫产业的良性发展已成为移民社区发展重要的经济保障，为移民社区良性运转提供经济支撑。

三 河北省易地扶贫搬迁集中安置区社区建设与产业开发进展

（一）"两区同建"进展

1. 集中安置区建设

河北省易地扶贫搬迁统筹考虑安置地水土资源条件、经济发展水平、城镇化进程及搬迁对象意愿，采取以集中为主、集中与分散相结合的安置方式。其中，集中安置区建设采取多种方式同步推进：一是依托县城、小城镇、产业园区安置。结合新型城镇化和县域经济发展，在县城、小城镇、产业园区规划建设集中安置区。二是建设移民新村安置。依托新开垦或调整使用的耕地，在周边乡镇或行政村规划建设移民新村，引导搬迁对象就近集中安置。三是依托旅游景区安置。挖掘当地生态旅游、民俗文化等资源，因地制宜打造乡村旅游扶贫示范村，把旅游景区周边贫困村纳入景区统一规划、统一建设、统一营销，引导周边搬迁对象适度集中居住并发展乡村旅游。四是行政村内就近安置。依托靠近交通要道、自然条件较好、生产生活便利的中心村，引导居住在生存条件恶劣的自然村的搬迁对象就近集中安置。

"十三五"期间，全省共建成330个易地扶贫搬迁集中安置区，安置人口

24.7万。集中安置区按安置人口规模划分，10000人以上的4个、1000～10000人的44个、1000人以下的282个（见表1）。

表1 "十三五"期间河北省易地扶贫搬迁集中安置区情况统计

单位：个

安置地点		县城安置	镇安置	农村安置
合计	330	12	27	291
10000人以上	4	2	0	2
1000～10000人	44	3	12	29
1000人以下	282	7	15	260

全省330个集中安置区中，按照"以基层党建为引领、以群众需求为导向、以改革创新为动力"的思路，立足各安置区实际，着力推动安置区基层组织建设和管理模式创新。

一是健全组织机构。第一，行政管理机构全覆盖。通过新设立或依托原有管理组织实现安置区管理机构全覆盖。阜平县阜东新区设立新的街道，77个安置区计划成立81个社区居委会，258个安置区纳入当地村（居）委会管理。第二，党组织机构全覆盖。共新成立基层党组织186个，其中基层党委7个、党总支46个、党支部133个，保留原有党组织462个，实现党的组织和工作全覆盖。

二是创新管理模式。集中安置区主要采用"安置管理机构+村民自治组织"的"双轨制"管理模式，具体表现为五种形式。"县政府派出管理机构+迁出村村委会"管理模式，涉及规模较大、集中安置群众较多的张北县义合美新城社区和康保县怡安社区2个社区。"乡镇管理机构+迁出村村委会"管理模式，安置区建在乡镇政府所在地行政村或其附近，乡镇派出力量与迁出村村委会共同履行管理服务职能，涉及32个社区。"迁入中心村村委会+迁出村村委会"双重管理模式，迁入村和迁出村村委会实行共管共治、共同发挥作用，涉及14个社区。同一行政村范围内自然村搬迁管理模式，由于没有打破原行政村界限，仍属同一个村委会管理，治理模式基本没有改变，涉及44个社区。"社区管理+物业企业服务+党员业主带头参与"的物业管理服务模式，按照"政府扶持、属地管理、专业服务"的原则，目前有12个集中安置区通过购买服务，面向社会竞聘了物业公司，其他安置区也在探索推行。

2. 产业园区

结合县域经济整体布局和产业结构调整，河北省把易地扶贫搬迁安置区的产业发展纳入当地经济社会发展总体规划，实行搬迁安置区与产业园区"两区同建"、统筹安排，同步抓好工业园区、农业园区、旅游景区、旅游扶贫示范区及旅游扶贫示范村等建设。同时立足各产业园区建设，利用省级扶贫产业引导资金和各部门扶贫专项资金，发展各类扶贫产业项目，提供就业岗位、拓展增收渠道。积极发展物业经济，依托易地扶贫搬迁工程，配套建设门面、摊位、柜台、停车场等营利性物业，并将产权优先量化到易地扶贫搬迁人口；依托城镇、产业园区，引导和扶持搬迁人口从事农产品加工、商品经营、餐饮、运输等二、三产业。扶持易地扶贫搬迁人口从事农产品基地建设和规模化种养业。增加财产性收益，支持搬迁人口利用原有土地山林等资产入股，取得稳定收益。

"十三五"时期，围绕易地扶贫安置区，按照"两区同建"的原则，全省共规划建设配套产业园区589个。从园区性质看，专门配建275个、依托已有产业园区291个、依托经济开发区等现有园区23个；从人口就业看，集中安置区搬迁群众中有劳动能力且有就近就业需求的有8.04万人，配套产业园区预计可带动搬迁群众就业5.35万人。通过"两区同建"项目、安置区周边企业、扶贫微工厂、外出务工等多渠道进行就业帮扶，全省有劳动能力的2.98万搬迁贫困户全部实现每户至少一人稳定就业。

（二）"两区同建"后续扶持新要求

2021年，国家发展改革委、国家乡村振兴局等20个部门印发《关于切实做好易地扶贫搬迁后续扶持工作巩固拓展脱贫攻坚成果的指导意见》，明确指出要"紧紧扭住就业这个牛鼻子，多渠道促进就业，强化社会管理，促进社会融入，实现搬迁群众'稳得住、有就业、逐步能致富'"。河北省 25 个部门联合印发《关于切实做好易地扶贫搬迁后续扶持工作巩固拓展脱贫攻坚成果的贯彻实施意见》，就进一步做好易地扶贫搬迁后续扶持工作、持续巩固易地搬迁脱贫成果提出 21 项重点任务，明确提出"要持续推进安置区配套产业发展，支持有条件的安置区提升、新建一批配套产业园区（项目）；建立健全安置区就地就近按比例安排就业机制，优先吸纳搬迁群众就业"等，"两区同建"深入推进，推动移民社区与产业园区互动融合发展。

四 易地扶贫搬迁集中安置区社区建设与产业发展协同存在的问题

"两区同建"制度设计的逻辑原点是将居住在交通不便、土地贫瘠、条件落后的偏远地区群众转移到生产生活条件便利的地区，建立大型社区进行安置，并建立配套产业园区就地吸纳搬迁居民就业。易地扶贫搬迁集中安置区社会治理主体既是安置区社会治理的构成要素，也是乡村产业发展必不可少的生产要素。"两区同建"产业园区的发展依附于搬迁集中安置区，安置区社会秩序的塑造为产业园区发展提供社会基础和成长环境，无论是移民还是移民社区组织，其行动的客观效应都直接影响移民社区和产业园区的可持续发展。

（一）扶贫园区整体发展定位和布局缺乏前瞻性

1. 扶贫产业园区缺乏规划引领

从河北省来看，扶贫产业园区的建设近半数为新配建的园区，多依托某一扶贫产业项目建立，园区的发展定位缺乏整体谋划，对进驻企业也缺乏整体性的把关和统筹，导致园区内产业关联性不足，无法实现龙头带动、上下游企业协同的链式发展格局。有些扶贫产业并非本地传统优势产业，与县主导产业关联度严重不足，扶贫产业园区的发展并没有改变园区所在地县域经济实力（见表2）。

表2　2020年河北省全国百强县与部分脱贫县经济发展情况比较

单位：亿元

县		GDP	一般公共预算收入	县域经济开发区营业收入	县域经济开发区税收收入	民营经济增加值
全国百强县	迁安	1006.91	63.01	2250.9	63.6	711.74
脱贫县	隆化	145.10	5.11	42.00	3.80	100.55
	丰宁	143.19	9.02	141.20	6.00	92.52
	围场	148.59	6.06	79.90	3.90	90.13
	张北	118.89	8.31	72.90	3.10	63.86
	康保	56.68	3.46	21.10	1.30	28.32
	沽源	64.43	3.48	26.40	2.10	24.52
	尚义	43.92	2.53	22.00	1.50	18.44
	阳原	52.11	4.00	30.40	1.20	35.55
	阜平	44.95	4.79	16.20	1.10	24.13
	涞源	63.49	11.13	22.00	0.80	44.12

资料来源：《2020河北统计年鉴》。

2. 产业低质低效低产普遍存在，产业带动增收作用有限

扶贫产业园区中的特色农业产业扶贫项目多集中在种养环节，相关精深加工、种苗繁育、电商服务、营销策划等配套产业发展不足，品牌建设滞后，产品附加值低，带动能力有限。农产品初加工、手工业、来料加工类等扶贫项目，在脱贫攻坚期内同步实现了壮大贫困村集体经济、实现贫困人口就地就近就业增收和资产收益三重目标。但生产方式以简单手工业或半机器半手工业为主，产品多处于该类产业价值链的初加工环节，未能与脱贫县主导产业形成有效联动，低质低效现象突出。围绕园区的服务业多为餐饮服务业及零售业，服务于产业转型升级的创意产业和现代服务业严重缺乏。

（二）移民安置区社区建设重硬轻软，内生活力不足

1. 集中安置区管理组织建设创新不足，服务引领能力弱

一是自治组织建设滞后。集中安置区基本由原村民自治组织或者社区管委会代管，迁入地社区管理机构和迁出地村"两委"之间的关系尚没有理顺，职能划分不够明确，工作衔接不顺畅，群众服务存在漏洞，存在迁出村管不了、迁入地无法管的问题。二是党组织建设创新不足。易地扶贫搬迁过程中，党员分散到了不同的安置点，相当一部分"常住党员"变成了"流动党员"，党组织生活难以开展，战斗堡垒作用有限。

2. 安置区集体经济组织建设滞后，移民归属感不强

安置区的村民来自不同地区，面临着文化、观念以及生活习惯的相互融合。移民安置区按照"三不变、一改变"基层治理模式，即原行政隶属关系不变；原村集体的债权债务不变；土地、财产所有权和使用权不变；管理方式实行双重管理。因此，由于迁出地不同，移民群体背后涉及的农村集体产权（宅基地、承包地、农村集体建设用地、集体林地等）权益不同，小团体意识严重，在社区管理实践中，多个主体参与谈判，为确保各自利益最大化，安置区内部分化严重，移民群体对于新社区缺乏归属感。迁入城镇的移民群体则陷入被动市民化困境。由于建档立卡贫困人口老龄化、失能化比重高，参与就业的能力不足，普遍面临就业无能、生计无保障、因空间挤压而出现代际关系紧张等问题，直接影响移民的社会适应与社会融入。

（三）"两区同建"缺乏双向支撑

1. 劳动力资源供需难对接

"两区同建"的核心是改变贫困群体的生计环境，以多渠道就业增收破解贫困顽疾。但调查发现"十三五"易地扶贫建档立卡贫困群体多为失能、半失能人员，随迁群体以留守儿童、留守妇女、留守老人和残疾人群体为主。高龄低技能就业群体与两区建设劳动力需求严重脱节。一方面社区公益

岗人浮于事，社区专业管理人员严重不足。比如，康保怡安安置区共安置7161户20110人，管理人员仅有35名，公益岗贫困户却有1238名，只能轮流负责清洁卫生。另一方面，移民社区有劳动能力人员自身文化程度普遍不高，学习新知识、新技能的能力差，产业园区发展需要的是高技能现代产业技术工人，园区提供不了充分的低技能就业岗位，已有的劳动力又难以支撑产业园区高质量发展。

2. 移民社区自治组织建设滞后，两区互动缺乏责权统一平台支撑

根据国家乡村振兴局、中央农办、财政部《关于加强扶贫项目资产后续管理的指导意见》的相关规定，要按照现有资产管理制度及农村集体产权制度改革等要求，建立健全扶贫项目资产的长效运行管理机制，确保项目资产稳定良性运转、经营性资产不流失或不被侵占、公益性资产持续发挥作用，河北省扶贫资产的确权及资产处置工作加快推进。资产收益扶贫是精准扶贫的重大创新，扶贫产业园区作为扶贫资产，要确保确权到移民集中安置区，并实现扶贫资产稳定良性运转是巩固易地扶贫搬迁成果的关键。当前，移民社区实施迁出地行政机构与迁入地的行政组织双重管辖。移民社区自治组织未成立，扶贫资产收益对应的责任主体不明晰，作为扶贫资产的产业园区的发展与移民社区没有实质性的联动关系，移民社区社会治理缺乏经济保障。从当前掌握的资料来看，大部分安置区的物业、水、电、暖等生活费用支出均由政府买单。这种"兜底"政策在运行中带有明显的福利色彩与福利倾向，搬迁户享受的综合性保障不仅越过底线标准，更日益演变为超越一般福利水平的优质资源，易催生"等靠要"思想，滞缓社区社会治理体系的建立。

总体来看，扶贫产业园区存在产业结构高级化不足、带动就业能力不强、绿色集约发展滞后、与易地扶贫搬迁集中安置区融合发展不足等一系列问题，导致社会治理的经济保障能力不足、社会就业不充分、社会治理现代化水平不高。而移民社区劳动力劳动技能不足，难以支撑扶贫产业的升级和扶贫产业园区的高质量发展。

五 从移民安置区与产业园区的"两区同建"到"两区同治"的路径选择

移民安置区与产业园区互为支撑，推动移民安置区与产业园区从"两区同建"到"两区同治"是确保"稳得住"，并确保"能致富""能融入"的关键。

（一）以扶贫产业园区转型升级夯实移民安置区社会治理经济基础

利用各级各类扶贫资金发展起来的扶贫产业园区是移民安置区重要的经济基础。一是以产业兴旺为目标导向，立足园区产业基础和资源禀赋，以实现区域内农业产业集聚和发挥比较优势为目的，科学统筹县域农业产业分工布局，做实做好扶贫产业园区顶层设计。二是不断完善农业产业的上下游分工协作，推动农业产业向上下游延伸拓展，按照"延长产业链，提升价值链，完善利益链"的理念思路，通过产业深度融合，构建起现代农业生产经营体系，实现农业产业与工业、旅游、电子商务、物流、康养地产等多个产业的融合发展，打造优势产业集群。三是扎实推进"万企兴万村"行动，围绕县域主导产业联动扶贫产业园区，开展招商引资，激发"链"式效应。通过扶贫产业园区经济的稳增长和财政收入的可持续性，为移民安置区社会治理创新注入源源不断的经济动力。

（二）探索扶贫产业园区产业结构升级与就业结构升级相协调的增长模式

扩大扶贫产业园区就业容量，实现就业稳，是确保移民安置区人心稳、社会稳的根本。一是要充分发挥脱贫攻坚与乡村振兴衔接期扶贫政策总体稳定这一政策优势，进一步优化营商环境，放大政策叠加优势，扎实推动"万企兴万村"行动，引导龙头企业将劳动密集生产环节与对初级材料依赖性较强的生产环节向扶贫产业园区下沉，实现"车间前移"与"驻点扶贫"的结合。二是大力促进数字经济、平台经济、创意经济、流量经济、服务经济等新经济发展,充分发挥多元经济主体的就业吸纳作用,带动就业容量的不断扩大。三是强化产业政策与就业政策、扶贫政策之间的协同联动,加大各类技能培训力度,积极开展订单式培训、定向式培训,改变移民社区就业能力难以支撑产业升级的被动局面,激发群众参与社会协同共治的内生动力。

(三)以安置区自治组织重建为抓手,提升安置区社会治理效能

加快推进移民安置区自治组织建设是提高社会治理效能的关键。一是以"双报道双报告双服务"机制,构建党建引领移民安置区公众参与社会治理的平台。抓好基层党组织建设是重构移民安置区村民社会治理平台的重要手段。可借鉴城市"双报道双报告双服务"机制对安置区党员跨归属地实施统一报道、统一管理,通过志愿服务等形式,凝聚安置区党员力量,构建党建引领安置区共建共治共享治理格局,有效破解治理中的难题。二是以安置区集体经济组织重建为抓手,提升安置区群众参与社会治理的主动性和能动性。利益主导是乡村社区良性运转的重要源泉及核心推动力。要加快推进移民安置区农村集体产权制度改革,重新组建安置区新型集体经济组织,逐步剥离对原居住地的依附,引导安置区居民再生产。同时对安置区扶持配建的生产、生活性资产,明确移民安置区集体产权,完善扶贫资产运营、收益分配和处置等相关管理制度,在确保扶贫资产安全运行、保值增值的基础上,扶持壮大移民安置区集体经济,提升安置区自我发展的能力。三是推行"社区管理+物业企业服务+党员业主带头参与"服务模式,深化自治实践。"共建共享共治"是移民安置区社会治理的总思路。基于移民安置区群体以留守儿童、留守妇女、留守老人和残疾人为主的现状,引进专业化社会组织(物业公司),通过建立"社区管理+物业企业服务+党员业主带头参与"服务模式来实现专业化服务是根本。

(四)稳妥推进安置区"村改居",推动村民变市民

稳妥推进城(县域、镇)安置区"村改居"工作。一是以"一村一

策"为原则，制定改制方案。按照河北省民政厅《关于加快推进村委会改为居委会工作的指导意见（试行）》文件精神，在认真调查研究的基础上，针对基层组织建设、集体土地、集体资产、住宅、户籍等"村改居"主要问题，制定科学合理、符合实际的改制方案，按照"成熟一个、划改一个"的原则，逐步稳妥推进移民安置区"村改居"工作。二是加快城乡管理体制转换。对人口规模在千人以上的安置区，按照"村改居"工作程序设立一个或多个社区居委会，由所在乡（镇、街道）管理。三是建立社区协商共治机制，形成基层党组织领导下的治理新格局，加快搬迁群众社区融入。积极探索以社区党支部、居委会、业委会、物业服务企业、楼门长、综合服务站等为主要内容的"六位一体""村改居"治理组织体系，开展社区服务。

参考文献

陈绍军等：《"双主体半熟人社会"：水库移民外迁社区的重构》，《西北农林科技大学学报》（社会科学版）2018年第4期。

〔英〕安东尼·吉登斯：《社会的构成——结构化理论纲要》，李康、李猛译，中国人民大学出版社，2016。

王思斌：《我国农村社会工作的综合性及其发展——兼论"大农村社会工作"》，《中国农业大学学报》（社会科学版）2017年第3期。

杨玉珍：《"幸福村落"建设中乡村公共性再生产的内在逻辑》，《华中农业大学学报》（社会科学版）2014年第1期。

王敏、王滨：《公共性视域下社会治理现代化的现实困境与优化路径》，《理论导刊》2020年第6期。

B.20
实现共同富裕背景下河北省农村居民消费升级研究

时方艳*

摘　要： 激发河北省农村居民消费潜力、促进农村居民消费升级是构建"双循环"新发展格局、实现共同富裕的必经之路。本报告首先分析了影响农村居民消费升级的因素，主要包括农村居民收入水平、受教育水平、社会保障水平、新兴业态与科技发展水平等；其次，剖析了河北省农村居民的消费现状，主要表现为河北省农村居民消费支出保持全面增长、八大类消费支出呈现全面增长态势、农村居民消费观念发生变革、生活和消费水平取得较大进步等；再次，分析了河北省农村居民消费升级存在的瓶颈，如经济社会发展动力不足、消费能力有待进一步挖掘、商品供给体系不完善等；最后，有针对性提出实现河北省农村居民消费升级的对策建议，具体包括优化营商环境、拓宽农村居民增收渠道、加强基础设施建设、改进消费方式等内容。

关键词： 农村居民　消费升级　河北省

2020年底召开的中央经济工作会议强调，要充分挖掘县乡消费潜力。随后，从国家各部委到各省市都发布了相关政策文件来最大化释放农村消费潜力。最大限度地释放农村居民消费需求，推动农村居民消费结构和消费品

---

* 时方艳，河北省社会科学院农村经济研究所助理研究员，主要研究方向为农业农村经济。

质转型升级,对实现共同富裕、加快构建"双循环"新发展格局至关重要。河北省作为农业大省,农村人口基数大,农村市场消费潜力巨大,在共同富裕背景下实现河北省农村居民消费升级,对实现农村消费市场转型升级具有指导性意义。

一 农村居民消费升级影响因素分析

已有关于农村居民消费升级影响因素的研究成果较为丰硕,在对已有文献进行梳理总结的基础上,得出影响农村居民消费水平的因素主要包括农民收入水平、受教育水平、社会保障水平、新兴业态与科技发展等,具体分析如下。

(一)农民收入水平直接影响消费水平提质升级

从已有研究成果看,农民收入的多少是影响其消费水平的最重要的因素,直接影响消费结构与质量。国外相关研究起步较早,Guo 等认为,收入水平提升会推动农村居民消费水平由低层次向较高层次转变,而且是主要影响因素。[1] 国内学者在这方面的研究成果也较为丰富,方松海等在对农民收入增加和农民消费支出提升理论探讨的基础上,提出实现农民收入大幅度增长会影响其消费能力的根本性提高。[2] 除此之外,喻胜华等[3]、温涛等[4]的研究也都得出了类似结论,认为收入水平对农村居民消费提升起到关键性作用。

(二)农民受教育水平影响消费支出结构

教育被认为是人力资本投资中最基础和最主要的投资方式,在人力资本

---

[1] Guo X. et al., "Structural Change in the Impact of Income on Food Consumption in China, 1989 – 1993," *Economic Development and Cultural Change* 4 (2000): 737 – 760.
[2] 方松海、王为农、黄汉权:《增加农民收入与扩大农村消费研究》,《管理世界》2011 年第 5 期。
[3] 喻胜华、韦琴:《经济因素和人口特征对农村家庭消费的影响》,《西安交通大学学报》(社会科学版) 2018 年第 5 期。
[4] 温涛、王汉杰、韩佳丽:《城镇化有效驱动了居民消费吗?——兼论人口城镇化与空间城镇化效应》,《中国行政管理》2017 年第 10 期。

存量构成中地位突出。① 农村居民受教育水平越低，越容易付出更多的人力资本来获得收入，越容易出现健康状况差、医疗消费多的状况，总之就是农民受教育程度与其在医疗卫生方面的支出呈现反向联系。② 李翔等的研究显示，农民接受教育的年限越高，农村市场越不能满足其消费需求，由此带来农民边际消费倾向与其受教育年限呈现正向关系。③

（三）社会保障水平会制约农民消费升级

姜百臣等通过实证研究发现，农村居民社会保障支出对消费行为的影响是持久且存在滞后效应的，这表明当前农村社保体系仍不健全，可以提供保障的范围有限，整体保障水平较低且区域之间的保障水平存在较大差距。④ 王静研究发现，市场经济体制改革之前社会保障支出与农村居民消费之间不显著相关，改革之后两者之间呈现明显的正相关性，主要表现为市场经济体制改革之后，国家增加了对农村居民的社会保障支出，农村居民确定性增加，进而带来消费需求增加和农村居民消费支出弹性增加，刺激了农村经济的长久发展。⑤ 但从总体水平看，社会保障支出能对农村居民消费产生的影响是有限的，收入仍然是最主要的刺激因素。

（四）新兴业态与科技发展助推农民消费方式多元化

新兴业态与新兴科技的发展壮大助推农村居民消费方式的多元化，同时技术发展进步与各种新兴业态的出现促使农村居民消费向更高水平发展成为

---

① 祁毓：《不同来源收入对城乡居民消费的影响——以我国省级面板数据为例》，《农业技术经济》2010年第9期。
② 叶春辉、封进、王晓润：《收入、受教育水平和医疗消费：基于农户微观数据的分析》，《中国农村经济》2008年第8期。
③ 李翔、朱玉春：《受教育程度对农村居民消费结构影响研究》，《统计与决策》2013年第12期。
④ 姜百臣、马少华、孙明华：《社会保障对农村居民消费行为的影响机制分析》，《中国农村经济》2010年第11期。
⑤ 王静：《不确定性、社会保障对农村居民消费的影响研究》，《农村经济》2018年第7期。

可能。互联网、移动终端的普及拓宽了农村居民的信息来源渠道，改变了农村居民的消费方式，促进农村居民消费多元化。

首先，互联网的应用普及可以较大限度地丰富农村居民的信息来源渠道，使其接受更多外部信息，改变消费理念。王鹏飞提出，网络经济作为一种新兴经济形态，依托互联网等信息网络平台的推广应用，极大地改变了经济运行和市场交易方式。[①] 贺达等基于 CFPS 数据运用 PSM 方法分析了互联网对农村居民消费水平和消费结构带来的影响，研究发现，互联网的应用普及会对农村居民的总体消费水平起到显著提升作用，和没有使用互联网的农村居民相比，使用互联网的农村居民消费水平增长了 37.98%；从消费结构看，互联网的应用普及对农村居民生存类消费影响较大，而对享受类消费影响有限。[②]

其次，智能手机的应用普及带来的移动终端与支付方式的变革也会对农村居民消费产生巨大影响。在智能手机普及之前，我国广大农村居民受支付习惯、支付设备、传统文化等约束，多年来支付方式单一，可以借助手机媒介有效释放农村消费潜力。后来，触屏式操作手机在全球范围内流行，智能手机的使用场合越来越多、使用频率越来越高。当前，我国已经成为世界最大的智能手机市场，移动互联网的应用使得支付行为愈加便捷，智能手机这些独特的优势在一定程度上可以降低农村居民消费的综合成本，同时降低部分商品的购买价格，促进农村居民更高水平的消费支出。

除上述影响因素外，还有部分研究成果表明，农村居民的家庭年龄结构、城镇和乡村居民之间的收入差额、各级财政支出等因素同样会对农村居民消费产生影响。

---

① 王鹏飞：《网络经济对我国居民消费的促进作用研究》，博士学位论文，中共中央党校，2014年。
② 贺达、顾江：《互联网对农村居民消费水平和结构的影响——基于 CFPS 数据的 PSM 实证研究》，《农村经济》2018 年第 10 期。

二 河北省农村居民消费现状剖析

河北省第七次全国人口普查结果显示，河北省常住人口总数为7461.02万人，其中城镇4481.65万人，占60.07%；农村2979.37万人，占39.93%。近十年来，河北省采取多种措施，如加快县城建设、促进县域经济发展、加快新型城镇化建设等，实现常住人口城镇化水平稳步提升，城乡融合发展结构发生巨大变革。但农村人口占常住人口的比重仍有近40%，这意味着广大农村地区的发展潜力和农村居民的消费潜力有待进一步激发。

（一）河北省农村居民消费支出保持全面增长

如表1所示，河北省城镇居民人均消费支出从2010年开始呈现逐年增长态势，2010年为10318元，2019年达到最大值，为23483元，2020年出现下降趋势，为23167元。河北省农村居民人均消费支出从2010年开始呈现逐步增长趋势，2010年为3845元，2020年达到最大值，为12644元。城乡消费支出对比从2010年开始总体呈现下降趋势，2010年为最大值（2.68），2020年为最小值（1.83），2014~2017年处于波动变化之中，可能是由于产业结构调整、促进城乡一体化发展等相关政策文件发布所带来的城乡居民收入增加与消费结构调整。除此之外，河北省农村居民人均消费支出的增长速度要快于城镇居民人均消费支出的增长速度，2019年农村居民人均消费支出增速达到8.7%，快于城镇居民人均消费支出增速（6.1%）。但城乡居民人均消费支出总额差距在扩大，由2018年的10744元扩大到2019年的11111元。

表1　2010~2020年河北省城乡居民人均消费支出情况

单位：元，%

年份	城镇居民人均消费支出	同比增长	农村居民人均消费支出	同比增长	城乡消费支出对比
2010	10318	6.6	3845	14.8	2.68
2011	11609	12.5	4711	22.5	2.46

续表

年份	城镇居民人均消费支出	同比增长	农村居民人均消费支出	同比增长	城乡消费支出对比
2012	12531	7.9	5364	13.9	2.34
2013	14970	19.5	7377	37.5	2.03
2014	16204	8.2	8248	11.8	1.96
2015	17587	8.5	9023	9.4	1.95
2016	19106	8.6	9798	8.6	1.95
2017	20600	7.8	10536	7.5	1.96
2018	22127	7.4	11383	8.0	1.94
2019	23483	6.1	12372	8.7	1.90
2020	23167	-1.3	12644	2.2	1.83

资料来源：河北省历年国民经济和社会发展统计公报。

图1为2010~2020年河北省城乡居民恩格尔系数，城镇居民恩格尔系数最大值为33.8%（2011年），最小值为24.6%（2017年），中间出现波动趋势，可能与城镇居民食品消费结构变化、食品消费价格变动有关。农村居民恩格尔系数最大值为35.2%（2010年），最小值为26.4（2018年），其中2010~2018年总体处于下降趋势，2018年以来农村居民恩格尔系数出现小幅度上升，可能与食品价格指数上涨、食品支出结构变动等因素相关。从城乡对比情况看，农村曲线基本位于城镇曲线上方，这体现出农村居民有更多的钱花费在食品购买上，要全方位提升农村群众的收入水平，减少在食品方面的支出比例，力争使其有更多闲置资金用于其他方面的消费。

（二）河北省农村居民细分类别的消费支出金额呈现全面增长态势

如表2和表3所示，在八大类细分消费类别中，食品烟酒消费支出所占比例最大，2010~2019年占比均超过26%；其次是居住消费支出，2010~2019年占比均超过21%；剩下的从高到低占比依次为交通通信、医疗保健、教育文化娱乐、衣着、生活用品及服务、其他用品和服务支出。

具体看2019年，农村居民用于消费的人均支出总额为12372元，同比增长8.7%。从细分消费类别来看，教育文化娱乐消费支出为1367元，占

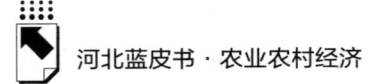

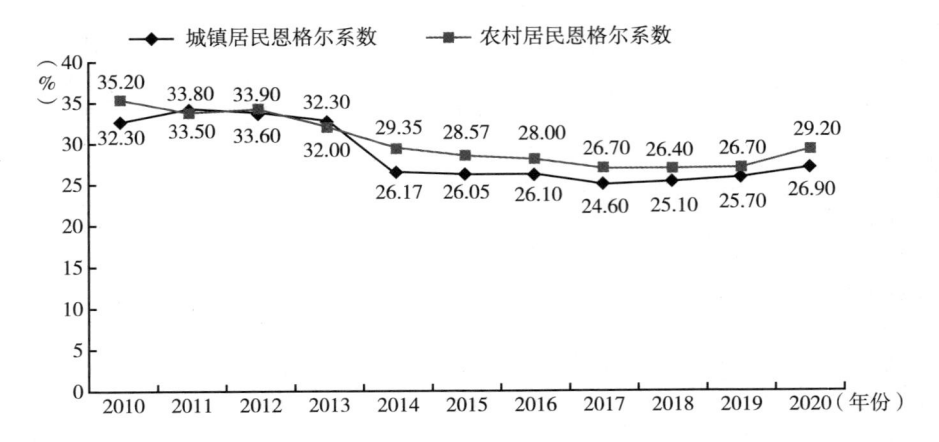

图1 2010～2020年河北省城乡居民恩格尔系数

资料来源：历年河北省国民经济和社会发展统计公报。

比为11%，比上年增长16.7%；其他用品和服务消费支出为269元，占比为2.2%，比上年增长15.9%；医疗保健消费支出为1334元，所占比重为10.8%，同比增长11%；食品烟酒消费支出为3298元，所占比重为26.7%，同比增长9.8%；衣着消费支出为793元，所占比重为6.4%，同比增长9.8%；居住消费支出为2689元，所占比重为21.7%，同比增长5.8%；交通通信消费支出为1827元，所占比重为14.8%，同比增长5.2%；生活用品及服务消费支出为796元，占比为6.4%，比上年增长2.8%。总之，无论是农村居民总消费支出还是细分八大类消费支出均呈现全面增长态势，显示农村居民消费潜力巨大。

表2 2010～2019年河北省农村居民细分类别消费支出金额情况

单位：元

年份	合计	食品烟酒	衣着	居住	生活用品及服务	交通通信	教育文化娱乐	医疗保健	其他用品和服务
2010	3845	1351	251	840	219	465	296	344	79
2011	4711	1580	334	1090	317	520	315	435	120
2012	5364	1817	397	1137	350	604	358	544	157
2013	7377	2205	522	1628	470	932	649	795	176

续表

年份	合计	食品烟酒	衣着	居住	生活用品及服务	交通通信	教育文化娱乐	医疗保健	其他用品和服务
2014	8248	2421	582	1858	508	1147	759	789	185
2015	9023	2578	625	2014	527	1298	870	921	188
2016	9798	2745	650	2207	597	1511	953	928	206
2017	10536	2817	684	2381	668	1689	1014	1073	209
2018	11383	3003	722	2542	774	1737	1171	1202	232
2019	12372	3298	793	2689	796	1827	1367	1334	269

资料来源：历年《河北农村统计年鉴》。

表3 2010~2019年河北省农村居民细分类别消费金额占比情况

单位：%

年份	合计	食品烟酒	衣着	居住	生活用品及服务	交通通信	教育文化娱乐	医疗保健	其他用品和服务
2010	100	35.15	6.53	21.84	5.69	12.09	7.70	8.95	2.05
2011	100	33.53	7.09	23.14	6.73	11.04	6.69	9.23	2.55
2012	100	33.87	7.39	21.20	6.52	11.27	6.68	10.14	2.92
2013	100	29.89	7.07	22.07	6.38	12.63	8.79	10.78	2.38
2014	100	29.36	7.05	22.53	6.16	13.90	9.20	9.56	2.24
2015	100	28.57	6.93	22.32	5.85	14.39	9.65	10.20	2.09
2016	100	28.02	6.64	22.52	6.09	15.42	9.72	9.47	2.11
2017	100	26.74	6.50	22.60	6.34	16.03	9.63	10.18	1.98
2018	100	26.38	6.35	22.33	6.80	15.26	10.29	10.56	2.04
2019	100	26.66	6.41	21.73	6.43	14.76	11.05	10.78	2.17

资料来源：历年《河北农村统计年鉴》。

（三）河北省农村居民消费观念正在发生变革，由商品性消费向服务性消费的转变

以2019年为例，2019年河北省农村居民人均消费总支出为12372元，比2018年的11383元增长8.7%。其中，人均服务性消费支出为4675元，占人均总消费支出比重为37.8%，比2018年的4132元增长13.1%；人均商品性消费支出7697元，占人均总消费支出比重为62.2%，比2018年的

7251元增长6.2%。河北省农村居民人均服务性消费支出不断增加,同比增速快于商品性消费支出增速,体现了河北省农村居民的消费重点正在由商品性消费支出向服务性消费支出转变。

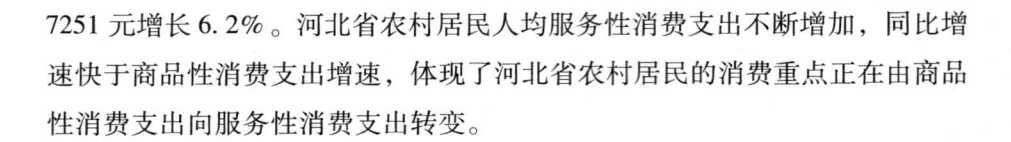

（四）河北省农村居民无论是生活还是消费标准都取得长足进步

河北省农村居民生活居住条件发生了明显改善,2019年人均居住面积为38.9平方米,比2018年增长0.5%。生活用水、供暖、供气、供电等基本生活保障供应能力也显著提高。农村居民拥有新式耐用消费品数量也实现了连续增长,2019年农村居民每百户家庭拥有汽车39辆,比2018年增长7.7%;拥有助力车数量为114辆,比2018年增长13.9%;拥有可以上网的计算机数量为40台,比2018年增长10.6%;拥有可以上网的移动电话数量为75部,比2018年增长13.4%。

（五）河北省农村居民消费水平位居全国中游水平

表4为2019年全国各个省区市农村居民人均消费支出情况,上海农村居民人均消费支出为22448.9元,排名第1;北京农村居民人均消费支出为21881元,排名第2;浙江农村居民人均消费支出为21351.7元,排名第3;天津农村居民人均消费支出为17843.3元,排名第4;江苏农村居民人均消费支出为17715.9元,排名第5;广东农村居民人均消费支出为16949.4元,排名第6;福建农村居民人均消费支出为16281.4元,排名第7;湖北农村居民人均消费支出为15328元,排名第8;安徽农村居民人均消费支出为14545.8元,排名第9;四川农村居民人均消费支出为14055.6元,排名第10;排名第11~20的省区市依次为湖南、内蒙古、重庆、江西、黑龙江、海南、河北、山东、广西、辽宁;排名第21~31的省区为河南、宁夏、吉林、青海、陕西、新疆、云南、贵州、山西、甘肃、西藏。河北省农村居民人均消费支出为12372元,排名第17,处于全国中游水平,但低于全国平均水平,仍有很大进步空间。

表4　2019年全国各省区市农村居民人均消费支出

单位：元

地区	消费支出	地区	消费支出	地区	消费支出
全　国	13327.7	浙　江	21351.7	重　庆	13112.1
北　京	21881	安　徽	14545.8	四　川	14055.6
天　津	17843.3	福　建	16281.4	贵　州	10221.7
河　北	12372	江　西	12496.7	云　南	10260.2
山　西	9728.4	山　东	12308.9	西　藏	8417.9
内蒙古	13816	河　南	11546	陕　西	10934.7
辽　宁	12030.2	湖　北	15328	甘　肃	9694
吉　林	11456.6	湖　南	13968.8	青　海	11343.1
黑龙江	12494.9	广　东	16949.4	宁　夏	11464.6
上　海	22448.9	广　西	12045	新　疆	10318.4
江　苏	17715.9	海　南	12417.5		

资料来源：《中国农村统计年鉴（2020）》。

表5为2019年全国各省区市农村居民人均现金消费支出情况，2019年全国水平为10854.5元。分地区看，上海农村居民人均现金消费支出为17841.2元，位居第1；北京农村居民人均现金消费支出为17263.9元，位居第2；浙江农村居民人均现金消费支出为16780.3元，位居第3；天津农村居民人均现金消费支出为14876.1元，位居第4；江苏农村居民人均现金消费支出为14672.1元，位居第5；广东农村居民人均现金消费支出为13512.8元，位居第6；福建农村居民人均现金消费支出为13132.8元，位居第7；湖北农村居民人均现金消费支出为12431.5元，位居第8；内蒙古农村居民人均现金消费支出为11958.7元，位居第9；安徽农村居民人均现金消费支出为11716元，位居第10；位居第11~20的省区市依次为黑龙江、四川、湖南、河北、山东、重庆、辽宁、海南、宁夏、吉林；位居第21~31的省区依次为青海、河南、江西、广西、陕西、新疆、山西、贵州、甘肃、云南、西藏。河北省农村居民人均现金消费支出为10755.3元，排名14，处于全国各地区中游位置，但稍微低于全国农村居民人均现金消费支出。因此在现金消费的基础上可以拓宽多种支付方式，最大限度地方便农村居民消费。

表5 2019年全国各省区市农村居民人均现金消费支出

单位：元

地区	现金消费支出	地区	现金消费支出	地区	现金消费支出
全　国	10854.5	浙　江	16780.3	重　庆	10270.2
北　京	17263.9	安　徽	11716	四　川	11033
天　津	14876.1	福　建	13132.8	贵　州	8153.1
河　北	10755.3	江　西	9611	云　南	7518.2
山　西	8204.8	山　东	10575.3	西　藏	6741.8
内蒙古	11958.7	河　南	9628.4	陕　西	9006.6
辽　宁	10269.6	湖　北	12431.5	甘　肃	8083.1
吉　林	9825	湖　南	10999.6	青　海	9687.6
黑龙江	11040.3	广　东	13512.8	宁　夏	9944.2
上　海	17841.2	广　西	9297.1	新　疆	8721.2
江　苏	14672.1	海　南	10171.7		

资料来源：《中国农村统计年鉴（2020）》。

三 河北省提升农村地区消费水平面临的瓶颈

虽然河北省农村居民消费在消费总额、消费支出结构、消费观念等方面都取得了较大进步，但要想实现共同富裕、加快构建"双循环"新发展格局，仍有许多瓶颈。当前河北省农村居民消费环境取得持续性改善，电子支付、网购等新兴业态获得长远发展，但农村居民在休闲娱乐等方面的消费仍存在不足；加上农村基础设施（如道路、物流等）建设落后于城市，城乡消费市场之间仍存在壁垒，高质量产品难以进入广大农村地区，农村地区的优质农产品也难以进入城市市场。

（一）经济高质量发展压力较大，影响农村居民消费提升

宏观经济总体运行趋势影响群众收入增加，进而会直接对消费水平产生影响。2019年以来，河北省经济发展受到诸多因素制约，加之全球新冠肺炎疫情影响，河北省规模以上工业增加值、固定资产投资和限额以上单位消

费品零售额等增速都呈现回落态势,企业效益和政府税收不容乐观,在一定程度上影响农村居民经营性收入和外出务工收入,势必会对农村居民消费支出带来影响。

(二)农村居民消费能力亟待进一步挖掘提升

农村居民与城镇常住居民在消费理念、环境追求和能力实现方面仍存在较大水平的差距,有些生产营销企业未从农村群众实际需求出发进行自身变革,造成农村居民消费品供应渠道比较单一,消费产品质量档次较低。部分地区道路交通、水、电、天然气、暖气、网络等基础公共服务资源不足,导致农村居民虽有意愿且有能力购置较高档次的商品,但消费需求未能得到满足。2019年,河北省农村居民收支结余为3001元;2020年,河北省农村居民收支结余增加为3823元,同比增长27.39%。这表明农村居民消费潜力仍有待进一步激发。

(三)农村地区商品供给结构体系仍需完善升级

现阶段,河北省农村地区各类产品的供给跟不上群众需求增长的步伐。农村居民可支配收入逐年增加,生活水平不断提高,有更多的可支配资金去追求更高品质的生活,需要更高层次的产品满足日常需求。但是,部分商品生产者和销售者出于利益最大化目标考虑,主要注意力仍放在满足城市居民的购买欲望和购买需求上,对农村居民实际生产生活需求的考量不够,针对性产品供给少之又少。加之对发展潜力巨大的农村消费市场定位不够明确、市场细分没有从农村实际出发,多方因素共同影响下城乡资源出现分配不平衡现象,农村居民的有效需求仍得不到满足,不利于农村居民生活幸福感的提升。

四 加快实现河北省农村居民消费升级的对策建议

要从促进宏观经济发展、优化营商环境、增加农村居民收入、完善农村

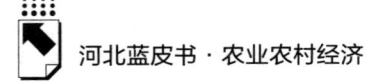

基础设施等方面持续发力,加快实现河北省农村消费升级,最终实现全体人民共同富裕。

(一)加强区域协调联动,实现河北省宏观经济健康平稳运行

深入实施京津冀协同发展战略,增强区域之间的互联互通,充分利用先进地区经济社会发展经验对河北省经济社会发展的带动引领作用,持续疏解大城市非核心功能,吸引河北省外前沿产业、科技企业来河北投资,持续开展"双创双服"活动。持续加快河北省产品供给端改革进程,积极探索新型产品营销新模式,改善产品经营环境,激发各类经营主体活力,全面提升企业市场地位,实现河北省宏观经济持续平稳运行。

(二)搞活涉农产业经营模式,优化河北省经营消费环境

深化种植业结构调整,改良小麦、玉米等农作物品种,改进农业生产经营方式、提高机械化水平、降低人工成本,促进农业增产增收。探索实施畜牧业以集中或合作社方式进行养殖,增强各规模养殖主体抵御价格和疫情风险的能力水平。提高农产品加工生产能力水平,逐步向深加工和精加工转变,打造河北省农产品知名品牌,畅通农产品销售渠道。积极发展经济新模式,促进农村文教娱乐、旅游康养、卫生、电子商务等新兴产业发展,引导农村居民向健康、现代、养生的生活方式转变。

(三)最大限度地拓宽增收渠道,提升农村居民收入

当前农村居民中收入较低的群体仍占比较高,只有千方百计增加农民收入,让农民的"钱袋子"鼓起来,才能充分释放农村居民巨大的消费潜力。全面深化农村体制机制改革,全面推进乡村振兴战略,在充分考虑农村居民工资性收入和经营性收入的基础上,正确处理农村居民与土地的关系,探索实施村集体建设用地入市,以增加居民财产性收入所占份额,满足农民对生活富裕幸福的期待。同时,加大省级财政支持力度,发展壮大县域经济,培育"一村一品""一县一业",积极培育县域特色产业集

群，提高农业产业链供应链价值链融合水平。加大科技投入力度，向科技要效益，向科技要就业机会，为广大农村居民提供更多就地就近工作机会。

（四）筑牢农村消费升级根基，健全完善县乡流通体系

畅通农村流通网络体系"最后一公里"，补齐农村物流设施短板，打通城乡物流体系大循环。加强县城和乡镇商贸设施建设以及农村地区物流网点建设，推动实现区域范围内商品供应链转型升级。健全完善县级电商公共服务中心和物流配送中心，设立立足农村、服务农村居民的生活消费类服务综合体，鼓励引导优质电商企业下沉到农村，让更多农村居民能够享受新型消费方式带来的良好体验。继续引领包括各种类型的合作社在内的新型农业经营主体发挥好传输纽带作用，让乡镇成为农村居民生产生活消费服务的核心区域。

（五）在巩固原有消费的基础上，拓展农村居民新型健康消费方式

结合河北实际，广大农村地区仍有一些老年人未接触网络，还有一些农民群体收入较低，要为这部分农村居民消费群体提供消费场所。加大对健康科学消费观念的宣传，引导农村居民在满足基本生活消费的基础上，向文教娱乐、休闲旅游、健康养老等享受型消费转变，更多地追求产品质量和层次。多措并举挖掘青年农民、返乡创业青年等群体的消费潜力，大力发展网络购物、共享经济等新兴消费方式。总之，无论是巩固农村居民原有消费还是开拓新型消费方式都要紧密围绕农村居民消费提质升级展开，促进农村居民消费线上线下相结合，实现双向促进发展，实现农村居民消费绿色化、结构化转型升级。

（六）创新监管方式，打造让农村居民安心的购物消费环境

结合河北省农村实际，细化并落地实施国家制定的相关政策文件，高

度精准匹配农村消费结构，如完善产品补贴范围、加大补贴力度、加强金融信贷支持等。加大对河北省农村消费市场的监管力度，加强产品源头追溯体系、商务信用体系建设，建成重要优质农产品追溯体系，健全完善基于信用体系的新型监管体制机制。借助"互联网+"、大数据等现代信息技术，探索新型监管模式，形成线上线下协同、智能监管模式为主的治理机制，整顿规范农村市场秩序。健全农村居民购物消费维权体制机制，加大农民消费者权益保护力度，加快服务机制建设，市县级市场监管部门可以实现乡镇农村居民维权站点建设全覆盖。完善消费者诉讼机制，合法有效维护农村居民正当权益。

典型村调查

Investigation Report

B.21
河北省邯郸市广平县后南阳堡村调查报告
——一个冀南平原区农业典型村的成功之路

闫永路*

摘　要： 邯郸市广平县后南阳堡村以党建为引领，探索了以组织年轻化引领乡村全面振兴，以产业多元化拓宽集体增收路径，以服务精细化推进人居环境治理，以治理网格化汇聚农村社会力量，以管理制度化构建基层治理体系的乡村振兴路径，形成了"党建+网格化"推动乡村全面振兴的"广平模式"。对全省加快推进平原区乡村振兴战略有重要启示：始终坚持强化农村基层党支部的"战斗堡垒"作用，着力构建"动力+激励"两个机制，坚持产业振兴为根本，促进物质文明、精神文明、生态文明协同推进。

关键词： 后南阳堡村　集体经济　组织建设　乡村振兴

---

* 闫永路，河北省社会科学院农村经济研究所副所长、副研究员，主要研究方向为农业农村经济。

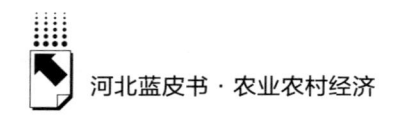

一 县情与村情

（一）县域概况

广平县位于河北省南部，邯郸市东部，县境呈东北—西南走向的狭长带状，总面积320平方公里，辖7镇169个行政村，30万人口，是国家级生态建设试点县、省级园林县城、省级文明县城。

广平县地处黄河、漳河冲积平原，海拔40.0~53.9米，地势广阔平坦，故称"广平"。土壤以潮土和草甸褐土为主，土质较好，适于耕作。县境属温带半湿润大陆性季风气候，四季分明，年平均气温13.0℃，平均降水量517.1毫米，平均风速2.9米/秒，平均无霜期199天。全县"无山川可为刍牧、陶冶、渔猎之资"，无湖海、口岸之利，盛产小麦、玉米、棉花，为河北省粮棉重要产区。地方特产"广平大葱"（俗称"鸡腿葱"），与鸡泽辣椒、永年大蒜并称"赵都三辣"，久负盛名。

区位优势突出。广平地处冀豫鲁三省交界地带，交通网络发达。近邻京广铁路、京九铁路干线，京港澳高速、大广高速、青兰高速、邯大高速四面环城，309国道、234省道、313省道、邯济铁路贯穿县域，邯郸机场毗邻县境。境内公路纵横交错、四通八达，县域内15分钟可上高速，2小时可到石家庄、济南、郑州，4小时可到北京、天津。

开放意识强烈。20世纪90年代，邯郸市第一家三资企业诞生在广平，随后35家合资企业竞相落户广平，创造了享誉全省甚至全国的"两平现象"（改革开放南学广平，北学安平）。现有规模以上工业企业46家，其中上市企业5家、国家级高新技术企业8家，是亚洲最大的安全鞋生产基地，中国北方新型建材、工业铝材生产基地，球磨钢球生产基地。

生态环境良好。近年来，广平全面贯彻"绿水青山就是金山银山"发展理念，大力实施国土绿化工程，完成营造林7.3万亩，林木覆盖率提高至25%，中心城区绿化覆盖率、绿地覆盖率分别达到35%和30%。"引黄入冀""南水北调"工程通水200天以上,地表水优势突出。围绕碧水林绿特色,建设滨河公园、东湖公园、中央公园等城市绿肺湿地。围绕中心城区建设22.64公里环城水系,打造靓丽城市水系景观,形成水中碧波荡漾、两岸绿树成荫、岸边亭台轩榭、人在画中游的美好生态画卷。

经济社会全面发展。2020年全县地区生产总值达到93.4亿元,年均增长7.2%;全部财政收入达到10.9亿元,年均增长23.2%;一般公共预算收入达到7.6亿元,年均增长23.6%;规模以上工业增加值年均增长9.8%;固定资产投资年均增长10.2%;社会消费品零售总额年均增长7.9%。推进农业农村优先发展。粮食产量稳定在22万吨以上,农业重点龙头企业达到19家,农业产业化经营率达到72%。建成省级美丽乡村42个,改造农村卫生厕所4.3万座,硬化街巷134万平方米,城乡垃圾一体化处理、农村污水管控实现全覆盖。大力建设开发区,培育骨干工业企业,装备制造、新材料等规模以上工业企业数量达到50家,开发区被评为省级经济开发区、全省新型工业化产业示范基地和承接京津产业转移重点开发区。大力发展全域旅游产业。成功承办第十四届中原民间艺术节、邯郸市第五届旅游产业发展大会,"赵王双城"、云溪谷国际文旅度假区等景区建成开放,赵王印象城获评3A级旅游景区,卢氏太极拳入选第五批国家级非物质文化遗产,新广平知名度、美誉度显著提升。

(二)村庄概况

后南阳堡村位于邯郸市广平县城东北6.5公里处,是南阳堡镇人民政府驻地村。全村总面积3622.5亩,有572户2700人。其中,中共党员53名、村民代表50名、村"两委"干部9人。村域邻近大广高速、京深高速、邯大高速(邯郸至大名)、青兰高速和国道309线,距离京广铁路邯郸站、邯郸机场和邯济铁路广平站半小时车程,交通区位优越。

后南阳堡村是典型的平原区传统型农业村,其优势和劣势都比较突出。优势主要集中在:土壤肥沃,粮棉油等大宗农产品产量高,人口和劳动力密集,适宜发展现代化精细农业。劣势主要是:无山、无水、无矿产等特殊资源、缺少发展特色产业的支撑条件；村集体经济来源少，距离城市相对较远，受中心城市辐射小；在年轻劳动力转移趋势下，务农劳动力年龄偏大；将农民组织起来发展现代农业、优势特色农业，缺乏知识化、年轻化、技术化的带头人；联合农民个体的组织成本高、市场规模小、观念不统一。在改革之前，后南阳堡村面临和平原区农村转型发展相类似的发展困境，即村经济以小麦、玉米、棉花等传统种植业为主，村集体收入来源少，"无钱办事""无能力办事"，村"两委"威信不高，村庄道路交通、环境卫生、民生等公共事业发展缓慢，村容村貌相对落后，村治村情比较涣散。

近年来，后南阳堡村坚持"两委干部带头、党员义务劳动、群众自愿参加"原则，积极整合利用各类空间资源，完善交通、旅游等基础服务设施，加强农村自治法治德治建设，努力打造美丽乡村品牌，走出了一条集体经济壮大发展、村民持续增收的幸福之路，引起了国家、省、市等各级部门高度重视。2020年以来，该村先后分别被国家部委、河北省委组织部、河北省绿化委员会、河北省农村人居环境整治工作领导小组办公室、河北省文化和旅游厅等单位评为中国美丽休闲乡村、发展壮大农村集体经济先进基层党组织、省级森林乡村、全省乡村旅游重点村、河北省先进基层党组织。后南阳堡村是冀南平原区典型性农业村，可供开发利用的内部和外部资源少之又少，却走出了一条以组织年轻化引领乡村全面振兴，以产业多元化探索集体经济增收路径，以服务精细化推进农村人居环境治理，以治理网格化汇聚农村社会力量，以管理制度化构建基层治理体系的乡村振兴实践道路。这些经验做法，对全省乃至全国传统型农业村加快转型发展具有突出的示范和借鉴意义。

二 创新性探索

在县镇党委、政府领导下，2019年后南阳堡村抓住村"两委"换届时机，组建了由9人组成的新一届村"两委"领导班子，开启了带领全村加快转型发展的探索之路。

（一）组织年轻化引领乡村全面振兴

推进乡村全面振兴，组织振兴是根本保障，人才振兴是关键支撑。不从根本上振兴基层党组织，乡村振兴的各项事业就无从谈起。同时，实现农业农村现代化这一乡村振兴的总目标，无论是产业发展、生态建设、社会治理、数字乡村，还是人才振兴、文化振兴、生态振兴、组织振兴，都离不开专业技术人才和高效管理人才。农业农村要得到优先发展，农村基层党组织首先要有新发展。所以，应从人才的角度优先振兴基层党组织。后南阳堡村正是抓住了这一关键要素，精心遴选了9名成员重新组建了村"两委"班子，班子成员平均年龄39岁，其中，大专学历1人，高中学历3人。强有力的领导班子，成为南阳堡村加快发展的"火车头"和坚强堡垒。

新领导班子向全体村民做出"五年四变"公开承诺。利用五年时间，在村容村貌、村集体经济、公共基础设施、村民福利待遇四个方面实现大转变。村"两委"团结干部群众，2019年带领村民组织实施了环境整治、坑塘整治、厕所改造、街巷硬化、村庄美化五大攻坚战，大力发展乡村旅游、特色养殖，当年为村集体增收185万元，超前超额完成了"五年四有"承诺目标。2020年初，村党支部经规划讨论，确立了通过大力发展集体经济实现"九年七有"的奋斗目标，用九年时间，分阶段实现七个转变。2020～2022年，实现幼有所育、学有所教、劳有所得；2023～2025年，实现老有所养、弱有所扶；2026～2028年，实现住有所居、病有所医。远期目标实现幼有善育、学有优教、劳有厚得、老有颐养、弱有重扶、住有宜居、病有良医。"五年四变"承诺目标的顺利实现，恢复了村民对新一届村"两委"班子的信心。"九年七有"奋斗目标，为全体村民擘画美好蓝图、播种下新的希望，把全体村民的思想再统一、力量再凝聚，汇聚成推动乡村全面振兴、富民强村的强大动能。

（二）产业多元化拓宽集体增收路径

后南阳堡村经过全体村民讨论谋划，确定调优产业结构，发展生态旅游、休闲观光农业与规模化种养业，通过盘活农村集体房产、荒地、坑塘等闲置资源，深入挖潜盘活空闲资源，探索多元化集体增收新路径。盘活林下空间资源，打造网红烧烤广场。村集体采用"投资+引资"方式，投入资金200万元，在不破坏林地资源的前提下，充分挖掘林下空间，建设林下烧烤广场，通过林地资源立体化开发，在林地生态功能基础上嫁接现代服务功能，打造群众娱乐休闲的"网红地""打卡地"。2019年烧烤广场对外营业，当年盈利近50万元。治理废弃坑塘，建设休闲垂钓园。后南阳堡村毗邻云溪谷国际文旅度假区，游客集中，村"两委"带领群众整治废弃坑塘，把垃圾成堆、污水横流的废弃坑塘打造成绿植环绕、碧波荡漾，集休闲娱乐、观光、垂钓于一体的乡村生态园。2019年对外开放后，当年为村集体增收10万元。发展蛋鸡规模养殖。综合利用村北20亩闲置土地，引进500万元社会投资，建设15万只养殖容量的"无公害蛋鸡养殖园区"，养殖园区年产无公害鸡蛋500万枚，既为莫恩公学、云溪谷国际文旅度假区特供绿色健康鲜蛋，也对外销售带动村民增收。2019年蛋鸡养殖园区带动37户贫困户增收，户均增收3.6万元，村集体实现收入15万元。发展菌菇特色种植。积极申请扶贫资金，建设占地70亩、有20个大棚的菌菇产业基地，聘请专业技术人员全程指导菌菇生产种植，加快培养有文化、懂技术、会经营的新型农民，加快传统型、粗放型农业向资金密集型、技术密集型高效农业转变。2019年食用菌产量达到40多万斤，村集体实现收入15万元。

（三）服务精细化推进人居环境治理

细化村庄人居环境整治服务环节和领域，实施人居环境治理五大攻坚战。实施环境整治攻坚战。村"两委"将全村划分为10个片区，党员干部带头组织开展大扫除，带动村民参与清扫街巷、清洁家园、美化环境。探索建立"日自扫、周集中、月评比""记工分"的环境清扫考核机制，将卫生清扫质量、大扫除的出工数等情况，与年底村集体分红挂钩，显著提高了村民的环境整治积极性，村庄面貌短期内就焕然一新，达到美丽庭院标准的家庭有230户。实施坑塘整治攻坚战。探索建立"村干部+保洁员+周边农户""1+1+N"连带治理模式,由村干部、保洁员任坑长,将坑塘治理任务分解到具体人和具体户,同时保洁公司增加收集设施和清运频次,彻底解决坑塘周边垃圾外运难问题。实施厕所改造攻坚战。加强改厕政策和补贴标准解读,按照农户家庭经济状况和农户意见,在落实县改厕奖补政策基础上,村集体出资给予二次奖补,按照小康型、舒适型、基本型三类标准,完成卫生厕所改造570户,实现了村庄改厕全覆盖。同时,选取基础条件较好的50个农户,按照小康型厕所进行高标准建设,打造"农村改厕示范一条街",发挥了样板示范带动作用,激发了全村参与改造卫生厕所的积极性。实施街巷硬化攻坚战。村"两委"多方筹措资金,将村内3条主街道全部翻建,铺设柏油路面1600平方米。发动群众出工出劳硬化村内小街巷30条,硬化水泥路面5200平方米,铺设道路两侧排水管网2800米,一举解决道路积水和泥泞问题。实施村庄绿化美化攻坚战。探索"依法收回+督促户主自我改造"相结合整治空闲宅基地,整治空闲宅基、废弃庭院10个,新建公厕3座、图书馆1座,打造街心花园、游园7个。在主要道路安装路灯260盏、栽植树木2200株,种植环村林带2100米,村庄绿化覆盖率达到32%。

(四)治理网格化汇聚农村社会力量

从治理转向服务,以服务汇聚村民力量,打通基层治理"最后一厘米",需要构建一套简易而有效的服务架构。后南阳堡村将基层"党建"与"网格"有机结合,构建了一网运行、一员多用、全域覆盖的乡村治理体系,激活了农村基层治理的"神经末梢"。其主要做法,一是将党组织覆盖到治理网格上,以管理的网格化推动村治服务的网格化。将全村划分为10个网格,村"两委"班子的每名成员,都要担任其中一个网格的组长,每个网格组配置2名组长助理、30名网格核心成员。网格组在村"两委"的领导下开展工作,联动开展环境整治、移风易俗、收集民意、志愿服务等各项工作。二是把党员力量汇聚到网格上。将有公心、有能力、有潜质的党员和村民代表发展为网格核心成员,每个网格核心成员分包联系网格组片区的

15户农户，负责片区内政策宣传、事项代办、入户走访、矛盾纠纷化解等工作。通过治理网格把基层党组织、党员或村民代表、村民群众组织起来，汇聚成集中性村治力量，使全体村民参与其中，大幅提高了农村社会治理效能。三是把党员带动作用发挥到网格上。村"两委"干部带头，网格内党员主动亮明党员身份，带头开展村治工作。在环境卫生方面，党员干部带头完成"硬任务"。在发展集体经济产业项目方面，党员干部带头入股探路、做好示范，带动群众积极参与。村"两委"依托10个网格组，构建起督导推进、协调解决的动态化和常态化治理机制，破解了农户在家庭经营之外如何以组织化形式参与乡村社会治理的普遍性难题。

（五）管理制度化构建基层治理体系

在落实好村务公开、"四议两公开"制度基础上，后南阳堡村摸索建立了三项机制，创新完善农村基层治理体系。一是建立周"议事会"机制。后南阳堡村坚持每周召开党员群众代表会议，讨论生产、发展、环境、扶贫事项，党员干部、村民代表各抒己见，激发碰撞村庄发展和治理的"金点子"，既激发了村民参与村庄治理的积极性，也确保了村"两委"决策接地气、合民意、能推行。二是建立党员干部"一线冲"机制。党员干部坚持"有亏先吃、有困难先上、有风险先试"原则，冲在前、干在先。发展集体经济产业项目，党员干部带头先试先干，感染带动群众自发参与到村庄治理活动之中，把"做给群众看、带着群众干、帮助群众赚"落到实处。三是建立"微平台"协调联动机制。建设三个微信群，实现村民参与村治全覆盖。建立全体村民群，每个家庭至少有1名人员进群，保证每个农户家庭都能参与全村公共事务。建立村"两委""核心力量"群，村"两委"干部、片区组长、组长助理、核心成员全部入群，将乡村治理的上级精神和村重点工作落实到村骨干力量。建立片区网格群。网格核心成员将自己分包联系的15户农户组建微信群，构建村"两委"—片区网格—网格农户三级信息沟通机制和治理体系，打通村"两委"到村民群众的"最后一厘米"，有效降低了乡村治理中的信息成本、时间成本、制度成本。

三 启示与思考

后南阳堡村作为平原区传统农业型乡村，实现了由乱到治、由治到好、由好渐强的华丽转身，成为全省乡村全面振兴的示范样板，其打造农村基层党支部"战斗堡垒"，构建"动力+激励"机制，坚持产业兴旺根本路径，坚持物质文明、精神文明和生态文明相互促进等典型路径，对全省乃至全国乡村振兴具有丰富的启示意义，值得各方深入研究与思考。

（一）打造基层党支部"战斗堡垒"

基层党支部是带动农村发展"最带劲"的总引擎。"农村富不富，关键靠支部。"促进乡村全面振兴，要坚持农业农村优先发展总方针，但是在各类要素加快回流农村的大趋势下，对发挥各类要素的"耦合"效应起关键作用的就是农村基层党支部。各地实践多次证明，基层党支部发挥好"战斗堡垒"作用的村庄，乡村振兴各项事业就能顺利推进，反之，各项工作就要落后。同时，村支部书记在农村基层党支部"战斗堡垒"中是关键带头人，选好党支部的关键带头人又是提升农村基层党组织战斗力的关键。后南阳堡村的成功秘诀就在于抓住了这个关键，推选了青年企业家为带头人，带领村"两委"班子和村民群众，积极探索改变传统农业型乡村的新方法、新举措，通过学习先进地区经验，班子与村民充分民主协商，摸索建立"党建+网格化"管理服务机制，汇聚了全村的智慧和力量，激发了全体村民干事创业的热情，使南阳堡村在较短时间内，村集体经济、村容村貌、人居环境、农民增收有了较大改观和提高，形成了班子稳、人心齐、发展快的良好局面。

（二）构建"动力+激励"两个机制

构建一套行之有效的动力机制，是推进乡村全面振兴"最硬核"的竞争力。要想将农业农村优先发展的总方针落到实处，除了构建一套将"蛋糕"

做大的动力机制，还要构建一套将"蛋糕"分好的激励机制，让广大村民共享发展成果，激发干部群众干事创业的内生动力。后南阳堡村通过产业多元化发展，壮大了村集体经济实力，改善了农村人居环境，让村民过上宜居宜业新生活，同时也让村民群众的"钱袋子"鼓起来。为了激励带头人干事创业，经村党支部提议，全体村民代表表决同意，参照各个产业的总规模、销售额、盈利水平等经济指标，按不同比例给予各产业带头人一定的创收激励。村民除了在村集体的各个产业项目中打工，获取工资性收入外，村"两委"根据村民代表意见，从集体经济收入中，安排部分资金用于提高村民特别是困难群众的福利待遇。办法是：为每户家庭办理村民一卡通，由村集体定期给农户家庭充值，一卡通可在镇和村指定的超市购买生活用品。同时，村集体负担了村内学龄前儿童上学、80岁以上老人的生活及养老费用，农户家庭50%的自来水水费也由村集体承担。老百姓从村集体经济的发展壮大中享受到多重实惠，内生发展动力越来越足，生活幸福感和满意度不断提升。

（三）坚持产业兴旺根本路径

谋划和发展一批好产业，是促进乡村全面振兴"最坚实"的硬支撑。只有产业兴旺，才能发展壮大集体经济，进而使村集体具备"有钱办事"的实力。后南阳堡村通过发挥村"两委"的领导作用、能人带动作用，发展了以餐饮、农耕体验、生态垂钓为一体的乡村旅游产业，以食用菌种植、蛋鸡养殖为主体的农业特色产业，真正把农民组织起来，把闲置低效空间利用起来，把多元化产业发展起来，实现了资源、资金、劳动力等要素优势向产业优势的良性转化和发展，增强了党支部凝聚力，提振了村庄精气神，提高了村民的归属感及幸福感。后南阳堡村成为平原区传统农业型乡村振兴发展的典范样本。

（四）坚持物质文明、精神文明、生态文明全面发展

推动多元化文明协同发展，是乡村全面振兴的出发点和落脚点。村民"钱袋"富了，但脑袋"穷"了或生态"坏"了，不是乡村振兴的根本追

求。后南阳堡村在推进乡村全面振兴中，坚持物质文明、精神文明、生态文明全面发展，在增加农民收入、壮大集体经济、改善人居环境的同时，大力加强农村思想道德建设，制定村规民约，把热爱共产党、热爱家乡，勤劳致富、勤俭持家，邻里团结、家庭和睦，爱护公物、维护设施，移风易俗、婚丧简办，遵纪守法、共创平安等作为村规民约固定下来，评选出一批五好家庭、遵纪守法户、好婆媳、好媳妇、最美青年、最美少年、先进党员工作者、致富能手，形成了文明乡风、良好家风、淳朴民风，实现了乡村精神文明与物质文明、生态文明协同进步、共同发展。

四 对策与建议

乡村全面振兴是一个动态推进的长期历史过程，不可能一蹴而就，不能用运动式的方式激进推进，需要久久为功、持久发力，瞄准乡村普遍短板和特殊短板，有的放矢、持续推进。后南阳堡村乡村振兴取得了显著成效。但也要看到，其产业发展最大的短板在科技，农村治理仍需加强法治和自治，基层组织建设还需继续完善以制度建设为根本的转型发展，应构建长效振兴机制，保障乡村振兴成效长盛不衰。

（一）加快产业由资源驱动型向技术驱动型转型升级

后南阳堡村取得的成绩令人鼓舞，但资源驱动型的发展方式终究会后续乏力。因此，要在不断壮大集体经济实力的基础上，推动富民产业加快由资源驱动型向技术驱动型转型升级。一是加快用现代技术转变资源开发利用方式。耕地是传统型农业村庄最大的优势资源，用现代农业科技改造提升传统农业，将"藏粮于地、藏粮于技"落到实处，除了用"长牙齿"的硬措施保护好耕地资源，还要重点发展节水型绿色高效现代农业，用农业技术提高资源开发潜力、缓解资源开发压力。对后南阳堡村而言，耕地资源开发的着力点在于加快培育家庭农场、农业专业合作社等新型经营主体，引进掌握先进农业技术的农业企业，通过发展适度规模经营，将节水技术、管理技术等现代农业技术普及应用于农业生产全过程，提高土地资源产出效率和效益。

二是从现代农业的多种功能中挖掘产业效益。发挥现代农业生产、生活、生态多种功能，将现代农业的种植业态、生活业态、观光业态、体验业态融合起来，充分释放现代农业多种服务功能的综合价值，提高现代农业的综合效益。

三是用现代技术改造提升既有产业。生态餐厅、生态垂钓园、生态蛋鸡养殖等既有产业，发挥了乡村生态的独特优势，吸引了众多城乡居民消费者。培育特色产业和促进产业可持续发展，仍需用现代经营理念、市场化运作机制、生态养殖技术方法，对既有产业进行改造提升，使其真正成为依靠技术创新、管理创新创造更大价值的特色富民产业。

（二）加快农村治理由自治向自治法治德治转型升级

后南阳堡村已经初步建立了一套动力支撑、激励相容的自治制度体系，并取得了良好成效。但是，农村基层治理还应注重发挥法治和德治的治理功能，积极主动适应国家治理能力现代化的大方向。在耕地、环境、生态、治安等重点领域，加强农村法治建设，加大法制宣传和法律约束，村"两委"班子主动带头树立法治思维、按法律办事，不以息事宁人的态度，用自治手段替代法治手段。同时，要注重发挥乡村熟人社会的道德约束机制，强化道德观念、树立道德标杆，加强社会主义核心价值观宣传教育，以德育人、以德化人，弘扬风清气正、淳朴厚道的乡村道德传统，以乡村自治法治德治协调共进，促进农村治理转型升级。

（三）持续加强农村基层党组织制度化建设

办好农村的事，关键在党。加强农村基层党组织建设，关键是建设好村党支部。后南阳堡村新一届党支部以党建引领产业发展、促进"网格化"乡村治理，探索了一条农村基层党建创新型发展道路。但是，也要看到，当前农村基层党组织建设工作，仍然主要依靠村党支部书记这个"领头羊"带动，基层党组织的制度化建设仍然任重道远。在加强农村基层党组织建设中,既要把德行在先、组织靠得住的人选出来,通过发挥党员的人格魅力,带动基层党组织持续稳定发展,也要加强基层党组织的制度化建设,在基层党组织换届、党支部成员分工、党支部日常活动等重点领域,摸索一套适宜农村生产生活实际情况的长效工作机制。同时,要加强农村基层对党规党纪和规章制度的学习,强化党员干部的责任担当,为永葆农村基层党组织的号召力、凝聚力、战斗力,构建以村支书为班长、以制度为保障的农村基层党组织运转模式。

参考文献

《广平县南阳堡镇后南阳堡村基本情况》(由后南阳堡村"两委"提供),2021年11月。

《后南阳堡村党支部工作汇报》(由后南阳堡村党支部提供),2021年11月。

中共广平县委办公室:《党建引领助推乡村振兴的基层实践——南阳堡镇后南阳堡村乡村振兴的调查与思考》,2020年2月28日。

《广平县志》,文化艺术出版社,1995。

调研组对广平县农业农村局、南阳堡镇等单位的调研交流记录,2021年8月。

后　记

《河北农业农村经济发展报告（2022）》，是以河北省社会科学院农村经济研究所为主，国家统计局河北调查总队、河北省农业农村厅、河北农业大学等有关单位和部门共同参与完成的。全书在分析总结2021年河北省农业农村经济运行总体状况基础上，分别对河北省粮食、蔬菜、水果、畜牧、渔业以及农产品生产者价格、农村居民收入、农村居民消费、农村市场、农产品进出口贸易情况进行了分析总结与预测，提出了2022年河北省加快农业农村发展、促进农民持续增收的对策建议。同时，本书还针对河北省深化农业供给侧结构性改革、现代农业产业体系建设、绿色农业发展、农业数字化发展、农村一二三产业融合发展、科技推动山区农业现代化、农村集体经济发展等问题开展了专题研究，力求在更深层次分析河北省在落实乡村振兴战略，推动乡村产业兴旺过程中面临的问题，提出对策建议，回应社会关切，为政府决策提供参考。

本书由康振海策划，穆兴增确定前期提纲，张波主持审定，段小平对全书进行统稿修改。在本书研究和书稿形成的过程中，参阅了大量相关文献和资料，在参考文献中未能一一列出，在此向作者表示感谢。最后，感谢在研究中提供帮助的相关部门领导和专家，感谢社会科学文献出版社及时编辑出版此书。

编　者

2022年1月

社会科学文献出版社

皮 书
智库成果出版与传播平台

❖ 皮书定义 ❖

皮书是对中国与世界发展状况和热点问题进行年度监测，以专业的角度、专家的视野和实证研究方法，针对某一领域或区域现状与发展态势展开分析和预测，具备前沿性、原创性、实证性、连续性、时效性等特点的公开出版物，由一系列权威研究报告组成。

❖ 皮书作者 ❖

皮书系列报告作者以国内外一流研究机构、知名高校等重点智库的研究人员为主，多为相关领域一流专家学者，他们的观点代表了当下学界对中国与世界的现实和未来最高水平的解读与分析。截至2021年底，皮书研创机构逾千家，报告作者累计超过10万人。

❖ 皮书荣誉 ❖

皮书作为中国社会科学院基础理论研究与应用对策研究融合发展的代表性成果，不仅是哲学社会科学工作者服务中国特色社会主义现代化建设的重要成果，更是助力中国特色新型智库建设、构建中国特色哲学社会科学"三大体系"的重要平台。皮书系列先后被列入"十二五""十三五""十四五"时期国家重点出版物出版专项规划项目；2013~2022年，重点皮书列入中国社会科学院国家哲学社会科学创新工程项目。

皮书网

（网址：www.pishu.cn）

发布皮书研创资讯，传播皮书精彩内容
引领皮书出版潮流，打造皮书服务平台

栏目设置

◆ 关于皮书
何谓皮书、皮书分类、皮书大事记、
皮书荣誉、皮书出版第一人、皮书编辑部

◆ 最新资讯
通知公告、新闻动态、媒体聚焦、
网站专题、视频直播、下载专区

◆ 皮书研创
皮书规范、皮书选题、皮书出版、
皮书研究、研创团队

◆ 皮书评奖评价
指标体系、皮书评价、皮书评奖

◆ 皮书研究院理事会
理事会章程、理事单位、个人理事、高级
研究员、理事会秘书处、入会指南

所获荣誉

◆ 2008年、2011年、2014年，皮书网均
在全国新闻出版业网站荣誉评选中获得
"最具商业价值网站"称号；

◆ 2012年，获得"出版业网站百强"称号。

网库合一

2014年，皮书网与皮书数据库端口合
一，实现资源共享，搭建智库成果融合创
新平台。

皮书网　　"皮书说"微信公众号　　皮书微博

权威报告·连续出版·独家资源

皮书数据库
ANNUAL REPORT(YEARBOOK) DATABASE

分析解读当下中国发展变迁的高端智库平台

所获荣誉
- 2020年，入选全国新闻出版深度融合发展创新案例
- 2019年，入选国家新闻出版署数字出版精品遴选推荐计划
- 2016年，入选"十三五"国家重点电子出版物出版规划骨干工程
- 2013年，荣获"中国出版政府奖·网络出版物奖"提名奖
- 连续多年荣获中国数字出版博览会"数字出版·优秀品牌"奖

皮书数据库　　"社科数托邦"微信公众号

成为会员

登录网址www.pishu.com.cn访问皮书数据库网站或下载皮书数据库APP，通过手机号码验证或邮箱验证即可成为皮书数据库会员。

会员福利

- 已注册用户购书后可免费获赠100元皮书数据库充值卡。刮开充值卡涂层获取充值密码，登录并进入"会员中心"—"在线充值"—"充值卡充值"，充值成功即可购买和查看数据库内容。
- 会员福利最终解释权归社会科学文献出版社所有。

数据库服务热线：400-008-6695
数据库服务QQ：2475522410
数据库服务邮箱：database@ssap.cn
图书销售热线：010-59367070/7028
图书服务QQ：1265056568
图书服务邮箱：duzhe@ssap.cn

社会科学文献出版社 皮书系列
卡号：781223327285
密码：

S 基本子库
SUB DATABASE

中国社会发展数据库（下设 12 个专题子库）

紧扣人口、政治、外交、法律、教育、医疗卫生、资源环境等 12 个社会发展领域的前沿和热点，全面整合专业著作、智库报告、学术资讯、调研数据等类型资源，帮助用户追踪中国社会发展动态、研究社会发展战略与政策、了解社会热点问题、分析社会发展趋势。

中国经济发展数据库（下设 12 专题子库）

内容涵盖宏观经济、产业经济、工业经济、农业经济、财政金融、房地产经济、城市经济、商业贸易等 12 个重点经济领域，为把握经济运行态势、洞察经济发展规律、研判经济发展趋势、进行经济调控决策提供参考和依据。

中国行业发展数据库（下设 17 个专题子库）

以中国国民经济行业分类为依据，覆盖金融业、旅游业、交通运输业、能源矿产业、制造业等 100 多个行业，跟踪分析国民经济相关行业市场运行状况和政策导向，汇集行业发展前沿资讯，为投资、从业及各种经济决策提供理论支撑和实践指导。

中国区域发展数据库（下设 4 个专题子库）

对中国特定区域内的经济、社会、文化等领域现状与发展情况进行深度分析和预测，涉及省级行政区、城市群、城市、农村等不同维度，研究层级至县及县以下行政区，为学者研究地方经济社会宏观态势、经验模式、发展案例提供支撑，为地方政府决策提供参考。

中国文化传媒数据库（下设 18 个专题子库）

内容覆盖文化产业、新闻传播、电影娱乐、文学艺术、群众文化、图书情报等 18 个重点研究领域，聚焦文化传媒领域发展前沿、热点话题、行业实践，服务用户的教学科研、文化投资、企业规划等需要。

世界经济与国际关系数据库（下设 6 个专题子库）

整合世界经济、国际政治、世界文化与科技、全球性问题、国际组织与国际法、区域研究 6 大领域研究成果，对世界经济形势、国际形势进行连续性深度分析，对年度热点问题进行专题解读，为研判全球发展趋势提供事实和数据支持。

法律声明

"皮书系列"(含蓝皮书、绿皮书、黄皮书)之品牌由社会科学文献出版社最早使用并持续至今,现已被中国图书行业所熟知。"皮书系列"的相关商标已在国家商标管理部门商标局注册,包括但不限于LOGO( )、皮书、Pishu、经济蓝皮书、社会蓝皮书等。"皮书系列"图书的注册商标专用权及封面设计、版式设计的著作权均为社会科学文献出版社所有。未经社会科学文献出版社书面授权许可,任何使用与"皮书系列"图书注册商标、封面设计、版式设计相同或者近似的文字、图形或其组合的行为均系侵权行为。

经作者授权,本书的专有出版权及信息网络传播权等为社会科学文献出版社享有。未经社会科学文献出版社书面授权许可,任何就本书内容的复制、发行或以数字形式进行网络传播的行为均系侵权行为。

社会科学文献出版社将通过法律途径追究上述侵权行为的法律责任,维护自身合法权益。

欢迎社会各界人士对侵犯社会科学文献出版社上述权利的侵权行为进行举报。电话:010-59367121,电子邮箱:fawubu@ssap.cn。

社会科学文献出版社